D1617802

Kröger / Nöcker / Nöcker (Hrsg.)

Sicherheit und Internet
Zertifizierungen im e-commerce

Sicherheit und Internet Zertifizierungen im e-commerce

Rechtliche und technische Sicherheit im elektronischen Handel

Herausgegeben
von

Detlef Kröger

Gregor Nöcker

Michael Nöcker

C. F. Müller Verlag
Heidelberg

Die Deutsche Bibliothek – CIP-Einheitsaufnahme

Ein Titeldatensatz für diese Publikation ist bei
Der Deutschen Bibliothek erhältlich.

© 2002 C. F. Müller Verlag, Hüthig GmbH & Co. KG, Heidelberg
Printed in Germany
Satz: C. Gottemeyer, Leonberg
Druck: Druckerei Lokay, Reinheim
ISBN 3-8114-4001-2

Vorwort

Alle Welt kennt mittlerweile das Internet. Viele Unternehmer haben sich mit dem neuen Marktsegment „E-Commerce" angefreundet. Allerdings trauen sie nur bedingt der Sicherheit in diesem Bereich. Neben technischen Unsicherheiten drohen auch rechtliche und steuerliche Gefahren für die Beteiligten. Einmal kurz auch im Internet surfen, das riskiert man schon, aber handeln, das wollen nur die Mutigen. Zertifikate sollen deshalb helfen, die Unsicherheiten zu beseitigen. Neben Wirtschaftsprüfern bieten auch verschiedene Technische Überwachungsvereine (TÜV) Sicherheitschecks an, die zur Führung eines besonderen Zeichens auf der Homepage des geprüften Unternehmers berechtigen.

Dieses Buch will Unternehmern und ihren Beratern einen Überblick über einige dieser Zertifikate geben. Gleichzeitig soll den Lesern noch einmal die aktuelle Situation beim E-Commerce hinsichtlich der Sicherheitsfragen dargestellt werden. Nach einer Einleitung, die in das Problem umfassend einführt, werden im Teil B drei Verfahren dargestellt. Neben dem Verfahren WebTrust™/SM sollen das Verfahren der Trusted Shops und das von RWTÜV/Verbraucher-Zentrale angebotene VZ OK-Verfahren vorgestellt werden. Dieser Vorstellung folgt der Teil C, der sich mit den Fragen der Rechtssicherheit aus juristischer Sicht befaßt. Allem gemein ist, daß sie auch auf die technischen Gefahren im Internet eingehen müssen. Deshalb befaßt sich der Teil D mit der heute möglichen technischen Sicherheit und deren mathematischen Grundlagen. Praxisberichte sollen als Teil E das Buch abrunden.

Wir bedanken uns ganz herzlich bei allen Mitautoren dieses Buches, die uns als Herausgeber das Entstehen dieses Buches erst ermöglichten. Herrn Claas Hanken danken wir für die umfassenden Arbeiten zum Layout. Dem C.F. Müller Verlag danken wir für die freundliche Betreuung.

Wir freuen uns über Anregungen und Kritik:

detlef.kroeger@wirtschaft.tu-chemnitz
gregornoecker@web.de

Chemnitz/Ascheberg/Kamen, Februar 2002

Detlef Kröger
Gregor Nöcker
Michael Nöcker

Inhaltsübersicht

Inhaltsverzeichnis

C. Rechtssicherheit

D. Technische Sicherheit

E. Praxisberichte

A. Einleitung

Warum Zertifikate im e-Commerce?

Michael Nöcker

„Deutschland geht online, gehen Sie mit!" So lautete sinngemäß der Werbespruch eines großen deutschen Providers, der vor Kurzem die Werbeblöcke dominierte. Der Trend hin zu Internet und virtuellem Handel hat in den letzten Jahren sprunghaft zugenommen. Insbesondere der Handel zwischen Händlern und Endverbrauchern (Business to Customer – B2C) erlebt eine starke Dynamik, nicht zuletzt durch die stetige Ausweitung der Verfügbarkeit von Internetzugängen im privaten Bereich.

Allerdings stößt die Kommerzialisierung der Internetnutzung aus vielerlei Gründen an Grenzen. Zwar wird das Worldwide Web als kostenlose Quelle von Informationen, Serviceangeboten und Musik- bzw. Softwaredateien stark nachgefragt. Bei der Nutzung des neuen Mediums als (weiteren) Vertriebsweg stoßen allerdings viele Händler an Grenzen. Und auch etliche Kunden finden eine unbefriedigende Situation vor. Vielfältige Untersuchungen zu den Hemmschwellen lassen sich dabei in einem Wort zusammenfassen: oftmals fehlt das Vertrauen in das unbekannte Netz und/oder das anonyme Gegenüber. An diesem Punkt versuchen Zertifikate, Zuverlässigkeit und Vertrauen für beide Seiten – Händler wie Kunden – herzustellen, indem sie als Vertrauen vermittelnder Zertifikatgeber auftreten. Wesentliche Aspekte dieser neuartigen Zertifikate oder auch Gütesiegel sollen in diesem Artikel beleuchtet werden. Details zu einzelnen heute vorzufindenden Zertifikaten werden in Artikeln der folgenden Kapitel näher beschrieben.

1. Virtueller Internetshop und traditioneller Handel im Vergleich

Kunden und Konsumenten haben einen reichhaltigen Erfahrungsschatz, wenn es darum geht, ein ihnen unbekanntes, neues Geschäft einzuschätzen. Dem Kunden bekannte Produkt-/Leistungsverhältnisse können mit dem vorgefundenen Angebot verglichen werden, die Gestaltung des Verkaufsraums prägt ebenso wie das Auftreten des Verkaufspersonals den allgemeinen Eindruck. Zudem handelt es sich bei einem Kauf im klassischen Einzelhandel um eine in sich geschlossene und auf Wunsch einmalige Sache mit Vorteilen für beide Seiten. Der potentielle Käufer kann die Ware vor dem Kauf prüfen, der Händler erhält bei Warenübergabe direkt sein Geld. Eine Erhebung von Kundendaten findet dabei in der Regel nicht statt. Diese Selbstverständlichkeiten sind beim virtuellen Einkauf via Internet nicht mehr gegeben.

a) Das öffentliche Netz

Das Internet zeichnet sich durch einen bisher unüblichen Grad an Öffentlichkeit aus. Das heutige Netz ist – anders als das Telefonnetz – nicht abgeschlossen gegenüber Dritten. Prinzipiell muss davon ausgegangen werden, dass eine Kommunikation über viele Zwischenstationen geht, die alle in der Lage sind, Transaktionen mitzulesen oder sogar zu verändern. Das Übertragen und Speichern personenbezogener Daten erfor-

3

dert in diesem Umfeld ein hohes Maß an Sensibilität. Im Rahmen des virtuellen Einkaufs bieten sich zudem Möglichkeiten, die im Ladenlokal nur sehr schwer zu realisieren sind: so kann der „Einkaufsrundgang" eines potenziellen Kunden per Rechner verfolgt und mit weiteren persönlichen Daten zu einem sogenannten Nutzerprofil kombiniert werden. Die gewohnte (und von vielen Kunden gewünschte) Anonymität beim Einkauf ist beim virtuellen Shopping also nicht notwendig vorgegeben.

b) Das anonyme Netz

Aber das Internet ist auch in einem bisher unbekannten Maß anonym. Insbesondere ist ja jede Art von Interaktion und Kommunikation im Netz – sei es beim Chatten, per E-Mail oder über Internetseiten – zuerst einmal unpersönlich. Bei vielen Nutzern führt dies zu dem Gefühl, „unbeobachtet" zu sein. Zudem kann man nicht davon ausgehen, dass der Kommunikationspartner, also der Kunde oder der Händler, wirklich die vorgegebene Identität hat. Die Beschaffung einer E-Mail-Adresse ist vielfach nicht mit einer Identitätsprüfung des Adressinhabers verbunden. Inhalte von Internetseiten lassen sich schnell ändern und sind auch gegen Hackerangriffe nicht immer sicher. Ohne weitere Hilfe ist also weder aus einer E-Mail-Adresse noch aufgrund einer Internetseite eine definitive Information über den Kommunikationspartner möglich.

c) Das internationale Netz

Und ein weiterer Aspekt spielt im virtuellen Handel, insbesondere im B2C-Bereich, eine nicht zu unterschätzende Rolle: das Netz ist nicht an ein Land und damit an ein Rechtssystem gebunden. Auch wenn der Kunde im heimischen deutschen Wohnzimmer einkauft, so kann er sich nicht darauf verlassen, dass der Einkauf deutschem Recht unterliegt. Was nämlich passiert bei einer Reklamation, wenn der Händler seinen Sitz in Übersee hat und der Server mit der Webseite irgendwo in Südostasien steht? Umgekehrt hat aber auch ein deutscher Händler mit einem Internetangebot damit zu rechnen, dass Bestellungen aus anderen Ländern und Kontinenten bei ihm eingehen.

2. Sicherheit durch nachvollziehbare Prüfungen

Die Vorteile des Internet als Beschaffungsmedium und Vertriebskanal verhelfen dem B2C-Handel, trotz aller möglichen Risiken, zunehmend zum Erfolg. Von Kundenseite sind sicherlich die Verfügbarkeit (24 Stunden am Tag, 7 Tage die Woche) und die Bequemlichkeit des Einkaufs zu nennen. Aber auch für Händler bietet das Internet eine (idealerweise) kosten- und personalextensive Erweiterung der Vertriebswege und die Erschließung neuer Märkte. Bei einigen Produkten wie z.B. Büchern ist zudem eine deutliche Steigerung des angebotenen Sortiments zu beobachten. Die Einführung künstlicher Handelshemmnisse im Internet als Lösungsmöglichkeit ist daher weder im Sinne der Kunden noch der Händler.

a) Die Kriterien

Eine sich aktuell am Markt durchsetzende Lösung ist die Vergabe von Prüf- und Güte-siegeln, sogenannten Zertifikaten, an geprüfte und für seriös befundene Internetshops. Dabei gibt es nicht „den" Kriterienkatalog, da eine weltweit verbindliche Rechts-grundlage im B2C-Handel schlichtweg nicht existiert. Schon bei der Harmonisierung im Bereich der Europäischen Union erleben wir täglich, wie schwer es ist, nationale Gesetze und Gepflogenheiten in Mindeststandards umzuformulieren. Die Kriterien, nach denen Anbieter in Deutschland Internetseiten zertifizieren, umfassen vor allem Regelungen zu folgenden Punkten:

1. Allgemeine Informationen über den Anbieter, insbesondere die Angabe einer pos-talischen Adresse (nicht nur E-Mail-Adresse)
2. Ausreichende Angaben zu den angebotenen Produkten und tatsächlichen (End-) Preisen
3. Allgemeine Geschäftsbedingungen und Auftragsabwicklung
4. Umgang mit personenbezogenen Daten des Kunden
5. Auftragsbestätigung
6. Lieferung
7. Zahlungsabwicklung
8. Gewährleistung und Rückgaberecht
9. Datensicherheit im Umfeld des Internetshops

b) Die Zertifikatsanbieter

Die konkrete Ausgestaltung der zu prüfenden Kriterien variiert sehr stark von Anbieter zu Anbieter. Die konkret geprüften Punkte hängen dabei sehr stark vom Selbstverständ-nis des Zertifikat-Gebers und vom Ursprung des Kriterienkatalogs ab. In den Artikeln des folgenden Kapitels stellen sich drei Anbieter mit ihren Prüfangeboten vor:

1. Ein stark an der Sicht der Verbraucher orientierter Kriterienkatalog ist von der Verbraucherzentrale NRW e.V. zusammen mit dem Rheinisch-Westfälischen TÜV erarbeitet worden. Er liegt den Prüfungen des TÜV Online Check zugrunde.
2. Das Institut der deutschen Wirtschaftsprüfer (IDW) arbeitet mit einem Krite-rienkatalog, der von den nordamerikanischen Wirtschaftsprüfungsorganisationen AICPA und CICA erarbeitet worden ist. Die Mitglieder des IDW erweitern so ihr Prüfangebot gegenüber Unternehmen; das Siegel trägt die Bezeichnung Webtrust.
3. Der Kriterienkatalog des Trusted Shops Schema ist in enger Zusammenarbeit mit der Arbeitsgemeinschaft der Verbraucherverbände erstellt worden. Dieses Siegel wird in mehreren Ländern der Europäischen Union angeboten. Erklärtes Ziel ist ein grenzübergreifend aussagekräftiges Siegel.

Unterschiede gibt es aber nicht nur in der Ausformulierung der Kriterien, sondern auch im Umfang des angebotenen Services. So bieten praktisch alle Zertifikatanbieter eine Prüfung der Internetseiten an und gleichen diese mit dem Standard ihres Kri-terienkatalogs ab. Alle Anbieter verleihen dem Händler bzw. Unternehmen nach er-folgreicher Prüfung auch das Recht, ein zeitlich befristetes Logo auf seiner Webseite zu führen. Unterschiede treten aber bei der Rolle auf, die der Zertifikatgeber nach der Prüfung übernimmt. Hier reicht der Bogen von latenten und permanenten Wieder-holungsprüfungen und Kontrollen bis hin zu einer Vermittlerrolle bei auftretenden Problemen zwischen Händler und Kunde. Ein in den folgenden Kapiteln dargestellter

Zertifikatgeber bietet in Kooperation mit dem Gerlingkonzern zudem verschiedene transaktionsbezogene Versicherungsleistungen bei erfolgreicher Zertifizierung an.

3. Vorteile einer zertifizierten Internetseite

Ziel aller Zertifikate ist es, eine Vertrauensbasis zwischen Kunde und Händler zu begründen. Ähnliche Ansätze sind auch im traditionellen Handel bekannt. So gibt es produktbezogene Zeichen, die eine vorgenommene Überprüfung eines technischen Geräts auf Funktionalität und ungefährliche Nutzung anzeigen. Zudem kennen wir die Produktbeurteilungen durch die Stiftung Warentest, die oftmals in der Werbung zum Einsatz kommt. Die „Internet-Siegel" sind zwar in Funktion und Aussagekraft nicht direkt mit diesen „Offline-Siegeln" vergleichbar. In Zielsetzung und Gebrauch finden sich aber einige Parallelen.

a) Vorteile aus Sicht des Kunden

Das Internet ist eine Technik, die selbst von den meisten Spezialisten nur in Teilen überblickt und beherrscht wird. Insbesondere sind also dem Durchschnittskunden mögliche und/oder tatsächliche Gefahren beim Shoppen im Netz nicht bekannt. Aber auch die Rechte und Pflichten sind dem Nutzer nur bedingt bewusst, so dass sich hier rein juristisch weitere Fußangeln öffnen können. Ein Kunde will und soll von einem zertifizierten Internetshop einen Handel im Rahmen des (rechtlich) Üblichen erwarten. Dies geschieht insbesondere durch folgende Aspekte im Rahmen der Überprüfung durch den Siegelgeber:

Ausreichende Information durch den Händler ist auf den Internetseiten gegeben. Nach erfolgreicher Prüfung und Zertifizierung kann der Kunde sicher sein, folgende Angaben auf der Internetseite des Händlers direkt oder über einen einzigen Link zu finden:

Die Adresse des Händlers, insbesondere eine Postanschrift (nicht nur E-Mail oder ein Postfach) für eventuelle Rückfragen und Reklamationen. Oftmals sind auch weitere Angaben seitens des Händlers zu machen, die in etwa den Angaben auf einem Geschäftsbriefbogen entsprechen (Rechtsform, Handelsregistereintrag).

1. Die Geschäftsbedingungen (AGB) sind für den Kunden sichtbar dokumentiert. Im Rahmen der Prüfung kann zudem die rechtliche Zulässigkeit der Klauseln überprüft worden sein.
2. Die Produktbeschreibung und die Angabe der Preise und aller anfallenden Kosten sind vor der Zertifikatsvergabe überprüft worden. Verwirrende und unvollständige Angaben braucht ein potentieller Käufer also nicht zu befürchten.
3. Verbindliche Angaben zu Lieferbedingungen und Liefertermin sind auf der Seite zu finden. Das Zertifikat beinhaltet zudem meist eine Informationspflicht des Händlers über Wahlmöglichkeiten bei den Lieferbedingungen.
4. Ebenso ist der Kunde bei den Zahlungsbedingungen über die Wahlmöglichkeiten zu informieren. Einige Zertifikat-Geber verlangen hier zudem eine Mindestauswahl für den Kunden.

Die oben genannten Kriterien beziehen sich auf Angaben, die vor bzw. während des Vertragsabschlusses zu machen sind. Für den Kunden ist natürlich zudem die Zuverlässigkeit in puncto Lieferservice wichtig. Auch diese werden in der Regel durch das Siegel abgedeckt, allerdings gibt es sehr stark abweichende Vorgehensweisen der Prüfung:

1. Der von der Verbraucherzentrale initiierte Prüfungskatalog sieht hierzu anonyme Testkäufe vor, die auch überprüfen, ob Waren entsprechend den Angaben auf der Webseite zurückgenommen werden.

2. Die Prüfung des IDW beinhaltet eine Selbstauskunft und eine Erklärung seitens des Händlers.

3. Alle Zertifikate basieren zudem auf einer Prüfung vor Ort, d.h. bei dem Anbieter selbst, um so Geschäftsorganisation und -abläufe in die Prüfung mit einzubeziehen.

Ein weiterer wichtiger Punkt für den Kunden ist der Umgang des Händlers mit seinen persönlichen Daten. Hier greifen Datenschutz und Datensicherheit eng ineinander. Bei der Prüfung vor der Siegelvergabe wird daher ermittelt, ob

1. die Daten, die bei der Bestellung erhoben wurden, in den engen Grenzen des Datenschutzes ordnungsgemäß verwendet werden, und ob

2. die Daten mit den heutigen technischen Möglichkeiten vor unbefugtem Zugriff geschützt sind. In diesem Zusammenhang spielen insbesondere kryptographische Verfahren bei der Datenübertragung und -speicherung eine zentrale Rolle.

Der Kunde findet also im Prüfungsverfahren alle wesentlichen Punkte behandelt, die potentiell vom Kauf per Internet abschrecken könnten. Zusammenfassend wird der Kunde also dem Händler vertrauen, da er dem (nachvollziehbaren) Prüfprozess, dokumentiert durch das Siegel, vertraut.

b) Vorteile aus Sicht des Händlers

Auch der Händler hat durch das Führen des Siegels nach erfolgreicher Prüfung Vorteile, die sich auf verschiedene Aspekte seiner Geschäftstätigkeit auswirken können:

1. Aus Sicht des Marketings stellt das erteilte Zertifikat ein Qualitätskriterium da, mit dem gegenüber dem Kunden aktiv geworben werden kann. In der heutigen Situation kann teilweise sogar von einem Alleinstellungsmerkmal gesprochen werden. Da das Anbieterfeld im B2C-Handel zur Zeit noch sehr unübersichtlich ist, dokumentiert der Händler so Seriösität. Viele Kunden dürften zudem das Siegel mit „Erfahrung des Internetanbieters" assoziieren. Das Vertrauen des Kunden kann sich somit direkt in einer steigenden Zahl von Besuchern der Webseite und Bestellungen ausdrücken, da eine wesentliche Hemmschwelle beim Kunden zum Vertragsabschluss wegfällt.

2. Der Zertifikat-Geber sammelt in der Regel Anfragen und Beschwerden potentieller Internet-Kunden des Händlers, da diese bei der erneuten Prüfung berücksichtigt werden. Der Händler hat somit eine Möglichkeit, Reaktionen auf sein Angebot zu bekommen. Je nach Angebot ist dabei auch eine Schlichtung der Kundenbeschwerde mit Unterstützung des Zertifikat-Gebers denkbar oder möglich.

3. Bei vielen Zertifikat-Gebern ist die Prüfung mit einer ersten Sichtung der EDV-Abläufe im Unternehmen verbunden. Die Pflicht zur Dokumentation und Offenlegung der Geschäftsabläufe seitens der EDV-Abteilung führt zu einer höheren Transparenz innerhalb des Unternehmens. Oftmals bieten Zertifikat-Geber eine über die eigentliche Prüfung hinausgehende EDV-Beratung an.

4. Die Zertifikat-Vergabe beinhaltet zudem eine Überprüfung der Einhaltung gesetzlicher Bestimmungen, insbesondere in den Bereichen Datenschutz und AGB.

Auch für den Händler bietet eine Zertifizierung also Vorteile, die über reine Werbe-
effekte weit hinausgehen. Gerade Unternehmen mit keiner oder einer geringen Erfahrung im e-Commerce-Bereich dürften vom Know how-Transfer, der bei der Prüfung
stattfindet, profitieren.

4. Echtheit des Siegels

Ein Siegel oder Zertifikat auf der Internetseite eines Händlers kann natürlich nur dann
aussagekräftig sein, wenn sicher gestellt ist, dass das Zertifikat nicht einfach ohne
Prüfung dort platziert wurde. Alle Zertifikat-Gebern verstehen die Sicherstellung der
Authentizität des Siegels als Kern ihres Geschäftes. Daher haben die Zertifikat-Geber
verschiedene Instrumentarien bereitgestellt, die einen Missbrauch des Siegels aus-
schließen sollen.

1. Das Siegel oder Zertifikat ist rechtlich geschützt. Somit ist das Führen gesetzlich
   nur zulässig, wenn es ausdrücklich vom Zertifikat-Geber erlaubt wurde. Diese Erlaubnis erfolgt in der Regel am Ende eines erfolgreichen Prüfungsprozesses und ist
   zeitlich befristet. Führt jemand dieses Siegel trotzdem auf seiner Internetseite, so
   muss er bzw. sie mit rechtlichen Schritten rechnen, da die Grafikdatei nicht frei
   kopierbar ist.
2. Die Zertifikat-Geber bemühen sich im Allgemeinen aktiv, mit Hilfe von speziellen
   Programmen wie Suchmaschinen und Crawlern, Internetseiten zu finden, auf denen
   ihr Siegel bzw. Zertifikat nicht autorisiert genutzt wird.
3. Oftmals finden sich auf den Internetseiten der Zertifikat-Geber Listen mit zertifizierten Internetseiten. Dort kann ein Kunde überprüfen, ob sein Händler das Siegel
   führen darf; in diesem Fall wird die Seite des Händlers mit der des Zertifikat-
   Gebers verlinkt sein. Die Übersichtsseiten der Zertifikat-Geber bieten zudem einen
   zusätzlicher Vorteil für potentielle Internet-Shopper: man kann sich so schnell eine
   Anbieterübersicht mit vertrauenswürdigen Händlern verschaffen. Die Übersichten
   haben in diesem Fall also eine Funktionalität, die mit einigen Aspekten eines B2C-
   Portals vergleichbar ist. Der Händler hat so zudem eine zusätzliche Werbefläche.
4. Die meisten Siegel bzw. Zertifikate sind so mit einem Link unterlegt, dass ein Kunde
   durch das Anklicken des Symbols direkt alle notwendigen Informationen über das
   Zertifikat bekommt. Neben der Möglichkeit, die überprüften Kriterien im Detail
   nachzulesen, findet der interessierte Kunde in der Regel auch ein autorisiertes Zertifikat des prüfenden Unternehmens. Dabei handelt es sich um ein mit kryptographischen Techniken unterschriebenes digitales Dokument, dass von allen han-
   delsüblichen Browsern auf Echtheit überprüft werden kann. Näheres zu dieser
   Browser-Option findet man im Kapitel „Technische Sicherheit" dieses Buches.

Schließlich kann ein zweifelnder Kunde direkt mit dem (vermeintlichen) Zertifikat-
Geber in Kontakt treten und sich über den Händler erkundigen. Der Zertifikat-An-
bieter erfährt so auch von Händlern, die das Siegel unberechtigt führen.

Diese Kombination aus technischen Möglichkeiten (digitale Unterschrift) und aktivem
Bestandsschutz (Suchprogramme) bietet aus heutiger Sicht eine hohe Sicherheit, so
dass eine missbräuchliche Verwendung des Siegels ausgeschlossen ist. Der Kunde kann
sich also mit wenigen kurzen Prüfungen direkt am Rechner von der Echtheit überzeugen.

5. Mögliche Probleme trotz des Siegels

Wie bereits ausführlich dargestellt, werden viele potentielle Probleme durch ein Siegel von vornherein ausgeschlossen. Allerdings kann kein Siegel, dass auf der Prüfung eines IST-Zustands aufbaut, eine vollständig problemlose Abwicklung garantieren. Als wichtigste Punkte sind hier das Bezahlen der Ware und die Internationalität zu nennen.

a) Zahlungsmöglichkeiten bei B2C

Im traditionellen Einzelhandel sind Übergabe und Bezahlung der Ware meist direkt miteinander verbunden. In der Regel wird dabei bar bezahlt, somit entfallen Probleme, die durch alternative Zahlungsmittel auftreten können:

1. Die Bezahlung per Scheck oder Lastschrift erfordert organisatorischen Aufwand. Zudem ist zum Zeitpunkt der Warenübergabe für den Händler nicht gesichert, dass der Scheck gedeckt ist. Auch könnte die Lastschrift mangels Liquidität des Kunden von der Bank nicht ausgeführt werden.
2. Bei Bezahlung per Kreditkarte tritt das ausgebende Institut gegenüber dem Händler für den ausstehenden Betrag ein. Bei Verwendung dieses Zahlungsmittels vertraut der Kunde dem korrekten Umgang des Händlers mit der Kreditkarten-Nummer. In Deutschland ist zudem zu bemerken, dass Kreditkarten relativ wenig verbreitet sind und für Kunden und/oder Händler meistens mit Gebühren verbunden sind.
3. Bei Lieferung auf Rechnung geht der Händler wiederum in Vorleistung. Auch hier ist Vertrauen in die Liquidität und Zahlungsmoral des Kunden notwendig.

Im B2C-Handel über das Internet ist zudem die aus dem klassischen Versandhandel bekannte Lieferung per Nachnahme denkbar. Hier tritt das ausliefernde Unternehmen als Treuhänder des Händlers gegenüber dem Kunden auf. Damit sind prinzipiell die Vorteile der Barzahlung gegeben, da Warenübergang und Bezahlung direkt verknüpft sind. Einziger Nachteil ist die fällige Gebühr, die in der Regel der Kunde trägt.

Beim B2C-Handel ist nun die Frage der Zahlungsweise ein kritischer Punkt. Daher prüfen alle Zertifikat-Geber diesen Bereich. Die Prüfung selbst unterscheidet sich aber sehr stark je nach Anbieter des Zertifikats. Der IDW verlangt eine vollständige Darstellung aller angebotenen Zahlungsmöglichkeiten und eine detaillierte Dokumentation der damit verbundenen Kosten. Der RWTÜV vergibt sein Siegel nur, falls ausdrücklich die Zahlung per Rechnung und Bankeinzug (Lastschrift) angeboten werden. Die Zahlungsabwicklung nach dem Kauf selbst ist aber bei beiden Anbietern nicht Gegenstand der Prüfung.

b) Zahlungsabwicklung aus Sicht des Kunden

Für einen potentiellen Kunden ist das Bezahlen via Internet nicht bei allen Varianten problemfrei. Gerade im traditionellen Einzelhandel bevorzugen viele Kunden die Bequemlichkeit und Anonymität des Bargelds als Zahlungsweise. Bei allen anderen Zahlungsweisen sind Angaben zur Person und ggf. weitere Daten nötig. Doch wie bereits oben dargestellt, gehören datensicherheits- und datenschutzrelevante Fragestellungen zu den Kernkriterien jedes Siegels. Daher kann man als Kunde hier vertrauensvoll von einer korrekten Behandlung der Kundendaten ausgehen.

Die Bezahlung per Rechnung oder Bankeinzug ist aus Sicht des Kunden sicherlich zu bevorzugen, da er erst nach Sichtung der Ware zu bezahlen hat. Insbesondere ist also keine Zahlungsleistung notwendig, ohne dass die Ware bereits im Verfügungsbereich des Käufers ist. Der Kunde hat zudem die Möglichkeit, bei auftretenden Problemen (z.B. mit der Qualität der Ware) die Zahlungszurückhaltung als Druckmittel einzusetzen.

Die Bezahlung per Nachnahme kommt dem „üblichen" Kaufschema „Ware gegen Bezahlung" sicher am nächsten. Hier hat der Kunde erst zu zahlen, wenn die Ware angeliefert wird. Einziges Manko sind die fälligen Nachnahmegebühren. Zudem muss der Kunde bei höherpreisigen Artikeln sicherstellen, genügend Bargeld zur Hand zu haben, wenn die Lieferung erfolgt.

Die Kreditkarte wird von vielen misstrauisch beäugt, da die Übertragung der Kreditkartennummer gemeinhin als unsicher beschrieben wird. Das Siegel dokumentiert aber im allgemeinen, dass die Übertragung kryptographisch geschützt erfolgt und der Händler verantwortungsvoll damit umgeht. In der Praxis dürfte diese Zahlungsalternative in Deutschland zudem deswegen wenig ausgeprägt sein, weil dieses Zahlungsmittel (im Vergleich zu Nordamerika) noch sehr selten von Privatpersonen eingesetzt wird.

Eine Überweisung des Rechnungsbetrages seitens des Kunden als Vorleistung dürfte vor allem von Erstkunden aus prinzipiellen Erwägungen abgelehnt werden. Hier ist auch ein beglaubigtes Vertrauen in den Händler ein nur bedingt geeignetes Gegenargument.

c) Zahlungsabwicklung aus Sicht des Händlers

Durch das Zertifikat ist der Händler dem Kunden gegenüber als vertrauenswürdig dargestellt. Umgekehrt gibt es aber keine Überprüfung des Kunden. Insbesondere kann ein Händler nicht a priori von der Bonität eines Kunden überzeugt sein. Daher wird ein Händler einige Zahlungsweisen bevorzugt nur sogenannten Stammkunden anbieten, mit denen er bereits durch mehrfachen Kauf gute Erfahrungen gemacht hat. Das Internet hingegen unterstützt gerade das spontane Kaufverhalten, was dem Stammkundenideal des Händlers eher zuwiderläuft. Daher wird jeder Händler spezielle Zahlungsweisen anbieten müssen, die ihm gegenüber unbekannten Erstkunden angemessen erscheinen.

Die Zahlungsvorleistung durch den Kunden ist für den Händler sicher mit am besten, da er somit die Zahlungsfähigkeit des Kunden kennt und Ware nur gegen tatsächlich erfolgte Bezahlung liefern muss. Allerdings muss diese Zahlungsweise als sehr kundenunfreundlich angesehen werden. Insbesondere Spontankäufer und Internetneulinge dürften daher vom Kauf zurückstehen.

Eine Vorleistung durch den Händler wiederum mag für den Kunden vorteilhaft sein. Für den Händler birgt sie aber manche Risiken. Insbesondere muss sich der Händler darauf verlassen können, dass die Kundendaten korrekt sind und ggf. ein rechtliches Mahnverfahren erlauben. Hier sollte der Händler immer darauf achten, dass der Provider des Kunden ggf. veranlasst werden kann, die Postanschrift und Identität des E-Mail-Inhabers herauszugeben. Vorlieferung ins Ausland stellt hier insbesondere kleinere Händler vor weitere rechtliche Probleme, sollte der Kunde nicht zahlungswillig oder -fähig sein. Eine Vorleistung durch den Händler ist sicherlich am ehesten im Niedrigpreissegment als Marketinginstrument sinnvoll.

Als „Kompromiss" zwischen Vorleistung durch den Kunden und Vorleistung durch den Händler ist sicherlich die Bezahlung per Nachnahme oder per Kreditkarte zu sehen. Hier treten Dritte in bestimmter Weise als Mittler und Treuhänder im Verfügungs-geschäft „Geld gegen Ware" auf. Bei der Nachnahme stellt der Paketservice sicher, dass die Ware nur gegen korrekte Bezahlung an den Kunden übergeben wird. Bei Zahlung per Kreditkarte trägt das Kreditkarteninstitut die Verantwortung für even-tuelle Zahlungsunfähigkeit des Kunden. Der Händler sollte also in diesem Fall immer sein Geld bekommen, so er nachweislich korrekt geliefert hat. Beide Zahlungsmittel verursachen in Deutschland aber Gebühren, die aus Sicht des Kunden den tatsäch-lichen Kaufpreis erhöhen oder aus Sicht des Händlers den Erlös schmälern.

Die Zahlung per Lastschrift kann für Händler und Kunde ebenfalls mit Gebühren verbunden sein. Zudem ist die Ausführung der Lastschrift bei mangelnder Deckung des Kundenkontos oder bei fälschlich angegebener Kontonummer nicht gegeben.

d) Internationales Recht und B2C

Ein weiterer Problemkreis, der nicht vollständig durch das Führen eines Siegels auf der Webseite des Händlers beseitigt wird, ist die Internationalität des Kaufes per Internet. Insbesondere bei grenzüberschreitenden Lieferungen kann es hier zu Verwirrungen kommen, die bei Vertragsabschluss nicht beabsichtigt waren. Bei einer korrekten Lie-ferung und Bezahlung dürfte die Internationalität der Händler-Kunden-Beziehung hingegen nicht ins Gewicht fallen.

Grundsätzlich sollte ein Kunde bei einer zertifizierten Seite prüfen, dass die Prüf-kriterien sich auf sein Rechtssystem, im vorliegenden Fall also das der Bundesrepublik Deutschland, beziehen. Dann bezeugt das Siegel, dass die überprüften Kriterien dem bundesdeutschem Recht entsprechen. Bei Rückgabe der Ware und/oder Reklamation greift somit das „vertraute" Recht. Bei einem nicht-inländischen Händler stellt das Siegel aber sicher, dass die auf den Webseiten des Händlers angegebenen Regelungen eingehalten werden. Trotzdem bleibt aus Sicht des deutschen Kunden zu bemerken, dass ein Zertifikat seine „volle Rechtswirkung" sicherlich nur innerhalb Deutschlands entfalten kann.

Für den Händler könnte eine Internationalisierung des Kundenkreises via Internet sehr willkommen sein. Allerdings dürfte diese Einschätzung sehr stark vom Angebot des Händler abhängen. Bei hochpreisigen Waren lohnt sicher ein höherer Kostenanteil für Fracht und Versand zum Kunden. Bei niedrigpreisigen Waren könnte der Händler aber eher gezwungen sein, Teile dieser Kosten aus Marketinggründen nicht an den Kunden weiterzugeben und daher selbst zu tragen. Andererseits besteht durch das Internet manchmal erst die Möglichkeit, direkt einen Markt zu beliefern. Im Buch-versand ist z.B. der Trend zu beobachten, dass viele Kunden bewusst originalsprach-liche Produkte ordern, statt die landessprachliche Übersetzung eines heimischen Ver-lages. Neben den Frachtkosten sollten aber insbesondere kleinere Händler berück-sichtigen, dass die Erwirkung und Durchsetzung von Rechtsansprüchen selbst inner-halb der Europäischen Union oftmals nicht unproblematisch ist. Im Zweifelsfall bleibt dem Händler die Möglichkeit, sich bei den Kunden räumlich zu beschränken, auch wenn dieses nicht dem Geist des Internet entspricht.

e) Erweiterte Funktionalität des Siegels

Zum Abschluss dieses Abschnittes über mögliche Probleme trotz einer zertifizierten Web-Seite sei aber bemerkt, dass diese aus der Perspektive des klassischen Gütezeichens diskutiert worden sind. Viele dargelegte Aspekte können natürlich im positiven Sinne für Kunde und Händler geregelt werden, wenn der Zertifikat-Geber auch während einer Transaktion kontrollierend tätig wird. Hierbei wären denkbar:

1. Der Zertifikat-Geber (oder ein von ihm betrauter Dritter) übernimmt bei Zahlungen die Rolle eines Treuhänders. Damit wäre die Bonität des Kunden für den Händler kein Problem mehr, ähnlich wie beim Zahlungsmittel Kreditkarte. Andererseits kann der Kunde durch den Treuhänder sicher sein, dass die Zahlung an den Händler erst bei ordnungsgemäßer Lieferung erfolgt. Eine genaue Ausgestaltung dieser Treuhänderfunktion soll an dieser Stelle aber nicht diskutiert werden.

2. Der Zertifikat-Geber (oder ein von ihm betrauter Dritter) übernimmt bei Problemen die Rolle des Vermittlers. So können viele auf Missverständnissen beruhende Probleme bei einer Lieferung (hoffentlich) direkt und unbürokratisch gelöst werden. Das Vermeiden rechtlicher Auseinandersetzungen dürfte zudem die Probleme entschärfen, die durch die Internationalität im Bereich des B2C entstehen können.

3. Die Einführung eines „vertrauenswürdiger Kunde"-Zertifikat könnte zudem Hemmnisse bei Händlern abbauen und kundenfreundliche Zahlungs- und Liefermodalitäten fördern.

6. Zusammenfassung

Das Instrument der zertifizierten Internet-Seiten trägt dem gestiegenen Bedürfnis von Kunden nach Vertrauen im Rahmen des Internet-Shoppings Rechnung. In einem sich erst langsam herausbildenden Vertriebszweig kann ein Zertifikat bzw. Siegel in diesem Zusammenhang ein wirkungsvolles Marketinginstrument sein, dass über eine reine Werbefunktion weit hinaus geht. Aus Sicht der Händler kann der Erwerb eines solchen Zertifikats oftmals mit einer eingehenden Prüfung der technischen und rechtlichen Aspekte des Internetauftritts verbunden sein.

Die Vergabe eines Zertifikats erfolgt nach einschlägigen Prüfkatalogen, die aber von Zertifikat-Geber zu Zertifikat-Geber stark variieren können. Kunden können sich in der Regel online über die geprüften Kriterien informieren. Händler sollten das angestrebte Zertifikat in Übereinstimmung mit ihrer Geschäftspolitik auswählen. Zudem gibt es Zertifikat-Geber, die auch während des eigentlichen Kaufprozesses weitere Dienstleistungen anbieten.

Der wichtigste Punkt bei einem Zertifikat bleibt davon aber unberührt: ein entsprechendes Siegel eines unabhängigen Prüfers dokumentiert die dringend notwendige Vertrauensbasis im B2C.

B. Verfahren

I. Das WebTrust™/SM-Programm der Wirtschaftsprüfer

Jörg Drobeck / Gerhard Gross

1. Einführung

Eine elektronische Warenbestellung birgt die spezifischen Risiken, die grundsätzlich bei allen Formen des Warenvertriebs außerhalb eines Ladenlokals bestehen: Neben der fehlenden Möglichkeit einer Warenbesichtigung und -erprobung besteht für den Verbraucher insbesondere die Gefahr, unseriösen Anbietern zu begegnen sowie im internationalen Warenverkehr vertragliche Rechte gegen ausländische Anbieter nicht durchsetzen zu können. Die Risiken betreffen vor allem die Geschäftspraktiken des Anbieters und den möglichen Datenmissbrauch. Sie werden durch die technischen Möglichkeiten des Internets erheblich verstärkt.

Insbesondere bei Erstkunden spielt dieses Risiko eine große Rolle. Sie werden deshalb versuchen, sich ihr Risiko durch einen niedrigen Einkaufspreis kompensieren zu lassen und ohnehin eher auf Produkte aus einem Niedrigpreissegment zurückgreifen[1]. Verfügt ein Internet-Anbieter über kein Niedrigpreissegment, muss er befürchten, dass der potenzielle Kunde von vornherein auf eine Bestellung verzichtet. WebTrust ist ein Mittel zur Schaffung von mehr Vertrauen im Internet. Es dürfte damit für solche Anbieter von ganz besonderem Interesse sein, die nicht durch eine bekannte, persönliche Bonität, den Marktwiderstand des Internets bewältigen können oder die Güter und Dienste einer höheren Preisklasse anbieten.

Im vergangenen Jahr führte die Stiftung Warentest eine Untersuchung durch, bei der Waren und Dienstleistungen via E-Commerce eingekauft und bewertet wurden. Dabei wurden 151 Produkte aus zehn Produktgruppen von Deutschland aus eingekauft, davon 70 % im Inland und 30 % im Ausland. Der durchschnittliche Bestellwert inklusive aller Nebenkosten betrug DM 90,–. Zeitgleich kauften andere europäische Partnerorganisationen der Stiftung Warentest ein, so dass über 450 Testeinkäufe europaweit getätigt wurden. Die Ergebnisse waren nicht gerade vertrauensbildend[2]:

1. Fast 20 % der Produktbestellungen gingen ins Leere. Die E-Commerce-Anbieter nahmen war Bestellungen entgegen, lieferten jedoch nichts aus.
2. Teilweise dauerte die Lieferung ungewöhnlich lange. Die durchschnittliche Lieferzeit bei Bestellungen in Deutschland betrug 9,2 Tage, wobei etwa ein Drittel der Anbieter die selbst angegebenen Lieferfristen nicht einhielten.
3. Es fehlten häufig Angaben zu Lieferzeitraum, Lieferumfang, Widerrufs- bzw. Rückgaberechten und den anfallenden Gesamtkosten.
4. Die Angaben über die Firma, ihren Sitz und ihre Rechtsform waren manchmal gar nicht oder nur an versteckter Stelle zu finden. Spätestens bei etwaigen Reklamationen ist in diesen Fällen unklar, an wen man sich wenden soll.

---

1 Vgl. *Priess/Heinemann,* Erfolgsfaktoren des Electronic Commerce, in: Hermanns/Sauter, Management – Handbuch Electronic Commerce, München 1999, S. 122.
2 Vgl. *Töpper,* „Mit Sicherheit einkaufen?" – Hürden und Risiken der Nutzung des Elektronischen Einkaufs, unveröffentlichtes Manuskript, Berlin 2000, S. 3 ff.

Eine weitere Untersuchung der Stiftung Warentest betraf die Themen Datenschutz und Datensicherheit. 16 umsatzstarke E-Commerce-Anbieter wurden mit ihrem Einverständnis überprüft. Die Untersuchung ergab, dass einige Unternehmen recht unbeschwert mit den ihnen anvertrauten Daten umgehen:[3]

1. Sammeln von Kundeninformationen: Die E-Commerce-Anbieter sammelten bei Bestellungen neben den allgemeinen Kundendaten (Anschrift, Alter, Geschlecht etc.) auch hochsensible Daten, wie Kreditkarten- und Kontoinformationen. Zehn der 16 Anbieter speicherten beim Besuch ihrer Web-Seite kleine Dateien, sog. „Cookies", auf dem PC der Kunden, die es dem Anbieter erlauben, deren Surfverhalten nachzuvollziehen und auf diese Weise umfassende Nutzerprofile anzulegen.

2. Sicherheitsrisiken beim Anbieter: Fünf Anbieter wiesen gravierende Schwachstellen auf, mit einem hohen Risiko des unbefugten Zugriffs auf ihre Rechner.

3. Risiko bei der Datenübertragung: Risiken bestehen auch bei der Übermittlung vertraulicher Daten (z.B. Kreditkartennummern, Kontoverbindungen etc.) zwischen Anbieter und Kunde. Das Bundesaufsichtsamt für Sicherheitstechnik in der Informationstechnik rät daher zu einer 128-Bit-Verschlüsselung solcher Daten. Von den 16 untersuchten Anbietern verwendeten sechs eine unzureichende Verschlüsselung, bei zwei Anbietern wurden die Daten völlig unverschlüsselt versandt.

In einer Studie zur Qualitätskennzeichnung im E-Commerce hat das Fraunhofer Institut in Zusammenarbeit mit der Stiftung Warentest zehn in Deutschland tätige Siegelanbieter nach bestimmten Kriterien bewertet,[4] darunter auch das WebTrust-Programm mit seinem Web-Trust-Seal. Die Kriterien betrafen die folgenden Bereiche:

1. Allgemeine Informationen
2. Einkaufsvorgang und Usability
3. Fulfillment und After Sales Service
4. Datenschutz
5. Datensicherheit.

Die Datenerhebung erfolgte über einen umfangreichen Fragebogen, der an die Prüfsiegelanbieter versandt wurde. Die Erhebung erfolgte somit ausschließlich aufgrund von Angaben, die durch die Unternehmen gemacht wurden. Im Ergebnis erhielt das WebTrust-Programm die zweithöchste Gesamtpunktzahl zusammen mit noch einem Siegelanbieter, der die gleiche Punktzahl erreichte. Der Siegelanbieter mit der höchsten Punktzahl hatte sein Prüfungsprogramm auf der Grundlage der vom Fraunhofer Institut erarbeiteten Kriterien entwickelt, die den anderen Siegelanbietern nicht zur Verfügung standen.

---

3 Vgl. Finanztest Nr. 5, Mai 2000, S. 20 ff., sowie *Töpper,* a.a.O. (Fn. 2), S. 5 ff.
4 Vgl. *Lewandrowski,* Der Internethandel: Chancen und Risiken – Qualitätskennzeichen im E-Commerce im Vergleich und Überblick, unveröffentlichtes Manuskript, Berlin 2000.

2. Institutioneller Rahmen

Die Risiken im Internet stellen ein erhebliches Handelshemmnis dar. Es liegt deshalb im Interesse von Verbrauchern, Anbietern und Gesamtwirtschaft, dass die jeweils angewandten Grundsätze des Anbieters zur Geschäftsabwicklung und zum Datenschutz im Internet angegeben werden und dass sowohl deren Angemessenheit und Einhaltung als auch das interne Kontrollsystem, das zur Überwachung dieser Grundsätze im Unternehmen eingerichtet ist, einer unabhängigen Prüfung unterzogen werden.

Aus diesem Grund haben die beiden Wirtschaftsprüferorganisationen in USA und Kanada – das American Institute of Certified Public Accountants (AICPA) und das Canadian Institute of Chartered Accountants (CICA) – Prinzipien und Kriterien (AICPA/CICA WebTrust-Principles and Criteria for Business-to-Consumer Electronic Commerce) für sog. WebTrust-Prüfungen entwickelt. Auf der Grundlage dieser Prinzipien und Kriterien können Wirtschaftsprüfer Internet-Seiten ihrer Mandanten zertifizieren und das sog. WebTrust-Seal erteilen.

Wenn sich auf der Web-Seite eines E-Commerce-Anbieters das WebTrust-Seal befindet, kann der (potenzielle) Kunde davon ausgehen, dass der Anbieter die vom AICPA und dem CICA entwickelten Prüfungskriterien erfüllt, diese Erfüllung überprüft worden ist und laufend weitere Überprüfungen stattfinden. Die Prüfung erfolgt durch lizenzierte Prüfer, die dem Berufsstand der accountants in public practice (in Deutschland Wirtschaftsprüfer) angehören und besondere Kenntnisse und Erfahrungen für derartige Prüfungen mitbringen. Durch dieses System einer unabhängigen Prüfung anhand von Kriterien kann das Vertrauen der Kunden in den E-Commerce aufgebaut werden.

Das WebTrust-Seal (vgl. Abb. 1) selbst ist ein geschütztes Zeichen, das nach erfolgreicher WebTrust-Prüfung auf der Homepage des Anbieters angebracht werden darf. Bei der Entwicklung des Web-Trust-Seal waren zwei Gesichtspunkte maßgeblich: Zum einen sollte es schwierig sein, das Seal zu fälschen, und zum anderen muss es möglichst einfach und schnell einem Anbieter auch wieder entzogen werden können, falls die WebTrust-Principles and -Criteria nicht mehr erfüllt werden. Der (potenzielle) Kunde kann durch Anklicken des Seal überprüfen, ob der Anbieter es zu Recht verwendet.[5] Hierzu wird ihm eine Bestätigung der siegelverwaltenden Stelle angezeigt, deren Authentizität er über einen entsprechenden Link überprüfen kann. Die siegelverwaltende Stelle hat jederzeit die Möglichkeit, das Seal von der Web-Seite des Anbieters zu entfernen. Siegelverwaltende Stelle des WebTrust-Seal des AICPA/CICA war bisher die kalifornische Firma VeriSign. Zwischenzeitlich hat das AICPA die Siegelverwaltung übernommen.

---

5 Vgl. *Czurda/Dietschi/Wunderli,* Vertrauensbildung im E-Business durch WebTrust, Der Schweizer Treuhänder 2000, S. 818.

Abbildung 1: WebTrust-Seal

Das WebTrust-Seal darf auf der Grundlage einer entsprechenden Lizenz ausschließlich durch Wirtschaftsprüfer erteilt werden. Hierfür erwerben nationale Berufsorganisationen vom AICPA/CICA die Lizenz zur Erteilung von Unterlizenzen an ihre Mitglieder, die dann Web-Trust-Seals vergeben dürfen. Daher haben das Institut der Wirtschaftsprüfer in Deutschland e.V. (IDW) und das AICPA vertraglich vereinbart, dass das IDW in Deutschland ansässigen Wirtschaftsprüfern die Lizenz erteilen kann, Internet-Seiten von E-Commerce-Anbietern zu zertifizieren.

Das IDW hat für diesen neuen Aufgabenbereich eine (indirekte) Tochtergesellschaft, die IDW Net GmbH, gegründet. Alle Aufgaben im Bereich WebTrust sowie ähnliche Aufgaben werden durch die IDW Net GmbH wahrgenommen. In fachlicher Hinsicht wird die IDW Net GmbH vom IDW – und hier insbesondere von dem Fachausschuss für Informationstechnologie (FAIT) – betreut.

Voraussetzung für die Vergabe der Lizenz an einen Wirtschaftsprüfer ist, dass sich dieser in einem Lizenzvertrag ist der IDW Net GmbH zur Anwendung des IDW Prüfungsstandard: Die Durchführung von WebTrust-Prüfungen (IDW PS 890)[6] verpflichtet. In diesem IDW Prüfungsstandard wird zur Voraussetzung für die WebTrust-Prüfung gemacht, dass der WebTrust-Prüfer über die erforderlichen Kenntnisse im IT- und im Internetbereich verfügen muss. Zudem hat der WebTrust-Prüfer einen vom IDW angebotenen bzw. anerkannten Lehrgang zu absolvieren. Die Qualität der Wirtschaftsprüferpraxis in Bezug auf die WebTrust-Dienstleistungen wird durch einen WebTrust-Peer-Review gesichert.[7]

---

6 Derzeit liegt dieser in einer Entwurfsfassung vor, die vom HFA am 28. 6. 2000 verabschiedet wurde und bei WebTrust-Prüfungen anzuwenden ist (vgl. WPg 2000, S. 850 ff.).
7 Zum Peer Review vgl. z.B. *Marks/Schmidt,* Externe Qualitätskontrolle nach dem Regierungsentwurf eines Wirtschaftsprüferordnungs-Änderungsgesetzes (WPOÄG), WPg 2000, S. 409 ff.

Folgende weitere Länder haben bis heute ebenfalls den Vertrag mit dem AICPA unterzeichnet:

Agentinien	Israel
Australien	Italien
Belgien	Neuseeland
Dänemark	Niederlande
Frankreich	Puerto Rico
Großbritannien	Schweden
Hongkong	Spanien
Irland	

3. Die WebTrust-Prüfung

a) Wesen und Zweck der Prüfung

Grundlage für die Prüfung ist der IDW PS 890[8]. Darin werden Gegenstand, Umfang, Art und Weise der Prüfung von Internet-Seiten geregelt.

Das Ergebnis der WebTrust-Prüfung ist eine von einem unabhängigen Dritten (WebTrust-Prüfer) überprüfte Sicherheit (Independent Verification). Das WebTrust-Seal ist somit ein Siegel, das dazu beiträgt, vertrauenswürdige von weniger vertrauenswürdigen Anbietern zu unterscheiden.[9]

Die WebTrust-Prüfung bringt dem E-Commerce-Anbieter u.a. die folgenden Vorteile[10]:

1. Steigerung der Glaubwürdigkeit: Ein (potenzieller) Kunde erkennt aus dem WebTrust-Seal auf der Web-Seite eines Anbieters, dass dieser Anbieter sich einer Prüfung seiner auf den Internet-Seiten gemachten Aussagen durch einen unabhängigen Dritten unterzogen hat und die Anforderungen der weltweit gültigen WebTrust-Principles und -Criteria erfüllt. Durch Anklicken des WebTrust-Seal sind genauere Informationen über Gegenstand und Umfang der Prüfung abrufbar.

2. Steigerung des Umsatzes: Die gestiegene Glaubwürdigkeit führt nicht nur zu einer vermehrten Nachfrage der bislang verunsicherten Verbraucher. Sie ermöglicht es dem Anbieter auch, ein höher bepreistes Sortiment anzubieten. Dadurch wird nicht nur die Anzahl, sondern auch der Wert der Transaktionen und damit insgesamt der Umsatz steigen.

3. Verbesserung von Qualität und Sicherheit: Im Zuge der WebTrust-Prüfung können Schwachstellen und Mängel in der Internettechnologie und der EDV-Organisation des Anbieters aufgedeckt werden, die dann von dem Anbieter behoben werden können. Die Folge ist eine Verbesserung von Qualität und Sicherheit der Aktivitäten des Anbieters im E-Commerce-Bereich.

4. Steigerung des Know-how: Da der WebTrust-Prüfer über ein besonderes Know-how im IT-Bereich verfügen muss[11], steht dem Anbieter dieses Expertenwissen bereits im Zusammenhang mit der Web-Trust-Prüfung zur Verfügung. Falls der Anbieter es wünscht, kann z.B. im Rahmen einer zusätzlichen Beratung weiteres Know-how in

---

8 Vgl. Fn. 6.
9 Vgl. *Czurda/Dietschi/Wunderli,* Der Schweizer Treuhänder 2000, S. 816.
10 Vgl. dazu *Czurda/Dietschi/Wunderli,* Der Schweizer Treuhänder 2000, S. 817 f.
11 Vgl. *IDW EPS 890,* a.a.O. (Fn. 6), Rz. 25.

das Unternehmen des E-Commerce-Anbieters eingebracht werden. Vielfach wird auch der umgekehrte Weg beschritten. Dann ist das WebTrust-Seal das abschließende Ergebnis einer umfassenden Durchleuchtung der Internet-Organisation eines Anbieters.

b) WebTrust-Principles and -Criteria (Version 2.0)

Das Ziel der WebTrust-Prüfung ist im o.g. IDW Prüfungsstandard festgelegt und besteht in der Einhaltung der WebTrust-Principles and -Criteria. Gegenstand und Umfang dieser Prüfung sind also nicht aus gesetzlichen Normen abzuleiten, sondern ergeben sich aus einer Vielzahl von vorgegebenen Einzelsachverhalten, die auf ihre Übereinstimmung mit den WebTrust-Principles and -Criteria verglichen werden müssen.

Die Prüfungsstrategie der WebTrust-Prüfung ist durch die WebTrust-Principles festgelegt. Diese Principles werden durch spezielle Prüfungskriterien, die WebTrust-Criteria, im Sinne einer Prüfungsanleitung konkretisiert.

Nach den WebTrust-Principles der Version 2.0[12], die für den Bereich Unternehmen zu Verbraucher (B2C) anzuwenden waren, müssen die Unternehmen die mit dem E-Commerce verbundenen Risiken für den Verbraucher in den folgenden Bereichen auf ein akzeptables Maß begrenzen:[13]

1. Angaben zu den Geschäftspraktiken und zur Vertraulichkeit von Kundeninformationen (Business and Information Privacy Practices)
2. Vereinbarungsgemäße Geschäftsabwicklung (Transaction Integrity)
3. Datenschutz und Datensicherheit (Information Protection).

In dieser Version der WebTrust-Dienstleistungen waren die drei WebTrust-Principles angesprochen. Sie werden im Folgenden wiedergegeben und anhand der zugehörigen WebTrust-Criteria[14] erläutert (vgl. Abb. 2), da derzeit noch fast alle WebTrust-Seals auf dieser Grundlage erteilt worden sind.

aa) Angaben zu den Geschäftspraktiken und zur Vertraulichkeit von Kundeninformationen

Das Unternehmen hat seine Geschäftspraktiken und seine Verfahren zur Wahrung der Vertraulichkeit von Kundeninformationen im Zusammenhang mit E-Commerce-Transaktionen im Internet offen zu legen und entsprechend einzuhalten (WebTrust-Principle A).

Die WebTrust-Criteria konkretisieren dieses Principle anhand sechs spezifischer (Mindest-)Anforderungen, deren Einhaltung zu prüfen ist. Zu den jeweiligen Bereichen hat das Unternehmen auf seinen Internet-Seiten zumindest die folgenden Angaben zu machen:

a) *Beschreibung der Produkte und Dienstleistungen:*
1. Eigenschaften der Produkte (z.B. ob sie neu, gebraucht oder wiederaufbereitet sind)
2. Beschreibung der Dienstleistungen (oder des Dienstleistungsvertrages)
3. Herkunft der Angaben (d.h. Nennung der Quelle, wie wissenschaftliche Untersuchungen, eigene Einschätzungen etc.).

---

12 Vgl. *IDW EPS 890,* a.a.O. (Fn. 6), Anlage 1.
13 Vgl. *IDW EPS 890,* a.a.O. (Fn. 6), Rz. 8.
14 Vgl. dazu *IDW EPS 890,* a.a.O. (Fn. 6), Anlage 1.

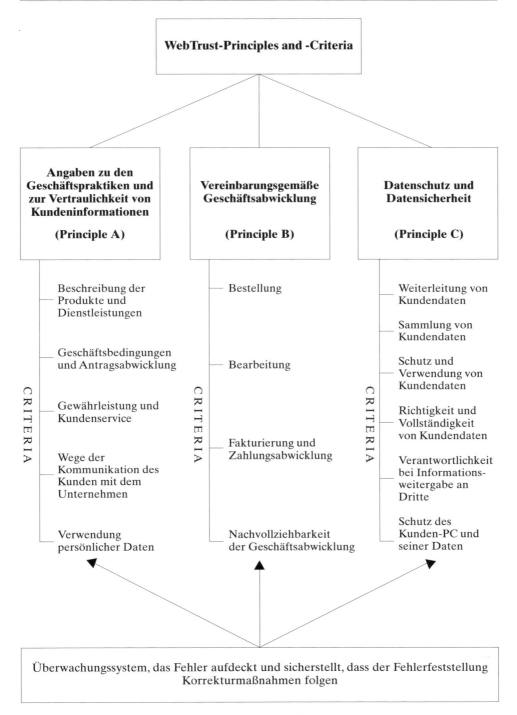

Abbildung 2: WebTrust-Principles and -Criteria im Überblick

b) Geschäftsbedingungen und Auftragsabwicklung:

1. Lieferzeitpunkt
2. Zeitpunkt und Art der Verbraucherinformation bei Lieferschwierigkeiten und anderen Verzögerungen sowie die Reaktionsmöglichkeiten des Kunden
3. Lieferbedingungen und (falls vorhanden) Wahlmöglichkeiten für den Verbraucher
4. Zahlungsbedingungen und (falls vorhanden) Wahlmöglichkeiten für den Verbraucher
5. Art der elektronischen Zahlungsabwicklung und daraus resultierende Kosten für den Verbraucher
6. Möglichkeiten des Verbrauchers, eventuell regelmäßig anfallende Belastungen zu stornieren (z.B. bei wiederkehrend anfallenden Dienstleistungsgebühren)
7. Konditionen für die Rückgabe von Waren (falls vorgesehen).

c) Gewährleistung und Kundenservice: Das Unternehmen hat auf seinen Internet-Seiten Angaben darüber zu machen, wie und wo Gewährleistungsansprüche geltend gemacht bzw. Reparaturleistungen in Anspruch genommen werden können.

d) Wege der Kommunikation des Kunden mit dem Unternehmen:

1. Örtliche Anschrift (Postfach oder E-Mail-Adresse reichen nicht aus)
2. Telefonnummer (eine Nummer, an der lediglich ein Anrufbeantworter angeschlossen ist, reicht nicht aus)
3. Geschäftszeiten
4. für Filialbetriebe sind die entsprechenden Angaben zu machen.

e) Verwendung persönlicher Daten: Das Unternehmen hat auf seinen Internet-Seiten Angaben über die Verwendung vertraulicher, persönlicher Daten zu machen. Dabei muss der Verbraucher in jedem Falle die Möglichkeit haben, die weitergehende Verwendung seiner Daten, über die Geschäftsbeziehung hinaus, abzulehnen. Die Konsequenzen einer solchen Ablehnung sind darzulegen. Er muss zudem die über ihn gespeicherten Informationen über das Internet einsehen und ggf. korrigieren oder löschen können. Falls auf dem Rechner des Kunden sog. „Cookies" platziert werden, ist zu beschreiben, wie diese eingesetzt werden und ggf. welche Folgen es hat, wenn der Kunde die Platzierung der Cookies ablehnt.

f) Überwachung: Überwachungsmaßnahmen (monitoring procedures) müssen mit hinreichender Sicherheit gewährleisten, dass die Angaben zu den Geschäftspraktiken und zur Vertraulichkeit der Kundeninformationen immer aktuell sind und die Feststellung von Fehlern unverzüglich zu Korrekturen führt.

bb) Vereinbarungsgemäße Geschäftsabwicklung

Das Unternehmen hat ein wirksames internes Kontrollsystem einzurichten, das mit hinreichender Sicherheit gewährleistet, dass die über E-Commerce angebahnten Geschäfte vereinbarungsgemäß durchgeführt und abgerechnet werden (WebTrust-Principle B).

Die WebTrust-Criteria konkretisieren die zur Einhaltung dieses Principle erforderlichen organisatorischen Regelungen anhand der folgenden fünf spezifischen (Mindest-) Anforderungen, für die durch wirksame Kontrollen diese hinreichende Sicherheit gewährleistet sein muss:

(a) Bestellung: Jede Bestellung wird auf Richtigkeit und Vollständigkeit kontrolliert (z.B. durch Plausibilitätskontrollen). Bevor die Bestellung bearbeitet wird, ist vom Verbraucher eine Auftragsbestätigung einzuholen.

(b) Bearbeitung: Die richtigen Produkte müssen in der richtigen Menge innerhalb der vereinbarten Lieferzeit versandt bzw. Dienstleistungen vereinbarungsgemäß erbracht werden; dabei sind Abweichungen von der vereinbarten Geschäftsabwicklung dem Kunden unverzüglich mitzuteilen.

(c) Fakturierung und Zahlungsabwicklung: Die Verkaufspreise sowie alle weiteren Kosten oder Gebühren werden dem Kunden vor Durchführung der Transaktion angezeigt. Die tatsächliche Fakturierung und Zahlungsabwicklung erfolgt vereinbarungsgemäß, und auftretende Fehler werden unverzüglich korrigiert.

(d) Nachvollziehbarkeit der Geschäftsabwicklung: Es muss möglich sein, sämtliche Transaktionen später noch nachzuvollziehen.

(e) Überwachung: Ein Überwachungssystem (monitoring procedures) beinhaltet Kontrollverfahren zur vereinbarungsgemäßen Geschäftsabwicklung und bewirkt, dass die Feststellung von Fehlern unverzüglich zu Korrekturen führt.

cc) Datenschutz und Datensicherheit

Das vom Unternehmen eingerichtete interne Kontrollsystem muss weiterhin mit hinreichender Sicherheit gewährleisten, dass die im Zusammenhang mit dem E-Commerce-Geschäft gewonnenen Kundeninformationen vor einer unzulässigen Verwendung außerhalb der bestehenden Geschäftsbeziehung geschützt sind (WebTrust-Principle C).

Die konkretisierenden WebTrust-Criteria enthalten sieben spezifische (Mindest-)Anforderungen, deren Einhaltung zu prüfen ist. Auch hier müssen vom Unternehmen Kontrollverfahren eingerichtet sein, die mit hinreichender Sicherheit die Einhaltung der folgenden Anforderungen gewährleisten:

1. Weiterleitung von Kundendaten: Persönliche Kundendaten müssen davor geschützt sein, durch das Internet an unberechtigte Empfänger zu gelangen.

2. Sammlung von Kundendaten: Bei der Sammlung von Kundendaten muss dem Kunden die Wahl möglich sein, entweder zu gestatten, dass seine persönlichen Daten auch für andere Zwecke als zur Abwicklung der laufenden Transaktion verwendet werden dürfen, oder jegliche weitere Verwendung abzulehnen.

3. Schutz und Verwendung von Kundendaten: Die im Zusammenhang mit dem E-Commerce-Geschäft gewonnenen und gespeicherten Daten müssen vor einem Zugriff durch Dritte geschützt sein. So dürfen z.B. Kunden, die eine Web-Seite des Anbieters öffnen, keinen Zugang zu persönlichen Informationen über andere Kunden erlangen.

4. Richtigkeit und Vollständigkeit von Kundendaten: Für die geplante Verwendung sind die notwendigen Kundeninformationen richtig und vollständig zu erheben.

5. Verantwortlichkeit bei Informationsweitergabe an Dritte: Alle Daten, die im Rahmen einer Beauftragung Dritter im Zusammenhang mit dem Auftrag (z. B. an Subunternehmer) weitergegeben werden, müssen den gleichen Schutz und die gleiche Sicherheit wie im eigenen Unternehmen genießen.

6. Schutz des Kunden-PC und seiner Dateien: Es besteht ein ausreichender Schutz gegen den unbefugten Zugriff auf den PC des Kunden sowie gegen die unbefugte Manipulation der darauf befindlichen Dateien.

7. Überwachung: Überwachungsmaßnahmen (monitoring procedures) haben mit hinreichender Sicherheit zu gewährleisten, dass die eingerichteten Kontrollen zu Da-

tenschutz und Datensicherheit effektiv sind und aufgedeckte Fehler unverzüglich korrigiert werden.

Die WebTrust-Principles and -Criteria erfüllen übrigens auch die Anforderungen der Online Privacy Alliance (OPA) und der European Union (EU) Privacy Directives (Stand: Oktober 1999). Darüber hinaus ist es nicht Aufgabe einer WebTrust-Prüfung festzustellen, ob alle rechtlichen (Datenschutz-)Bestimmungen eingehalten worden sind. Hierzu bedarf es einer besonderen Beauftragung des Wirtschaftsprüfers.

c) WebTrust-Principles and -Criteria (Version 3.0)

Die WebTrust-Principles and -Criteria werden durch das AICPA in Zusammenarbeit mit den Lizenznehmern laufend weiterentwickelt, um den Entwicklungen in den Bereichen Internettechnologie und E-Commerce Rechnung zu tragen. Bereits teilweise fertiggestellt ist zur Zeit die Version 3.0. Sie bezieht neben dem B2C-Bereich stärker den Bereich des Geschäftsverkehrs zwischen Unternehmen (B2B) ein und unterscheidet sich in ihrem Aufbau von der Version 2.0.

Die Version 3.0 besteht aus sieben Principles, die jeweils ein eigenständiges Prüfmodul repräsentieren. Im einzelnen sind dies die Module Privacy, Security, Transaction Integrity, Availability, Confidentiality, Non-Repudiation und Customized Disclosures.

Der modulare Aufbau ermöglicht es, je nach Bedarf des E-Commerce-Anbieters die Web-Trust-Prüfung auf die Einhaltung einzelner, mehrerer oder aller Principles zu erstrecken (Lediglich das Principle Customized Disclosures kann nicht alleine überprüft werden. Es ist zumindest mit einem anderen Principle zu kombinieren.).

Von den sieben vorgesehenen Modulen liegen derzeit die ersten fünf der im folgenden wiedergegebenen Module in endgültiger Fassung vor und können einer WebTrust-Prüfung zugrunde gelegt werden:

1. Datenschutz (Privacy): Das Unternehmen legt seine Strategien zum Datenschutz offen und setzt diese auch in der Praxis um. Es existieren zudem effektive Kontrollen, die mit hinreichender Sicherheit gewährleisten, dass die im Zusammenhang mit dem E-Commerce-Geschäft erlangten persönlichen Daten in Übereinstimmung mit den offen gelegten Strategien zum Datenschutz geschützt sind.

2. Datensicherheit (Security): Das Unternehmen legt seine wesentlichen Sicherheitsstrategien auf seinen Internet-Seiten offen und setzt diese auch in der Praxis um. Es existieren zudem effektive Kontrollen, die mit hinreichender Sicherheit gewährleisten, dass der Zugang zu dem betreffenden E-Commerce-System und seinen Daten nur autorisierten Personen in Übereinstimmung mit den offen gelegten Sicherheitsstrategien möglich ist.

3. Vereinbarungsgemäße Geschäftsabwicklung (Transaction Integrity): Das Unternehmen legt seine Geschäftspraktiken für den E-Commerce-Bereich offen und setzt diese auch so in der Praxis um. Es existieren zudem effektive Kontrollen, die mit hinreichender Sicherheit gewährleisten, dass die Geschäftsabwicklung vollständig, richtig und in Übereinstimmung mit den offen gelegten Angaben zu den Geschäftspraktiken erfolgt.

4. Verfügbarkeit (Availability): Das Unternehmen legt seine Grundsätze zur Gewährleistung der Verfügbarkeit des E-Commerce-Systems und der diesbezüglichen Daten offen und setzt diese auch in der Praxis um. Es existieren effektive Kontrollen,

die mit hinreichender Sicherheit gewährleisten, dass die dargelegten Grundsätze der Verfügbarkeit eingehalten werden.

5. Weitere Erklärungen (Customized Disclosures): Das Unternehmen gibt eine Erklärung ab, mit der es sich weiteren Qualitätsanforderungen unterwirft. Beispielsweise kann hierzu die Einhaltung der Qualitätskriterien der Initiative D21[15] gehören. In diesem Falle sind die Angaben, die das Unternehmen macht, zusätzlich anhand dieser Anforderungen zu überprüfen. Es existieren zudem effektive Kontrollen, die mit hinreichender Sicherheit gewährleisten, dass diese Angaben und die zur Umsetzung dieser Angaben getroffenen Maßnahmen zuverlässig sind.

6. Vertraulichkeit (Confidentiality): Das Unternehmen legt seine Strategien zur Gewährleistung der vertraulichen Behandlung von Kundeninformationen offen und setzt diese auch in der Praxis um. Es existieren zudem effektive Kontrollen, die mit hinreichender Sicherheit gewährleisten, dass die im Zusammenhang mit dem E-Commerce-Geschäft erlangten und als vertraulich einzustufenden Informationen nur autorisierten Personen in Übereinstimmung mit den offen gelegten Strategien zur Gewährleistung der vertraulichen Behandlung von Kundeninformationen zugänglich sind.

7. Verbindlichkeit (Non-repudiation): Das Unternehmen macht Angaben, unter welchen Voraussetzungen ein rechtswirksamer Vertragsabschluss zustande kommt und setzt diese auch in der Praxis um. Es existieren zudem effektive Kontrollen sowie geeignete Aufzeichnungsverfahren, die mit hinreichender Sicherheit gewährleisten, dass Authentizität und Integrität der Geschäftsabwicklung und der Kommunikation auf elektronischem Wege in Übereinstimmung mit den offen gelegten Angaben von einem sachverständigen Dritten überprüfbar sind.

Neben den individuellen Kombinationsmöglichkeiten für die jeweils ein WebTrust-Seal vergeben wird, kann für die Kombination „WebTrust Consumer Protection" ein spezielles Web-Trust-Seal erteilt werden. WebTrust Consumer Protection ist eine speziell definierte Kombination, bei dem das Privacy-Principle und das Transaction Integrity-Principle der Überprüfung des Unternehmens zugrunde gelegt werden. In Deutschland wird im Rahmen des Verbraucherschutzes als eine Ausprägung der „Customized Disclosures" auch die Einhaltung der Qualitätskriterien der Initiative D21 überprüft.

Für Zertifizierungsstellen existiert ein spezielles Prüfungsprogramm. Zur Erlangung dieses Seals muss das Unternehmen die WebTrust-Principles and -Criteria für Certification Authorities erfüllen.

Für die Überprüfung von Certification Authorities (Zertifizierungsstellen) sind die folgenden drei Principles festgelegt:

1. CA Angaben zu den Geschäftspraktiken (CA Business Practices Disclosure): Die Zertifizierungsstelle beschreibt seine Schlüssel und seine Zertifizierungsverfahren sowie die Verfahren zur Wahrung der Vertraulichkeit von Kundeninformationen und betreibt seinen Service in Übereinstimmung mit den gemachten Angaben.

2. Vereinbarungsgemäßer Service (Service Integrity): Die Zertifizierungsstelle hat ein wirksames internes Kontrollsystem eingerichtet, das mit hinreichender Sicherheit gewährleistet, dass

---

15 Die Initiative D21 (www.initiativeD21.de) ist eine Initiative der deutschen Wirtschaft, die u.a. den Selbstregulierungsprozess im B2C-Bereich des E-Commerce fördert.

a) die Unterschriftsinformationen richtig authentisiert sind,

b) die Integrität der Schlüssel und der entsprechenden Zertifikate eingerichtet und während ihrer gesamten Nutzungsdauer geschützt sind.

3. CA Umgebungs-Kontrollen (CA Environmental Controls): Die Zertifizierungsstelle hat ein wirksames internes Kontrollsystem eingerichtet, das mit hinreichender Sicherheit gewährleistet, dass

a) Informationen über den Unterzeichner und die in die Unterzeichnung vertrauenden Parteien nur autorisierten Personen zugänglich und vor Verwendungen geschützt sind, die von den gemachten Angaben zu den Geschäftspraktiken abweichen,

b) die Kontinuität von Schlüssel und Zertifizierungsverfahren gewahrt ist,

c) die Entwicklung der CA-Systeme, die Wartung und der Gebrauch zutreffend autorisiert und geeignet sind, die Integrität des CA-Systems sicherzustellen.

d) Prüfungsdurchführung und Erteilung des Web-Trust-Seal

Die WebTrust-Prüfungen sind nach international anerkannten Prüfungsgrundsätzen durchzuführen, die zur Bestätigung bestimmter Sachverhalte (Assurance Engagements) entwickelt wurden. Diese allgemeinen Vorgaben sind beispielsweise in den kanadischen „Standards for Assurance Engagements" niedergelegt. Das IDW hat sich entschieden, anstelle eines Verweises auf die in Deutschland allgemein gültigen Grundsätze die für WebTrust geltenden Anforderungen in einem eigenständigen Prüfungsstandard zusammenzufassen (IDW PS 890). Damit wird die WebTrust-Prüfung auch für die Öffentlichkeit verständlich gemacht. Den eigentlichen Kern der Prüfung bildet dabei die Überprüfung der Einhaltung der weltweit einheitlichen WebTrust-Principles and -Criteria, die sich im umfangreichen Anhang des IDW PS 890 befinden.[16]

Nach Maßgabe des IDW PS 890 ergeben sich die im Folgenden wiedergegebenen Schritte zur Durchführung der Prüfung und die Erteilung des WebTrust-Seal (vgl. Abb. 3):

1. Nutzungsvertrag: Zunächst schließt der WebTrust-Prüfer mit dem Auftraggeber einen Nutzungsvertrag hinsichtlich des WebTrust-Seal ab. Hierin verpflichtet sich der Prüfer, die Web-Seite des Auftraggebers auf ihre Übereinstimmung mit den Web-Trust-Principles and -Criteria zu überprüfen. Ziel des Auftrags ist die Erstellung einer Bescheinigung, die aussagt, dass die Angaben des Auftraggebers in allen wesentlichen Belangen, gemessen an den WebTrust-Principles and -Criteria, vertretbar sind. Mit Erteilung der Bescheinigung erhält der Auftraggeber das Recht, das WebTrust-Seal auf seiner Web-Seite zu führen.

2. Selbstauskunft (Self-Assessment Questionnaire): Um dem Prüfer einen ersten Überblick hinsichtlich des Ist-Zustandes des E-Commerce-Geschäfts zu geben, haben die gesetzlichen Vertreter des zu prüfenden Unternehmens einen Fragebogen auszufüllen, mit dem eine Selbstauskunft hinsichtlich der Erfüllung der Anforderungen der WebTrust-Principles and -Criteria erteilt wird.[17] Hieraus können bereits eventuelle Schwachstellen ersehen werden, und es besteht für den Auftraggeber die Gelegenheit, diese Schwachstellen zu beseitigen, bevor mit der eigentlichen Überprüfung begonnen wird.

---

16 Vgl. *IDW EPS 890,* a.a.O. (Fn. 6), Anlage 1.
17 Vgl. *IDW EPS 890,* a.a.O. (Fn. 6), Anlage 2.

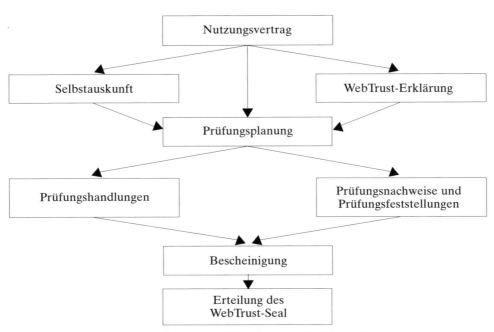

Abbildung 3: Prüfungsdurchführung und Erteilung des WebTrust-Seal

3. WebTrust-Erklärung: Vor Erteilung der Bescheinigung über das Ergebnis der durchgeführten Prüfung hat der Auftraggeber dem Prüfer eine sog. WebTrust-Erklärung auszustellen, in der bestätigt wird, dass das Unternehmen die WebTrust-Principles and -Criteria auch tatsächlich einhält. Diese Erklärung kann auch im Rahmen einer weitergehenden Vollständigkeitserklärung abgegeben werden.[18]

4. Prüfungsplanung: Hinsichtlich der Prüfungsplanung verweist IDW PS 890 auf die Anforderungen aus dem Entwurf IDW Prüfungsstandard: Grundsätze der Planung von Abschlussprüfungen (IDW EPS 240)[19], wonach die Prüfung so zu planen ist, dass ein den Verhältnissen des zu prüfenden Unternehmens angemessener Prüfungsablauf in sachlicher, personeller und zeitlicher Hinsicht gewährleistet ist. Die Prüfungsplanung umfasst die Entwicklung einer Prüfungsstrategie und darauf aufbauend eines Prüfungsprogramms, das die einzelnen Prüfungshandlungen enthält.[20]

Voraussetzung für eine sachgerechte Prüfungsplanung sind zunächst ausreichende Kenntnisse der Geschäftätigkeit sowie der wirtschaftlichen und der rechtlichen Rahmenbedingungen des auftraggebenden Unternehmens. Der WebTrust-Prüfer hat die Anforderungen des IDW Prüfungsstandard, Kenntnisse über die Geschäftätigkeit sowie das wirtschaftliche und rechtliche Umfeld des zu prüfenden Unternehmens im Rahmen der Abschlussprüfung (IDW PS 230)[21] entsprechend anzuwenden.[22]

---

18 Vgl. *IDW EPS 890,* a.a.O. (Fn. 6), Rz. 33 ff.
19 Vgl. WPg 2000, S. 32 ff.
20 Vgl. *IDW EPS 890,* a.a.O. (Fn. 6), Rz. 26.
21 Vgl. WPg 2000, S. 842 ff.
22 Vgl. *IDW EPS 890,* a.a.O. (Fn. 6), Rz. 27.

e) Prüfungshandlungen

Der Prüfer überprüft die Einhaltung der WebTrust-Principles anhand der WebTrust-Criteria, die die Principles im Sinne einer Prüfungsanleitung konkretisieren. Soweit die WebTrust-Criteria Prüfungshandlungen zur Beurteilung des internen Kontrollsystems vorsehen, ist das *Fachgutachten 1/1988: Grundsätze ordnungsmäßiger Durchführung von Abschlussprüfungen*[23], Abschnitt D.II.1 und 2, entsprechend anzuwenden.[24]

f) Prüfungsnachweise und Prüfungsfeststellungen

Der Prüfer holt ausreichende und geeignete Prüfungsnachweise ein, die die Grundlage für seine Prüfungsfeststellungen und sein Prüfungsurteil bilden. Der Entwurf IDW Prüfungsstandard: Prüfungsnachweise im Rahmen der Abschlussprüfung (IDW EPS 300)[25] ist entsprechend anzuwenden. Prüfungsplanung, Prüfungshandlungen, Prüfungsfeststellungen und die Herleitung des Prüfungsurteils sind schließlich in den Arbeitspapieren zu dokumentieren. Der IDW Prüfungsstandard: Arbeitspapiere des Abschlussprüfers (IDW PS 460)[26] gilt entsprechend.[27]

g) Bescheinigung

Nach Durchführung der WebTrust-Prüfung fasst der Prüfer in einer Bescheinigung Gegenstand, Art, Umfang, Grenzen der Prüfung sowie sein Prüfungsurteil zusammen.[28] Aufgabe dieser Bescheinigung ist es, sowohl der Unternehmensleitung des geprüften Unternehmens als auch der Öffentlichkeit Aufschluss über die Vertrauenswürdigkeit des geprüften E-Commerce-Angebotes in Bezug auf die geprüften Kriterien zu geben. Daher ist die Bescheinigung im Internet zu hinterlegen, so dass jeder interessierte Verbraucher sich über den Inhalt der durchgeführten Prüfung informieren kann.[29]

h) WebTrust-Seal

Nach Erteilung der Bescheinigung wird auf der Web-Seite des geprüften Unternehmens als sichtbares Zeichen der WebTrust-Prüfung das WebTrust-Seal eingerichtet. Durch entsprechende Schriftzüge über dem Seal werden die überprüften Kriterien spezifiziert. Interessenten können überprüfen, ob es sich bei dem Anbieter um einen rechtmäßigen Inhaber des WebTrust-Seal handelt: Nach Anklicken des Seal auf der Web-Seite des E-Commerce-Anbieters wird ihnen zunächst eine kurze Erläuterung der Aufgabe einer WebTrust-Prüfung gezeigt. Dies ist gleichzeitig die Bestätigung, dass es sich um einen Teilnehmer am WebTrust-Programm handelt. Von hier wird weiter verzweigt auf den Inhalt der Bescheinigung sowie die WebTrust-Principles and -Criteria.

---

23 Vgl. WPg 1989, S. 9 ff.
24 Vgl. *IDW EPS 890*, a.a.O. (Fn. 6), Rz. 28 f.
25 Vgl. WPg 2000, S. 754 ff.
26 Vgl. WPg 2000, S. 916 ff.
27 Vgl. *IDW EPS 890*, a.a.O. (Fn. 6), Rz. 35.
28 Vgl. *IDW EPS 890*, a.a.O. (Fn. 6), Rz. 36.
29 Vgl. *IDW EPS 890*, a.a.O. (Fn. 6), Rz. 39.

Das WebTrust-Seal beinhaltet im System der WebTrust-Prüfung keine zusätzliche Versicherung über die vom WebTrust-Prüfer erteilte Bescheinigung hinaus. Eine Bedeutung erhält das Seal erst mit der verbundenen Bescheinigung des Prüfers, die nach Anklicken des Seal auf der Web-Seite erscheint. Durch diese direkte Verbindung von WebTrust-Seal und Bescheinigung soll sichergestellt werden, dass das WebTrust-Seal nicht zu Missverständnissen in der Öffentlichkeit über die Tragweite der WebTrust-Prüfung führt.

Das WebTrust-Seal hat grundsätzlich eine Gültigkeitsdauer von einem Jahr ab dem Datum der Vergabe. Innerhalb dieses Zeitraums sind aktualisierende Prüfungshandlungen vorzunehmen. Der Zeitraum zwischen Aktualisierungen darf sechs Monate nicht überschreiten. Die Häufigkeit derartiger Aktualisierungen hängt im Wesentlichen ab von

- Art und Komplexität der Geschäftstätigkeit im Electronic-Commerce-Bereich,
- der Häufigkeit wesentlicher Änderungen auf den Web-Seiten,
- der Wirksamkeit der unternehmensinternen Überwachungsverfahren, die im Falle von Änderungen der Geschäftspraktiken oder des internen Kontrollsystems die Einhaltung der WebTrust-Principles and -Criteria weiterhin gewährleisten.

4. Qualitätssicherung

WebTrust-Prüfungen dürfen in Deutschland nur von einem durch die IDW Net GmbH zugelassenen WebTrust-Prüfer (Wirtschaftsprüfer oder Wirtschaftsprüfungsgesellschaft) durchgeführt werden. Die Zulassung setzt zum einen den Besuch einer von der IDW Net GmbH anerkannten Schulungsveranstaltung als auch den Abschluss eines WebTrust-Lizenzvertrages voraus. Der Lizenzvertrag verpflichtet den WebTrust-Prüfer auf die Anwendung des IDW PS 890 in seiner jeweils aktuellen Fassung.

Die Qualitätssicherung beginnt bereits mit der Auftragsannahme. Der IDW PS 890 verpflichtet den WebTrust-Prüfer, vor Auftragsannahme gewissenhaft zu prüfen, ob er nach den Berufspflichten und der Berufsauffassung den Prüfungsauftrag annehmen darf und ob er über die besonderen Kenntnisse und Erfahrungen verfügt, um die Prüfung sachgerecht durchführen zu können. Mithin ist darauf zu achten, dass der Auftrag nur angenommen bzw. fortgeführt wird, wenn er aller Voraussicht nach in sachlicher, personeller und zeitlicher Hinsicht ordnungsgemäß abgewickelt werden kann.[30]

Weiterhin gelten für den WebTrust-Prüfer die allgemeinen Berufsgrundsätze der Unabhängigkeit und der Unparteilichkeit.[31] Der WebTrust-Prüfer muss seine Tätigkeit versagen, wenn ein Dritter befürchten kann, der Prüfer sei befangen (Besorgnis der

---

30 Vgl. *IDW EPS 890,* a.a.O. (Fn. 6), Rz. 19. In diesem Zusammenhang wird im IDW EPS 890 auf die zu beachtenden Regelungen der *Gemeinsamen Stellungnahme der WPK und des IDW: Zur Qualitätssicherung in der Wirtschaftsprüferpraxis (VO 1/1995),* Abschn. B.II., hingewiesen (vgl. WPg 1995, S. 824 ff.). Gleiches gilt auch für den *IDW Prüfungsstandard: Vereinbarungen zur Beauftragung des Abschlussprüfers (IDW PS 220).* Dieser Prüfungsstandard ist vom HFA als Entwurf am 28. 6. 2000 verabschiedet worden (vgl. WPg 2000, S. 1024 ff.) und zur Veröffentlichung vorgesehen.
31 Vgl. § 43 WPO.

Befangenheit)[32]. Es ist auch sicherzustellen, dass diese Anforderungen auch von den bei der WebTrust-Prüfung eingesetzten Mitarbeitern beachtet werden.[33]

Der WebTrust-Prüfer muss über eine ausreichende fachliche Kompetenz verfügen, um den Auftrag ordnungsgemäß durchführen zu können.[34] Mit einer sachgerechten personellen Planung hat er dafür zu sorgen, dass die im Rahmen der WebTrust-Prüfungen eingesetzten fachlichen Mitarbeiter über eine ausreichende Qualifikation verfügen, um die erforderlichen Prüfungshandlungen und Beurteilungen ordnungsgemäß durchführen zu können.[35] Gegebenenfalls sind externe Spezialisten hinzuzuziehen. Sie sollten über ihr Fachwissen hinaus über grundlegende Kenntnisse der Inhalte des IDW PS 890 verfügen.[36]

Zu den oben angesprochenen Kenntnissen zählen u.a. Kenntnisse der Informationstechnologie, der elektronischen Datenübertragung, der Internettechnologien, der elektronischen Abwicklung von Geschäften, der rechtlichen Grundlagen des elektronischen Geschäftsverkehrs, der beim elektronischen Geschäftsverkehr zu beachtenden Sicherheitsaspekte sowie IT-bezogener Prüfungsstandards des IDW.[37]

Die Einhaltung dieser Anforderungen an die Qualität der WebTrust-Prüfungen wird durch Peer-Review-Maßnahmen gesichert, die von der IDW Net GmbH überwacht werden und mit dem allgemeinen Peer-Review-Verfahren für Wirtschaftsprüfer[38] verbunden werden können.

5. Zusammenfassung

Die den Verbraucher beunruhigenden Risiken im Zusammenhang mit E-Commerce-Warenbestellungen stellen noch ein erhebliches Handelshemmnis dar. Es liegt daher im Interesse von Verbrauchern, Anbietern und der Gesamtwirtschaft, dass E-Commerce-Anbieter bestimmte (Mindest-)Anforderungen hinsichtlich ihrer Geschäftsabwicklung und des Datenschutzes erfüllen. Durch eine unabhängige Überprüfung von dritter Seite (Independent Verification) anhand vorgegebener Kriterien kann die Einhaltung solcher Mindestanforderungen festgestellt werden.

Vor diesem Hintergrund wurden die Prinzipien und Kriterien zu den WebTrust-Prüfungen entwickelt und das WebTrust-Seal als Hinweis auf die stattgefundene unabhängige Überprüfung geschaffen. Dieses WebTrust-Seal ist durch die Beteiligung von Prüferberufen in Amerika, Europa und Asien zu einem weltweiten Erkennungszeichen geworden.

---

32 Vgl. § 49 WPO.
33 Vgl. *VO 1/1995,* Abschn. A., sowie *IDW EPS 890,* a.a.O. (Fn. 6), Rz. 21.
34 Vgl. § 43 WPO.
35 Vgl. § 6 Abs. 2 Berufssatzung der WPK.
36 Vgl. *IDW EPS 890,* a.a.O. (Fn. 6), Rz. 22 ff., sowie die dort geforderte entsprechende Anwendung des *Fachgutachten 1/1988: Grundsätze ordnungsmäßiger Durchführung von Abschluß-prüfungen,* Abschn. D.II.7 (vgl. WPg 1989, S. 9 ff.).
37 Hierzu zählen u.a. *Stellungnahme FAMA 1/1987 i.d.F. 1993: Grundsätze ordnungsmäßiger Buchführung bei computergestützten Verfahren und deren Prüfung* (vgl. WPg 1988, S. 1 ff.), *IDW Prüfungsstandard: Erteilung und Verwendung von Softwarebescheinigungen, IDW PS 880* (vgl. WPg 1998, S. 1066 ff.), und die *Stellungnahme HFA 4/1997: Projektbegleitende Prüfung EDV-gestützter Systeme* (vgl. WPg 1997, S. 680 ff.).
38 Vgl. dazu *Marks/Schmidt,* WPg 2000, S. 409 ff.

Das IDW hat für diesen neuen Aufgabenbereich die IDW Net GmbH gegründet, die in Deutschland die Lizenz zur Durchführung von WebTrust-Dienstleistungen vergibt. Diese sind in einem IDW Prüfungsstandard geregelt (IDW PS 890). Für die Durchführung von Web-Trust-Prüfungen muss der WebTrust-Prüfer über die erforderlichen Kenntnisse im IT-Bereich verfügen, einen besonderen Lehrgang absolvieren und sich dem WebTrust-Peer-Review unterziehen.

Gegenstand der Überprüfung ist die Einhaltung der WebTrust-Principles and -Criteria. Es ist vom WebTrust-Prüfer zu beurteilen, ob die WebTrust-Principles nach Maßgabe der Web-Trust-Criteria eingehalten werden. Die WebTrust-Criteria sind Mindestanforderungen, die zur Erfüllung der WebTrust-Principles erfüllt sein müssen.

Nach Durchführung der eigentlichen Prüfung fasst der Prüfer in einer Bescheinigung Gegenstand, Art, Umfang, Grenzen der Prüfung sowie sein Prüfungsurteil zusammen und erteilt bei Erfüllung der Principles and Criteria das WebTrust-Seal.

Die Qualität der WebTrust-Prüfungen wird durch Peer-Review-Maßnahmen gesichert.

II. Trusted Shops als interdisziplinäres System zur Schaffung von Vertrauen in B2C-Transaktionen

Prüfzeichen, Verantwortlichkeit und Konfliktschlichtung

Carsten Föhlisch

1. Einführung

Vertrauen in den Handel über das Internet lässt sich weder allein durch Rechtssicherheit noch durch technische Sicherheit herstellen. Demzufolge kann sich der Anbieter eines vertrauensschaffenden und -erhaltenden Systems die Thematik nicht durch Übernahme konventioneller Instrumentarien aus der Offline-Welt erschließen, sondern muss die Situation seiner Kunden (der Händler) in dem Medium Internet analysieren und neue Formen finden, die gewiss etwas mit herkömmlichen Methoden wie Gütesiegeln oder Zertifizierung zu tun haben, aber weit darüber hinaus gehen.

Nicht von ungefähr hat sich die Konferenz „Global Business Dialogue on Electronic Commerce" (GBDe)[1] entschlossen, die Arbeitsgruppe, in der Empfehlungen der Wirtschaft zu diesem Komplex erarbeitet werden, „Trustmark & ADR"[2] zu nennen.

Daraus wird zweierlei deutlich: Erstens haben Prüfzeichen für den Internethandel „Trust" und nicht nur „Security" zu vermitteln; zudem ist zeigt die Parallele zum Wort „Trademark", dass ein privatwirtschaftliches Engagement in dem Markt des Vertrauens erwünscht ist und geschützte Marken ein probates Mittel sind, die Vertrauensleistung zu erbringen. Zweitens macht es wenig Sinn, nur ein Prüfzeichen zu verleihen, sich aber aus den sich anschließenden Fragen der auftretenden Leistungsstörungen trotz Zertifizierung heraus zu halten; daher erscheint es zwingend, beide Themen, Zertifizierung und Streitschlichtung, gemeinsam zu diskutieren und Gesamtkonzepte zu entwickeln, die über die Methoden der Offline-Welt hinausgehen.

Trusted Shops bietet solch ein Konzept an, und zwar in dem sehr genau umrissenen Bereich der B2C[3]-Transaktionen, welche die Lieferung physischer Güter (Warenlieferungen aber z.B. auch „Lieferung" von Konzertkarten) zum Gegenstand haben. Zur Drucklegung ist das Schema mit Unterstützung der Europäischen Kommission[4] in Deutschland, Österreich, der Schweiz sowie dem Vereinigten Königreich und Frankreich am Markt, d.h. Händler mit Sitz in diesen Ländern können Trusted Shops Mitglie-

---

1 So der Titel der Arbeitsgruppe 2000 in Miami, „http://www.gbde.org/".
2 ADR steht für „Alternative Dispute Resolution", zu deutsch: Alternative Streitschlichtung.
3 B2C steht für „Business to Consumer", zu deutsch: Handel zwischen Unternehmen und Endverbrauchern.
4 Trusted Shops koordiniert das Projekt „COSEAG" (Consumer Protection Seal – Assurance and Money-back-Guarantee, http://www.coseag.org/), an dem mehrere europäische Unternehmen und Forschungseinrichtungen teilnehmen. Inhaltlich geht es um die Einführung des „Trusted Shops Scheme" in verschiedenen europäischen Mitgliedsstaaten. Dieses Projekt wird im Rahmen der Initiative TEN-Telecom des EU-Direktorates „Information Society and Entreprise" (http://156.54.253.12/tentelecom/) gefördert.

der werden. Der Erkenntnis folgend, dass Internethandel seit seinem Beginn international ist, wird Trusted Shops in naher Zukunft nahezu in jedem europäischen Land einen einheitlichen Standard anbieten und langfristig auch Händler außerhalb des EWR adressieren.

Im Folgenden soll die „Methode Trusted Shops" mit den relevanten rechtlichen, technischen und wirtschaftlichen Implikationen näher beschrieben und kategorisiert werden.

2. Das Problem: „Lack of (Consumer) Confidence"

Ausgangspunkt der Produktentwicklung war die Frage, wie eine außen stehende Partei den Beteiligten des B2C-Internethandels derart begegnen kann, dass sowohl dem Händler als auch dem Verbraucher die auftretenden Unsicherheiten und Risiken genommen werden.

a) Die Situation des Online-Händlers

aa) Vertrauen gewinnen und erhalten

Ein Online-Händler, vor allem ein kleinerer oder mittelständischer, hat mangels Bekanntheit erhebliche Schwierigkeiten, das Vertrauen seiner potentiellen Kunden zu gewinnen. Die Gründe sind vielfältig, haben aber alle gemein, dass der persönliche Kontakt, der im konventionellen Einzelhandel seit Jahrhunderten für Vertrauen sorgt, nicht vorhanden ist. So entsteht die unbefriedigende Situation, dass ein großes Markterschließungspotential, sei es in speziellen Produktsegmenten oder regionalen Märkten, nicht ausgeschöpft werden kann, weil zu viele Verbraucher zu viele Befürchtungen hegen, die sie vom Kauf abhalten.

Weiterhin tauchen Risiken auch dann noch auf, wenn das Verbrauchervertrauen einmal gewonnen wurde, d.h. ein Kunde sich zum Kauf entschlossen hat. Neben dem zunehmend auftretenden „Problem" der Insolvenz, sei es aufgrund übereilter Geschäftsmodelle der „New Economy" oder einer überhitzten Marktlage, fällt es neu gegründeten Unternehmen schwer, in Rekordzeit eine Kundenbetreuung aufzubauen, die eine dauerhafte Kundenbindung garantiert. So führen selbst kleine Missverständnisse in der Erfüllungsabwicklung, nicht zuletzt mangels eines persönlichen Kontaktes zu den Kunden, zum Verlust der eigentlich schon gewonnenen Kunden.

Schließlich zeigt die Erfahrung, dass gerade kleinere und mittelständische Händler die Flut von Regelungen[5], die in den letzten Jahren von verschiedensten Stellen erlassen wurden, nicht mehr durchschauen können. Es besteht Unsicherheit darüber, welche Normen einschlägig sind und wie sie im Einzelnen zu verstehen sind.

---

5 Neben Regelungen der Europäischen Union und deren Umsetzungen in staatliches Recht tauchen im Online-Handel verstärkt Interessenvertretungen der Händler und Konsumenten auf, die alle ebenfalls (selbst- oder co-)regulierend Normen setzen. Beispiele sind: GBDe, FEDMA, TrustUK, D21 u.a.

bb) Marketing, Kundenbetreuung und Ausfallquote verbessern

In der Konsequenz wird ein zukunftsorientierter Händler bestrebt sein, seinen Kunden zu kommunizieren, dass er ein vertrauenswürdiger Händler ist und zumindest in der Anfangsphase seines Geschäftes Teile seiner Kundenbetreuung in die Hände eines erfahrenen Dienstleisters geben, der ihn idealerweise auch noch über aktuelle gesetzliche Entwicklungen auf dem Laufenden hält, um unkalkulierbare Forderungsausfälle oder Schadensersatzforderungen zu vermeiden.

Die Absicherung des Händlers gegen Ausfälle durch kostspielige und lang dauernde Streitigkeiten ist gerade im grenzüberschreitenden Handel nicht zu unterschätzen[6] und hat dazu geführt, dass Trusted Shops neben seiner Kernleistung eine Reihe optionaler Zusatzleistungen[7] anbietet, die dem Händler ein gewinnbringendes und vor allem planbares Wirtschaften ermöglichen.

cc) Das Preismodell

In der Diskussion wird oft die Frage der Bezahlbarkeit eines Zertifizierungsdienstleisters vergessen: Die Zertifizierung als Marketing- und Kundenbindungsinstrument macht nur Sinn, wenn sie auch vom Händler, nicht aber vom Verbraucher gezahlt wird. Ist eine Zertifizierung jedoch so teuer, dass der Preis nicht im Verhältnis zum Nutzen[8] steht, wird sich ein Händler nur schwer entschließen, in ein sehr junges Produkt zu investieren, über dessen Wirkungsweise noch wenig gefestigte Erkenntnisse vorliegen.

Entschließen sich jedoch nur wenige Händler zur Zertifizierung, kann einerseits der Zertifizierer nicht den Bekanntheitsgrad erreichen, der im Bereich des B2C-Handels von Nöten ist, wenn sich etwas der „Trademark" Vergleichbares entwickeln soll, andererseits kann der Verbraucher nur von der Sicherheit weniger zertifizierter Anbieter profitieren.

Dieser Erkenntnis folgend, sind die Kosten für das Produkt Trusted Shops einerseits abhängig vom Umsatz des Händlers und werden andererseits an dem Volumen der tatsächlich abgesicherten Transaktionen bemessen. Dies erscheint besonders wichtig, hält man sich vor Augen, dass große Firmen, die mit großen Budgets operieren, auf einen Vertrauensvorschuss angesichts Ihres (zumeist schon im Offline-Handel erwor-

---

6   *European Commission*: Jurisdiction and applicable law in cross-border consumer complaints – Socio-legal remarks on an ongoing dilemma concerning effective legal protection for consumer-citizens in the European Union (ECLG/157/98 – 29/04/98): „The total cost of pursuing a cross-border consumer claim with a value of 2,000 ECU varies, depending on the combination of Member States, from 980 ECU to 6,600 ECU and amounts to 2,489 ECU for a proceeding at the defendant's residence on average. [...] In addition, consumers will take the duration of the legal action into account. [...] The average duration of a cross-border civil law suit in Europe is almost 2 years at the defendant's residence and six months more at the plaintiff's residence, where service of process under the Hague Service Convention and the procedure for recognition and enforcement add to the duration." (http://europa.eu.int/comm/consumers/policy/eclg/rep01_en.html).

7   Derzeit bietet Trusted Shops beispielsweise zusammen mit der Citibank® günstigere Zahlungsabwicklungen bei Kreditkarteneinkäufen sowie eine Internetkompaktpolice zur Kompensation typischer Schäden wie Hackerangriffe oder Virenschäden an.

8   Neben Kundenbindungs- und Absicherungseffekt berichten Trusted Shops zertifizierte Händler von Umsatzsteigerungen zwischen 10-30%.

benen) Bekanntheitsgrades nicht derart angewiesen sind wie kleinere und mittlere Unternehmen, die ausschließlich online agieren und in dieser Welt wachsen und besser werden wollen.

Vor diesem Hintergrund erscheint es bedenklich, dass im noch jungen Markt der Prüfzeichenanbieter sehr radikale Preismodelle[9] vorhanden sind, die zumindest zum gegenwärtigen Zeitpunkt eine marktgerechte Preisbildung verhindern.

b) Die Situation des Verbrauchers

aa) Das Verbraucherinteresse als Maßstab

Wenngleich der Online-Händler die Kosten der Zertifizierung trägt, steht im Mittelpunkt der ökonomischen Analyse eines Zertifizierungsdienstleisters und auch der politischen Diskussion der Verbraucher. Ein Prüfzeichen macht als Marketingmaßnahme nur Sinn, wenn es maßgeschneidert allen Unsicherheiten des Verbrauchers begegnet.

Wie eingangs schon erwähnt, sind diese Unsicherheiten nicht allein technischer, juristischer oder wirtschaftlicher Natur; erst eine komplexe Kombination verschiedener Mechanismen ist in der Lage, das volle Vertrauen eines Verbrauchers, der einen Einkauf im Internet in Erwägung zieht, herzustellen und auf Dauer zu bewahren.

bb) Kaufinteresse und Aufbau des Vertrauens

Ein interessierter Verbraucher, der online etwas kaufen möchte, wird in erster Linie nach Produkten, nicht nach bestimmten Händlern suchen. Mittlerweile gibt es ein Fülle von Suchmethoden[10], die einen zielgerichteten Preis- und Qualitätsvergleich ermöglichen. Produkte können sehr leicht direkt von Herstellern oder Händlern aus allen Regionen Europas bezogen werden, weil diese Händler über Produktstichworte sehr leicht gefunden werden können.

Ist ein Verbraucher auf die Website eines ihm völlig unbekannten Händlers gelangt, mag er von den angebotenen Produkten überzeugt sein; ohne eine Zertifizierung ist er jedoch nicht in der Lage zu beurteilen, ob es sich um einen vertrauenswürdigen Anbieter handelt. Er kann auch nicht feststellen, ob der Anbieter überhaupt existiert oder es sich um eine Briefkastenfirma handelt, die darauf aus ist, die handelsübliche Vorleistung[11] entgegen zu nehmen, ohne jemals liefern zu wollen oder zu können.

In dieser Phase kann ein Prüfzeichen eine wertvolle erste Orientierung leisten. Die meisten Zertifizierungsmechanismen ermöglichen eine mehr oder weniger sichere Validierung ihrer Echtheit. So kann z.B. durch einen Klick auf das Trusted Shops Logo

---

9 So wird z.B. im Vereinigten Königreich von der Verbraucherorganisation which? (http://www.which.net/webtrader/) eine Zertifizierung kostenlos angeboten. In Deutschland variieren die Preise zwischen drei- und sechsstelligem Bereich, weil die Anbieter teils sehr oberflächlich, teils mit sehr hohem technischen Aufwand prüfen (dann aber nur für große Firmen im Hochsicherheitsbereich, etwa Banken und Versicherungen interessant sind).

10 Allgemeine Suchmaschinen, Kataloge, spezifische Einkaufsportale etc.

11 Die Vorleistung per Kreditkartenzahlung dürfte derzeit handelsüblich sein, weil auch die Händler kein Vertrauen in die Zahlungsfähigkeit ihrer unbekannten Kunden haben können.

auf der Seite eines zertifizierten Händlers über eine sichere[12] Verbindung zum Trusted Shops Server festgestellt werden, ob das Zertifikat echt und gültig ist und welcher Anbieter dahinter steht.

Diese erste Orientierung führt dazu, dass der Verbraucher nicht bereits zu diesem Zeitpunkt den Kaufvorgang mangels Vertrauen in seinen potentiellen Vertragspartner abbricht, sondern sich entschließt, Produkte in seinen virtuellen Einkaufskorb zu legen.

cc) Kaufentschluss und Erhaltung des Vertrauens

Nach der Auswahl aller Produkte kommt jeder Online-Käufer an den Punkt, an dem er „Farbe bekennen" muss, d.h. diese Produkte entweder bestellt oder die Website des Händlers verlässt. An diesem Punkt müssen immer persönliche Daten wie Name, Anschrift etc. eingegeben werden und meistens auch sensible Zahlungsinformationen wie die Kreditkartennummer. Dies führt dazu, dass in dieser Phase sehr viele potentielle Käufer den Kauf abbrechen, weil die Angst vor Daten- oder Kreditkartenmissbrauch zu groß ist.

Das – offline gesprochen – „Stehen lassen eines vollen Einkaufswagens an der Kasse" ist eines der derzeit häufigsten Phänomene im Online-Handel.[13] Obwohl der potentielle Kunde von dem Angebot und auch der Seriosität des Anbieters im Grunde überzeugt ist, überwiegt die Angst vor unsicheren Übertragungen sensibler Daten. Dies ist vor dem Hintergrund, dass es sich um ein weltumspannendes Medium handelt, das leichter als eine Sprachtelefonleitung „abgehört" werden kann, nicht verwunderlich. Nicht von Ungefähr beklagen Online-Händler die Häufigkeit des Missbrauchs gegenüber dem Offline-Handel[14].

In dieser zweiten Phase bietet ein Prüfzeichen Gewissheit, dass alle Daten verschlüsselt übertragen werden und so die Gefahr des Missbrauchs minimiert wird. Zudem kann der Kunde aber auch Ansprüche wegen Kreditkartenmissbrauches gegenüber Trusted Shops geltend machen. So leistet die Zertifizierung, aber vor allem die finanzielle Haftbarkeit des Zertifizierers ihren Beitrag, das Misstrauen der Kunden in den Abschluss des Kaufvertrages zu überwinden und lässt Verträge über Lieferungen überhaupt erst zustande kommen.

---

12 Der Verbraucher weiß, dass die Adresse in dem Fenster, das sich beim Klick auf das Logo öffnet, mit „https://www.trustedshops.de" beginnen und aktiv sein muss, was sich am Schloss- bzw. Schlüsselsymbol unten im Browserfenster ebenso überprüfen lässt wie die Echtheit des SSL-Zertifikates (ausgestellt für www.trustedshops.com oder www.trustedshops.de).

13 Das US-Marktforschungsunternehmen *Datamonitor* ermittelte in einer Studie, dass amerikanische Online-Shopper viermal mehr Bestellvorgänge abbrechen, als erfolgreich abschließen. Nach Schätzungen der Analysten könnten Online-Shops rund 7,8 Prozent der abgebrochenen Kaufvorgänge – und Erträge von 6,1 Milliarden Dollar – mit besserem Service „retten" (http://www.datamonitor.com/). *Die deutsche Gesellschaft für Konsumforschung (GfK)* spricht sogar davon, dass „etwa 90 Prozent der Surfer" Online-Einkäufe vorzeitig abbrechen (zitiert aus: Computerwoche, Young Professional, März 2001, Nr. 2, S. 54).

14 Eine Studie der *Gartner Group* kam zu dem Ergebnis, dass Online-Verkäufer 12mal häufiger unter Kreditkartenmissbrauch leiden, als ihre stationären Gegenüber (http://gartner6/gartnerweb.com/).

dd) Erfüllung, Kundenservice und Bestätigung des Vertrauens

Der Online-Kauf ist nach der zweiten Phase aber noch längst nicht beendet. Nach Abschluss des Kaufvertrages beginnt die für den Verbraucher entscheidende Phase, die Phase der Erfüllung. Ähnlich wie im Offline-Handel das in Deutschland geltende Abstraktionsprinzip, d.h. die Trennung von schuldrechtlichem Verpflichtungsgeschäft und tatsächlicher Erfüllung, dem juristischen Laien schwer zu vermitteln ist, interessiert im Online-Handel nicht in erster Linie der Vertrag und dessen Modalitäten, sondern die tatsächliche Erfüllung des Vertrages durch reibungslose Lieferung und den dazugehörigen Service. Wer beim Bäcker ein Brot kauft, möchte nicht wissen, zu welchen allgemeinen Geschäftsbedingungen dies geschieht, sondern ein mangelfreies Produkt in den Händen halten und einen Ansprechpartner für Fälle, in denen es gar nicht erst zur Lieferung kommt oder das Produkt nicht den Erwartungen entspricht.

Betrachtet man den mittelständischen Händler, für den das im Online-Handel typische zeitliche Auseinanderanderfallen von Verpflichtungs- und Verfügungsgeschäft im Gegensatz zum Offline-Mittelstandsgeschäft eher ungewöhnlich ist, können eine Fülle von Störungen auftreten, die mehr oder weniger geeignet sind, in dieser späten Phase das Vertrauen des Verbrauchers in diesen Anbieter oder gar in den Online-Handel insgesamt nachhaltig zu erschüttern:

(1) Die einschlägigen Regeln

An dieser Stelle soll nur ansatzweise das regulatorische Umfeld skizziert werden, in dem Online-Händler und Verbraucher stehen. Nach dem in Deutschland seit 30. Juni 2000 geltenden Fernabsatzgesetz[15], das durch das Schuldrechtsmodernisierungsgesetz weitgehend inhaltsgleich in das BGB überführt wurde, hat der Verbraucher ein 14tägiges Widerrufsrecht ab Erhalt der Ware, d.h. er kann sich vom Kaufvertrag durch eine Erklärung lösen, ohne gleichzeitig die Ware zurück senden zu müssen. Sendet er die Ware zurück, können ihm die Kosten der Rücksendung bei Warenbestellungen bis 40 EUR auferlegt werden (§§ 355, 357 Abs. 2 S. 3 BGB).

Das Widerrufsrecht kann durch ein uneingeschränktes Rückgaberecht gleicher Dauer ersetzt werden; der Unterschied besteht darin, dass sich der Verbraucher in diesem Fall nicht allein durch eine Erklärung vom Vertrag lösen kann, sondern die Ware tatsächlich zurückschicken muss (§ 356 Abs. 1 S. 1 BGB). Da der Händler so Gewissheit hat, die Ware auch tatsächlich wieder in seinem Besitz zu haben, dürfen dem Verbraucher in diesem Fall keinerlei Rücksendekosten auferlegt werden, diese sind stets vom Händler zu tragen, und zwar unabhängig vom Warenwert.[16]

In beiden Fällen darf die Ware vom Verbraucher ausgepackt und benutzt werden, Ausnahmen gibt es für bestimmte Produkte[17]. Schickt der Verbraucher nach zwei Wochen (oder auch später) die gebrauchte, nicht mehr original verpackte Ware zurück, hatte der Händler vor dem 1.1.2002 nur Anspruch auf Ersatz des Wertes, der für die Überlassung des Gebrauchs bzw. die Nutzung der Sache anzusetzen ist, seit 1.1.2002

---

15 Durch das Fernabsatzgesetz (FernAbsG oder FernAG) wurde die sog. Fernabsatzrichtlinie (FARL) 97/7/EG des Europäischen Parlaments und des Rates über den Verbraucherschutz bei Vertragsabschlüssen im Fernabsatz vom 20.5.1997 in deutsches Recht umgesetzt.

16 Vgl. BT-Drucks. 14/2658, S. 44.

17 § 3 Abs. 2 FernAbsG regelt diese Ausnahmen und wird demzufolge noch eine erhebliche praktische Relevanz haben. Auslegungen der Fallgruppen durch Gerichte existieren angesichts des jungen Gesetzes noch nicht.

auch auf Ersatz der Wertminderung infolge bestimmungsgemäßen Gebrauchs, d.h. Schäden, die durch die Unverkäuflichkeit der Ware als Neuware entstehen, wenn er den Verbraucher auf diese Rechtsfolge und die Möglichkeit, sie zu vermeiden, hingewiesen hat[18].

Diese Regelung von Frist und Kostentragung bei Rücksendungen ist europaweit einmalig. Die europäische Fernabsatzrichtlinie gibt ein Widerrufrecht von 7 Werktagen vor und erlaubt dem Händler, die Kosten für Warenrücksendungen optional dem Verbraucher aufzuerlegen, und zwar unabhängig vom Warenwert. Eine Unterscheidung zwischen Widerrufsrecht und Rückgaberecht gibt es nicht.[19] Im Zuge des Mindestharmonisierungsgebotes hat sich der deutsche Gesetzgeber entschlossen, über diesen Mindeststandard an Verbraucherschutz hinaus zu gehen. Im Vereinigten Königreich wurde die europäische Richtlinie etwa eins zu eins umgesetzt, in anderen Ländern gibt es von Deutschland abweichende Regelungen zu Widerrufsfrist, Kosten- und Gefahrtragung bei Rücksendungen[20].

Davon zu trennen sind die Fragen, welches Recht in grenzüberschreitenden Transaktionen anzuwenden ist, welche gewerbe- und wettbewerbsrechtlichen Vorschriften der Händler bei der Gestaltung seines Angebotes einzuhalten hat und an welchem Ort ein Verbraucher im Konfliktfall vor Gericht ziehen kann.[21]

(2) Beispielfall

Um diese relativ abstrakten Schilderungen mit Leben zu füllen, soll ein kleiner Beispielfall konstruiert werden:

Ein mittelständischer Händler verkauft seit Jahren offline und neuerdings auch online Fahrräder. Solche Produkte haben einen im Vergleich zu anderen Gütern des Einzelhandels relativ hohen Preis und werden daher auch in der Regel versandkostenfrei geliefert. Der Versand eines Fahrrades im Wert von 500 € kostet den Händler an Porto und Versand etwa 70 €.

Dieser Händler verschickt nun ein neues Fahrrad innerhalb Deutschlands. Der Verbraucher, von dem der Händler noch nicht weiß, ob er auch zahlungsfähig ist, packt dieses Fahrrad aus und benutzt es. Nach 14 Tagen erklärt er den Widerruf des Vertrages, behält aber zunächst das Fahrrad.

Nach weiteren zwei Wochen schickt der Verbraucher das – zwar nicht beschädigte aber stark gebrauchte – Fahrrad zurück, wobei er das Paket nicht frankiert. Der Händler hat

---

18 Alte Rechtslage: § 3 Abs. 2 S. 6 FernAbsG. Diese Regelung wurde von Versandhändlnern zu Recht stark kritisiert, vgl. *Aigner/Hofmann*, MMR-Beilage 8/2001, S. 30 ff. Neue Rechtslage: § 357 Abs. 3 S. 1 BGB. Ist im Übrigen keine Belehrung über das Widerrufsrecht erfolgt, haftet der Verbraucher selbst bei Beschädigung der Ware in seinem Risikobereich nur für Vorsatz und grobe Fahrlässigkeit.
19 Richtlinie 97/7/EG des Europäischen Parlaments und des Rates vom 20. Mai 1997 über den Verbraucherschutz bei Vertragsabschlüssen im Fernabsatz.
20 Vgl. z.B. Consumer Protection Regulations 2000, Statutory Instrument 2000 No. 2334 (UK); Loi modifiant la loi du 14 juillet 1991 sur les pratiques du commerce et sur l'information et la protection du consommateur – Moniteur belge du 23.6.99, p. 23670 (BE); Decreto legislativo n° 185 of 22 May 1999, Gazzetta Ufficiale of 21 June 1999 (IT); Article L 121 du Code de la Consommation (FR).
21 Vgl. hierzu vor allem die jüngst erlassene und am 1. März 2002 in Kraft tretende Council Regulation (EC) No 44/2001 of 22 December 2000 on jurisdiction and the recognition and enforcement of judgments in civil and commercial matters.

erneut 70 € Versandkosten zu zahlen zuzüglich eines Strafportos mangels Frankierung des Paketes. Er hat nun ein gebrauchtes Fahrrad in seinem Besitz, das sich allenfalls noch für 250 € verkaufen lässt. Er konnte seinem Kunden vor dem 1.1.2002 aber nur eine Nutzungsentschädigung in Rechnung stellen, die in etwa dem entsprechen dürfte, was man bezahlt, wenn man ein Fahrrad über diesen Zeitraum mietet. Diese Wertung hat der Gesetzgeber nun durch den neuen § 357 Abs. 3 BGB geändert, wenngleich auch der Abzug von Wertersatz nicht möglich ist, wenn der Händler den Verbraucher nicht klar über diese Rechtsfolge informiert hat oder die Wertminderung nur auf die Prüfung der Sache zurückzuführen ist (§ 357 Abs. 3 S. 2 BGB).

Abgesehen davon, dass die Höhe dieser Nutzungsentschädigung schwer zu ermitteln ist[22], wird der Kunde diesen Betrag in der Regel nicht freiwillig zahlen. Ob der Händler das Risiko eines Gerichtsverfahrens eingeht, ändert nichts mehr an der Tatsache, dass das Geschäft wirtschaftlich gesehen ein Verlust war. Die Folge ist Frustration und Empörung über diese gesetzliche Wertung. Dies löst bei vielen Händlern eine Mentalität mangelnden Gesetzesgehorsams aus. Man lässt es lieber darauf ankommen, gegen Gesetze zu verstoßen, weil man den Verbraucher nicht darauf stoßen will, welche Möglichkeiten er hat.

Größere Unstimmigkeiten dürften entstehen, wenn z.B.:

1. Sich herausstellt, dass der Verbraucher schon bei Bestellung zahlungsunfähig ist (Eingehungsbetrug)[23];
2. Der Verbraucher bei Rücksendung nicht eindeutig erklärt, ob er Widerruf, Umtausch oder Nachbesserung will, es daraufhin zur (überflüssigen) Reparatur und erneuten Versendung seitens des Händlers, Annahmeverweigerung seitens des Verbrauchers, Aufbewahrung durch den Händler kommt und in der Konsequenz Mehrkosten entstehen, deren Verteilung sehr kontrovers diskutiert wird;
3. Ein Händler sich weigert, Rücksendungen anzunehmen, weil diese beschädigt sind oder er gar nicht erkennen kann, was sich in dem unfrankierten Paket befindet;
4. Bei Warenbestellungen über 40 € Teile der Lieferung, die weniger als 40 € wert sind, unfrei zurückgesendet werden; oder
5. Ein Händler zur Vermeidung wirtschaftlicher Schäden durch Rückgabe sehr teurer Güter als „nach Kundenspezifikation angefertigt"[24] oder als „Waren, die aufgrund ihrer Beschaffenheit nicht zur Rücksendung geeignet sind" deklariert.

(3) Konsequenz: Hohes Konfliktpotenzial

Die Liste ließe sich fortsetzen, soll an dieser Stelle aber nur zeigen, dass angesichts der noch nicht vorhandenen Erfahrungen mit dem neuen Fernabsatzrecht eine Reihe Fragen auftauchen, die von der Rechtsprechung und Literatur noch beantwortet werden müssen. Bis dahin müssen aber den Akteuren einer Online-Transaktion gleichwohl

---

22 Die Höhe des Gebrauchsvorteils bei Kraftfahrzeugen lässt sich relativ zuverlässig mit den Tabellen von *Küppersbusch/Rädel/Splitter* bestimmen; derartige Tabellen gibt es für Fahrräder jedoch nicht und erst recht nicht für andere Wirtschaftsgüter wie z.B. Produkte der Unterhaltungselektronik. Dies wird dazu führen, dass die Höhe eines Abzuges immer streitig ist und demzufolge ein Verbraucher nicht freiwillig zahlen wird, d.h. sich Klagen auf Ermittlung dieses Wertes häufen werden.
23 Nach geltendem Datenschutzrecht ist es für Händler nicht ohne weiteres möglich, Bonitätsauskünfte über ihre Kunden einzuholen.
24 Etwa durch obligatorisches Eingravieren von Initialen in ein Musikinstrument.

Antworten gegeben und für beide tragbare Lösungen gefunden werden. Ein Zertifizierer, der wie Trusted Shops gleichzeitig Mediation anbietet, ist hier bestens geeignet.

Es muss eine dritte Partei geben, die zwischen Händler und Verbraucher in der Phase der Erfüllung und nach der Erfüllung vermittelt, Missverständnisse ausräumt und schlichtet. Jeder Prüfzeichenanbieter muss auch diesen Dienst anbieten, will er sein Ziel, auf Dauer Konsumentenvertrauen aufzubauen, erreichen. Eine Beschränkung auf die Interesse- und Kaufphase führt dazu, dass wichtige Probleme, die das Vertrauen des Verbrauchers nachhaltig stören, nicht gelöst werden. Dies wiederum schadet nicht nur dem Ruf des zertifizierten Händlers, sondern auch der Zertifizierungsautorität selbst.

Jeder Verbraucher, der von einem durch ein Prüfzeichen als besonders vertrauenswürdig eingestuften Händler kauft, wird sich zu Recht nach dem Sinn einer Zertifizierung fragen, wenn zwar seine sensiblen Informationen sicher übertragen wurden, aber die Erfüllung – also das Wesentliche des Geschäftes –nicht reibungslos abläuft.

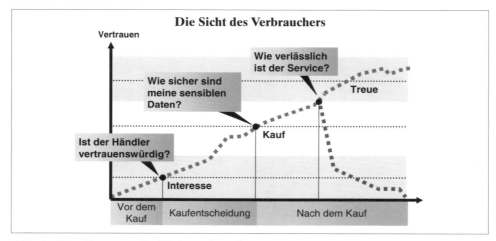

Abb. 1: Das Vertrauen des Verbrauchers kann an mehreren Punkten des Kaufprozesses erschüttert werden oder verloren gehen. Erst wenn der gesamte Kaufprozess von einem prüfenden und schlichtendem Dienstleister begleitet wird, der in bestimmten Fällen auch selbst haftet, ist eine dauerhafte Kundenbindung herzustellen.

3. Die Lösung: Prüfzeichen, Verantwortlichkeit und Streitschlichtung

Nachfolgend soll eine Methode aufgezeigt werden, welche die dargestellten Probleme lösen kann. Das Trusted Shops Schema hat sich innerhalb eines Jahres als Marktführer in Deutschland[25] etabliert. Zwei Jahre nach dem Start ließen sich bereits über 400 Händler zertifizieren, und es wurden mehr als 360 000 Online-Einkäufe im Gesamtwert von über 54 Mio €[26] abgesichert. Nur etwa 1 % der Transaktionen gab Anlass zu

---

25 *Brankamp/Tobias*, „Safer Shops", in: Handelsblatt vom 4. Dezember 2000 (Montags-Extra).
26 2000: 119 283 Transaktionen, 14 904 941,99 € versicherter Warenwert; 2001: 225 409 Transaktionen, 36 704 682,41 € versicherter Warenwert; Januar 2002: 16 523 Transaktionen, 3 073 870,15 € versicherter Warenwert.

Beschwerden, die von Trusted Shops ausnahmslos, schnell, unbürokratisch und für beide Seiten einvernehmlich gelöst werden konnten.

Allein von dem Trusted Shops Prüfzeichen oder „Gütesiegel" zu sprechen, wäre zu wenig. Es handelt sich um ein komplexes Schema, das auch mit dem Element des Prüfzeichens operiert; allein dieses ist jedoch nicht geeignet, in allen dargestellten Phasen Vertrauen herzustellen und aufrecht zu erhalten.

a) Das Prüfzeichen

Das für den Verbraucher als erstes sichtbare Merkmal des Trusted Shops Systems ist das Logo auf der Website eines zertifizierten Anbieters. So wird in der Phase des Kaufinteresses ein erster Anhaltspunkt geliefert, dass der aufgesuchte Händler vertrauenswürdig ist. Durch einen Klick auf das Logo kann über eine sichere Verbindung zum Trusted Shops Server die Echtheit geprüft werden[27], was Missbrauch durch unberechtigte Verwendung der einfach zu kopierenden Grafikdatei verhindert.

Mit dem Prüfzeichen ist die Aussage verbunden, auf die sich viele andere Anbieter beschränken: die Website ist einem umfassenden Test unterzogen worden, und zwar anhand eines Kriterienkataloges, der in enger Zusammenarbeit mit der AgV[28] entwickelt wurde und ständig weiterentwickelt wird. So waren Änderungen bei Inkrafttreten des Fernabsatzgesetzes und dessen Überführung in das BGB erforderlich, aber auch, um die Konformität zu verschiedenen „Codes of Conduct"[29] zu gewährleisten. Der Kriterienkatalog (die Trusted Shops Anforderungen) sind jederzeit in ihrer neuesten Fassung online abrufbar.[30]

Geprüft wird anhand eines Prüfungsprotokolls online oder vor Ort, und zwar so lange, bis der Händler sämtliche Kriterien erfüllt. So kann die Zertifizierung, je nach Bereitschaft und technischen Möglichkeiten des Händlers zu Beginn des Prozesses, zwischen 5 Tagen und einem halben Jahr dauern. Der stetige Austausch zwischen der – im übrigen nicht weisungsgebundenen – Zertifizierungsabteilung und dem Händler bestimmt diese Phase.

Parallel dazu wird von die bei Trusted Shops zwingende Bonitätsprüfung des Händlers von der Gerling-Versicherungsgruppe durchgeführt. Hier steht ein breites Instrumentarium zur Verfügung, das von Bankauskünften bis hin zur Offenlegung und Erläuterung von Bilanzen reicht.

Sind alle Kriterien erfüllt, erhält der Händler zunächst für ein Jahr das Nutzungsrecht an der eingetragenen Wort-/Bildmarke „Trusted Shops Guarantee", sprich die Berechtigung zur Anzeige des Logos. Die Nutzung ist vertraglich nur zulässig, solange der Händler sämtliche Bedingungen der Nutzung einhält. Nutzungsbedingungen sind einerseits die Anforderungen, andererseits die Pflicht, allen Kunden nach einer Trans-

---

27 Vgl. oben (Fn 12). Rechtsverletzungen werden von Trusted Shops im Übrigen mit Hilfe von Suchmaschinen laufend überprüft und sehr strikt verfolgt.

28 AgV = Arbeitsgemeinschaft der Verbraucherverbände (http://www.agv.de/).

29 Code of Conduct bedeutet soviel wie Verhaltenskodex. Hier existieren auf nationalen und supranationalen Ebenen mehrere Regelwerke. Trusted Shops ist derzeit konform mit den Empfehlungen der Initiative D21, TrustUK (und damit als derzeit einziger ausländischer Anbieter im Vereinigten Königreich offiziell akkreditiert) sowie denen des Global Business Dialog on E-Commerce (GBDe).

30 http://www.trustedshops.com/

aktion den (für den Kunden kostenfreien) Abschluss der Geld-zurück-Garantie anzubieten. Demzufolge kann ein Verbraucher allein an dem Logo immer erkennen, dass die Gerling-Versicherungsgruppe den Händler finanziell geprüft hat und im Falle eines Ausfalls oder Vertragsbruches des Händlers selbst finanziell haftbar ist. Dieses Merkmal ist bislang europaweit einmalig[31] für einen Prüfzeichenanbieter.

Die Einhaltung der Nutzungsbedingungen wird ständig überprüft (Monitoring). Da Trusted Shops gleichzeitig sämtliche Verbraucherbeschwerden über zertifizierte Händler bearbeitet, ist es quasi ausgeschlossen, dass ein Verstoß gegen eine Bedingung nicht identifiziert wird. Neben Zufalls- und Verdachtsprüfungen einzelner Kriterien wird jedes Jahr eine erneute Prüfung aller Kriterien durchgeführt.

Jeder Händler ist vertraglich verpflichtet, Änderungen an seiner Website oder Nicht-Einhaltung eines Kriteriums unverzüglich anzuzeigen. Als Sanktionen bei Pflichtverletzungen stehen Trusted Shops verschiedenen Maßnahmen zur Verfügung. In einem ersten Schritt wird der Status des Siegels im Trusted Shops Online-System auf „ungültig" gesetzt; so kann ein Verbraucher durch einfachen Klick auf das Siegel erkennen, ob die Berechtigung zur Anzeige noch besteht. Parallel wird der Händler aufgefordert, unverzüglich zu erklären, ob er das Siegel weiter nutzen möchte und die Einhaltung der Bedingungen sicherstellen wird oder von der weiteren Nutzung Abstand nehmen möchte (Abmahnung). Je nach Ausgang werden die vom Händler vorgenommenen Änderungen überprüft oder – notfalls mit gerichtlichen Mitteln – der Händler zur Unterlassung der weiteren Nutzung gezwungen. Als weitere Zwischenstufe sind Vertragsstrafen vorgesehen, die übrigens an einen Verbraucherschutzverein weitergeleitet werden.

In der Zertifizierungsphase wird jeder Händler umfassend informiert, welche rechtlichen und technischen Voraussetzungen er einhalten muss, um einerseits den Trusted Shops Anforderungen, andererseits aber auch den gesetzlichen Standards zu genügen. Die Praxis zeigt, dass ein erheblicher Informations- und Aufklärungsbedarf besteht, weil vielfach weder das Fernabsatzrecht noch die einschlägigen Datenschutzgesetze bekannt sind. Daher ist die Frage erlaubt, ob die Masse der mittelständischen Händler ohne Informationen durch eine Zertifizierungsautorität in der Lage ist, die komplexen Regeln des B2C-Online-Handels zu verstehen, deren Berechtigung einzusehen und diese schließlich entsprechend umzusetzen. So stellt eine dritte Partei wie Trusted Shops nicht nur Vertrauen her, sondern die Befolgung der Gesetze sicher, vermittelt zwischen Gesetzgeber und Wirtschaft.

b) Die Verantwortlichkeit

aa) Die vertragliche Haftung (Geld-zurück-Garantie)

Das Alleinstellungsmerkmal und vielleicht wichtigstes Element des Trusted Shops Schemas ist die Geld-zurück-Garantie. Jeder zertifizierte Händler hat die Möglichkeit und ist verpflichtet, seinen Kunden nach dem Kauf die Absicherung dieses Kaufes durch die Gerling-Versicherungsgruppe anzubieten. Strukturell handelt es sich um einen Vertrag zugunsten Dritter: Der Händler übernimmt die Kosten der Garantie, die somit für den begünstigten Verbraucher mit Zusatzkosten nicht verbunden ist.

---

31 In den Vereinigten Staaten bietet WebAssured (http://www.webassured.com/) ein ähnliches Modell an; die Haftung des Zertifizierers setzt hier allerdings die Installation eines plug-in voraus und ist pro Transaktion auf 200$ limitiert.

Die Garantie[32] bietet Schutz in drei Fällen, nämlich

1. Rückerstattung des Kaufpreises im Falle der Nichtlieferung der bestellten Ware;
2. Rückerstattung des Kaufpreises nach vertragsgemäßer Rückgabe der Ware; und
3. Erstattung der Selbstbeteiligung bis zu einer Höhe von 50,– € im Falle einer missbräuchlichen Verwendung der Kreditkarte im Zusammenhang mit einem Online-Einkauf.

Neben Risiken aufgrund der zunehmenden Zahl von Insolvenzen im Bereich der New Economy[33] wird der Kunde so vor praktisch allen finanziellen Schäden geschützt, die im Zusammenhang mit einem Online-Kauf entstehen können.

Der Abschluss der Garantie ist für den Verbraucher optional. Selbst wenn er dem Händler nicht misstraut, braucht er die Zusatzleistung nicht in Anspruch zu nehmen. Die Quote der Anmeldung liegt jedoch zwischen 10–30% der gesamten Online-Transaktionen. Daraus kann geschlossen werden, dass diese Kunden ohne Zertifizierung nicht gekauft bzw. den vollen Warenkorb hätten stehen lassen.

Die vom Kunden an Trusted Shops in diesem Zusammenhang übermittelten Daten werden sicher übertragen, sicher gespeichert, jederzeit auf Verlangen gelöscht, nicht an Dritte (auch nicht innerhalb des Gerling-Konzerns) weitergegeben und spätestens nach sechs Monaten gelöscht.

Die Garantie wird unter Angabe einer Transaktionsnummer per E-Mail bestätigt. Zudem wird der Verbraucher nach 30 Tagen automatisch per E-Mail daran erinnert, dass er – sollte noch keine Warenlieferung eingetroffen sein – Ansprüche gegen die Gerling-Versicherungsgruppe anmelden kann. Diese Deklaration ist über das Trusted Shops Online-System (geschützter Bereich der Website), oder per formloser E-Mail möglich. So kann auch die Rücksendung von Waren angezeigt werden. Die Deklaration ist für Trusted Shops Anlass, den Händler zu kontaktieren und den Sachverhalt aufzuklären. Sollte der Händler auf Verlangen von Trusted Shops nicht freiwillig erstatten, überweist Trusted Shops namens und im Auftrag der Gerling-Versicherungsgruppe den Betrag an den Verbraucher und nimmt den Händler in Regress.

bb) Die gesetzliche Haftung (§ 8 Abs. 1 TDG)

Die zwischen Trusted Shops und dem Verbraucher vereinbarte Geld-zurück-Garantie greift einer Entwicklung vor, die sich derzeit in der Wissenschaft abzeichnet[34]:

Nach § 8 Abs. 1 sind Diensteanbieter für eigene Informationen, die sie zur Nutzung bereithalten, nach den allgemeinen Gesetzen verantwortlich. Als eigene Information des Gütesiegelanbieters stellt sich zum einen die übliche Liste der zertifizierten Händler auf der eigenen Seite des Gütesiegelanbieters dar; zum anderen ist auch das Gütesiegel (die Grafik) auf der Website des Händlers in der Regel mit der Website des

---

32 Die genauen Garantiebedingungen sind jederzeit online abrufbar (http://www.trustedshops. com/) und werden jedem Verbraucher, der sie abschließt, zudem per E-Mail zugeschickt.

33 Das *Statistische Bundesamt* zählte im ersten Halbjahr 2000 rund 19 500 Insolvenzfälle, rund 25 Prozent mehr als im Vorjahreszeitraum (zitiert nach Tagesspiegel online, 5. Oktober 2000, (http://195.170.124.152/archiv/2000/10/04/ak-wi-ma-9020.html).

34 So wird eine Haftung des Prüfzeichenanbieters wegen „misleading information" (*Poullet*) oder mit den Regeln des „Vertrages mit Schutzwirkung zugunsten Dritter" (*Cavanillas*) begründet; vgl. die Ergebnisse des 6th ECLIP II Workshop on Codes of Conduct and Labels as Tools for Consumer Protection in E-Commerce (http://www.eclip.org/workshop/6th/ consumerprotection.htm).

Gütesiegelanbieters verlinkt und beinhaltet auf diese Weise ebenfalls die Information, dass die fragliche Website umfassend geprüft und für gut befunden wurde. Ein Gütesiegelanbieter ist folglich Content-Provider.

Wer als Anbieter eines Prüfzeichens die Aussage macht, dass ein Händler besonders vertrauenswürdig sei, muss dem Verbraucher, wenn sich dies als falsch herausstellt, selbst haften. Sehr anschaulich wird dies z.B. bei Insolvenzen: Wenn ein nicht mehr leistungsfähiger Online-Händler dennoch ein Prüfzeichen trägt, ein Verbraucher im Vertrauen auf dieses Zeichen bestellt, in Vorleistung tritt, aber niemals Ware geliefert bekommt, muss er den Zertifizierer in Anspruch nehmen können.

Die enorme Verantwortung, die ein Zertifizierer übernimmt, kann sich nicht darin erschöpfen, zu prüfen und zu verleihen. Der Anbieter muss für bestimmte Aussagen verantwortlich sein und für finanzielle Schäden eintreten.

Als wohl einzige Anbieter steht Trusted Shops nicht nur in einem vertraglichen Verhältnis mit dem zertifizierenden Händler, sondern auch mit dem Endverbraucher, denn dieser kann nach seinem Einkauf einen Garantievertrag abschließen (Vertrag zugunsten Dritter). Bereits 1978 hat der BGH jedoch eine besondere Verantwortlichkeit für Informationsdienste kreiert, sofern Anbieter die Zuverlässigkeit und Richtigkeit ihrer Informationen hervorhöben. Diese Rechtsprechung hat der BGH später noch ausgeweitet. Demnach kommt ein Auskunftsvertrag stillschweigend zustande, wenn eine Auskunft erkennbar von erheblicher Bedeutung und die Grundlage wichtiger Entscheidungen des Anwenders ist. Der Anwender kann dann vollen Schadensersatz aus positiver Vetragsverletzung verlangen[35].

Wenn also Trusted Shops die Aussage trifft, dass ein zertifizierter Händler leistungsfähig ist und sich durch besonders guten Kundenservice auszeichnet, der Händler jedoch tatsächlich insolvent ist oder auf Kundenanfragen nicht reagiert und Trusted Shops dies nicht rechtzeitig merkt und für den sofortigen Entzug des Prüfzeichens sorgt, muss der Verbraucher Trusted Shops direkt in Anspruch nehmen können. Die Geld-zurück-Garantie formuliert explizit eine Haftung, die sich auch bei Auslegung des Teledienstgesetzes ergibt.

c) Das Streitschlichtungsverfahren

aa) Die Art der Probleme

Wie oben gezeigt[36], können sehr viele vertrauensstörende Probleme in der Phase zwischen Abschluss des Kaufvertrages und Erfüllung sowie nach Erfüllung auftauchen.

Hier zeigt die Erfahrung, dass einerseits ein erheblicher Bedarf an Beantwortung von Verbraucherfragen und Lösung von Verbraucherproblemen besteht, andererseits der zertifizierte Händler ein großes Interesse hat, gerichtliche Auseinandersetzungen zu vermeiden und seinen Ruf zu pflegen.

Der Bedarf an Streitschlichtung ist umso größer, wenn es um grenzüberschreitende Transaktionen geht, bei denen trotz europäischer Harmonisierung die Kosten für

---

35 *BGH* NJW 1978, 997; *BGH* NJW 1989, 1029; *BGH* NJW 1986, 181; *Hoeren:* Rechtsfragen im Internet, 2002, S. 317.
36 Vgl. oben II B 4.

Übersetzungen, Rechtsbeistand und Gerichtsverfahren angesichts der erheblichen Unklarheiten und Unterschiede zwischen nationalen Rechtsordnungen und der im B2C-Handel verhältnismäßig geringen Streitwerte völlig aus dem Gleichgewicht geraten.

Neben der wirtschaftlichen Komponente tritt eine zeitliche hinzu: Der Verbraucher, der online bestellt, tut dies nicht zuletzt auch, weil er keine Zeit hat, den gleichen Artikel offline zu erwerben oder die komfortable Paketlieferung dem Gang in überfüllte Offline-Kaufhäuser vorzieht. Ziehen sich derartige Geschäfte über zwei Jahre oder länger hin[37], ist der gewünschte Effekt vereitelt.

Wegen der gründlichen Eingangsprüfung gaben überhaupt nur ca. 1 % der über Trusted Shops abgesicherten Online-Einkäufe Anlass zu Beschwerden, bei einem Absicherungsvolumen von ca. 54 Mio € sicher kein schlechter Schnitt. Diese stellten sich jedoch überwiegend nicht als Rechtsverstöße heraus, sondern als Missverständnisse, Zweifel über die Auslegung der einschlägigen Gesetze oder von keiner Partei zu vertretende Verzögerungen, in denen die Vermittlung durch den Zertifizierer zu einer schnellen, preisgünstigen und für beide Parteien zufriedenstellenden Lösung führte.

Die Zahl der Erstattungen durch die Gerling-Versicherungsgruppe mit anschließendem Regress beim Händler war sehr gering, weil Trusted Shops den Händler in der Regel überzeugen konnte, selbst zu erfüllen bzw. zu erstatten. Erstattungsfälle traten vor allem bei Händlern auf, die aus wirtschaftlichen Gründen (Insolvenz) nicht mehr in der Lage waren, den Gegenwert zurück erhaltener Waren auszuzahlen.

bb) Die Art der Schlichtung (Mediation)

Die Streitschlichtung findet zunächst asynchron per E-Mail-Korrespondenz zwischen dem Verbraucher und dem Trusted Shops Service Center statt. Ist ein Sachverhalt entsprechend aufbereitet, kommt synchrone Kommunikation per Telefon hinzu. Jeder registrierte Verbraucher hat die Möglichkeit, den Bearbeitungsstatus über ein geschütztes Online-System rund um die Uhr einzusehen.

Wegen der Mehrsprachigkeit und des europaweit einheitlichen Qualitätsstandards ist Trusted Shops in der Lage, grenzüberschreitende Streitigkeiten ebenso schnell und unbürokratisch aufzulösen. Im Zuge dessen wird die Ausweitung des Systems auf andere Mitgliedsstaaten und des damit verbundenen Mehrwertes eines reibungslosen Warenverkehrs von der Europäischen Kommission gefördert.[38] In der offiziellen Begründung heißt es, insbesondere das Streitschlichtungssystem stelle dauerhaften Verbraucherschutz sicher und erleichtere so gleichzeitig kleineren und mittleren Unternehmen den Markteintritt. Die damit verbundenen Chancen, Arbeitsplätze zu sichern und den multinationalen Warenaustausch zu fördern, sei im öffentlichen Interesse aller Mitgliedsstaaten.

Die Kommission hat so zum Ausdruck gebracht, dass ihr die Förderung derartiger Verfahren sehr wichtig ist. Die Entwurfsfassung der Verordnung über die Anerkennung und Vollstreckung von Urteilen in Zivil- und Handelssachen hatte ursprünglich auch vorgesehen, alternative Streitschlichtungsverfahren anstelle einer staatlichen Ge-

---

37 Vgl. oben (Fn 6).
38 Vgl. oben (Fn 4).

richtsbarkeit vereinbaren zu können.[39] Dies wurde jedoch vom Parlament angesichts der nicht vorhandenen Flächendeckung und noch sehr jungen Geschichte derartiger Schlichtungsstellen auf unbestimmte Zeit verschoben.[40]

Es soll nicht verschwiegen werden, dass es neben Fällen der Nichtlieferung, Nicht-Rückerstattung oder Kreditkartenmissbrauchs noch andere Problemfälle gibt. Der Bereich der Produkthaftung gehört ebenso hinzu wie jener der Gewährleistung für mangelhafte Produkte.

In diesen Fällen kann Trusted Shops derzeit zwar nicht unmittelbar vom Verbraucher in Anspruch genommen werden; da ausnahmslos alle Verbraucherbeschwerden gehört werden und Trusted Shops ein natürliches Interesse hat, den Ruf seiner Mitglieder und damit einhergehend seinen eigenen Ruf zu pflegen, werden auch in solchen (bislang sehr selten aufgetretenen Fällen) Lösungsvorschläge unterbreitet. Dieses als Mediation bezeichnete Verfahren hat in der Vergangenheit dazu geführt, dass alle Fälle zur Zufriedenheit beider Beteiligten gelöst werden konnten, ohne dass staatliche Verfahren abgeschnitten wurden.

Derzeit wird über eine Art „zweite Instanz" nachgedacht, in der Fälle, in denen die Trusted Shops Mediation einmal nicht zu befriedigenden Ergebnissen führt, ebenfalls online gelöst werden können. So werden wissenschaftliche Projekte[41] begleitet und Verhandlungen mit Kooperationspartner geführt, die eine sogenannte „legally binding arbitration"[42] im B2C-Bereich untersuchen und Lösungen anbieten. Die Zahl solcher Problemfälle liegt derzeit jedoch im Promillebereich.

---

39 So wurde im Entwurfsstadium der Council Regulation (EC) No 44/2001 folgender Artikel 17a diskutiert: „Ungeachtet der Bestimmungen von Artikel 16 und 17 können der Verbraucher und der Händler im Falle des Abschlusses eines Vertrages auf elektronischem Wege über das Internet zwischen einem Verbraucher und einer Person, die eine gewerbliche oder berufliche Tätigkeit ausübt, vereinbaren, dass jeder Streitfall einer außergerichtlichen Streitschlichtungsstelle, die nach einer von der Kommission genehmigten Regelung zugelassen worden ist („zugelassene außergerichtliche Streitschlichtungsstelle") und die auf der Internet-Seite des Händlers angegeben wird, vorgelegt werden muss [...]".

40 In der Endfassung der Originalbegründung heißt es: „The Commission observes that Parliament has not amended Article 16, laying down rules as to jurisdict ion in consumer-protection matters. It also did not wish to authorise contract clauses allowing consumer contracts to refer consumer disputes to courts other than those for the place where the consumer is domiciled, thus derogating from the protection principle of Article 16 (jurisdiction at the place where the consumer is domiciled). On this point the Commission is attentive to the debates which took place in Parliament. It will review the system as soon as the Regulation has come into force on the basis of a stock-taking of alternative dispute-settlement schemes. The Commission is inserting a new recital 14a to that effect."
Recital 14a lautet nun: „With particular regard to choice-of-jurisdiction clauses in consumer contracts, a review of the planned system will be conducted after the entry into force of this Regulation in the light of developments in non-judicial dispute-settlement schemes, which should be speeded up."
Eine baldige Akkreditierung von Online-Anbietern alternativer Streitschlichtungsverfahren ist also zu erwarten.

41 Trusted Shops ist Mitglied im Advisory Board des von der Universität Namur/Belgien koordinierten ECODIR-Projektes. Das Akronym steht für „Electronic Consumer Dispute Resolution".

42 Eine rechtlich bindende Vergleichsvereinbarung mit Konsumenten, die eine Vollstreckung ermöglicht, ist derzeit nicht in allen Ländern Europas erlaubt und erfordert in den meisten Staaten die Schriftform.

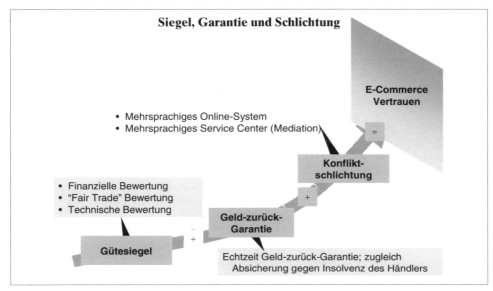

Abb. 2: *Das Schaubild zeigt, dass dem Verbraucher in jeder Phase des Online-Kaufes Lösungen für seine Probleme geboten werden. So können Verbraucherschutz und Kundenbindung auf Dauer gewährleistet werden.*

4. Nutzen des Systems

Wie beschrieben, bietet das Trusted Shops System nicht einen einseitigen Nutzen für Verbraucher oder Händler, sondern ist für beide Parteien der Online-Transaktion von Vorteil. Hinzu tritt ein volkswirtschaftlicher Nutzen für die Allgemeinheit, weil durch Steuermittel finanzierte staatliche Verfahren seltener erforderlich, Arbeitsplätze kleinerer und mittlerer Unternehmen durch steigende Umsatzzahlen gesichert und der freie Warenverkehr innerhalb Europas beschleunigt werden. Zumindest in der Wissenschaft werden Zertifizierungsdienste objektiv an dem Nutzen für alle Beteiligten bewertet und einseitig orientierte Anbieter in Frage gestellt.[43]

a) Nutzen für Verbraucher

1. Erste Orientierung über vertrauenswürdige Händler durch Prüfzeichen
2. Geld-zurück-Garantie in den Fällen Nicht-Lieferung, Nicht-Rückerstattung und Kreditkartenmissbrauch
3. Automatische E-Mail-Erinnerung an zu beachtende Fristen
4. Multilinguales Service Center, zugleich Mediation

---

43 *Salaun*: „Comprehensive analysis of existint codes of conduct and labels on consumer protection", Ergebnisse des 6th ECLIP II Workshop on Codes of Conduct and Labels as Tools for Consumer Protection in E-Commerce (http://www.eclip.org/workshop/6th/consumerprotection.htm).

5. Persönlicher Online-Account mit Zugriff auf den Status der abgesicherten Transaktionen
6. Keine Zusatzkosten

Resultat: Sicheres Einkaufen im Internet

b) Nutzen für Händler

1. Verbessertes Verbrauchervertrauen durch ein Prüfzeichen
2. Beratung in technischen, wirtschaftlichen und rechtlichen Fragen des Online-Handels
3. Reduzierte Kaufabbruchrate
4. Dauerhafte Kundenbindung durch verbesserten Service
5. Vermeidung gerichtlicher Auseinandersetzungen durch Streitschlichtung

Resultat: Umsatzsteigerungen von 10 %–30 %[44]

5. Abgrenzung von anderen Systemen und Kategorisierung

a) Interdisziplinäres System

E-Commerce bedeutet Handel im Internet. Handel ist nicht allein Sache technischer Sicherheit. Der Begriff des Vertrauens ist weiter als der Begriff der technischen Sicherheit. So integriert Trusted Shops zu einem großen Teil technische Sicherheit, kombiniert dies jedoch mit finanzieller Verantwortlichkeit und weiteren rechtlichen und zeitlichen Komponenten. Nur durch diese Kombination kann Vertrauen hergestellt werden.

Sofern ein System sich auf Prüfung technischer Sicherheit beschränkt, kann es nur ein Teil eines Vertrauenssystems sein. Die Gleichstellung von technischer Sicherheit mit Vertrauen ist jedoch nicht nur falsch, sondern führt zu Irreführungen des Verbrauchers. Hier schafft das Medium Internet eine neue Dimension, die es im Offline-Handel nicht gibt.

Wie gezeigt, tritt ein erheblicher Teil der möglichen Leistungsstörungen in der Erfüllungs- und Servicephase des Online-Kaufes auf. Diese Phasen haben jedoch nichts mehr mit technischer Sicherheit, sondern ausschließlich mit finanzieller Verantwortlichkeit, rechtlicher Sicherheit und damit einhergehender Streitschlichtung zu tun.

Wenn ein Diensteanbieter diese Leistungen nicht erbringen kann und diese Verantwortlichkeit nicht übernehmen will, sollte er nicht mit umfassenden Systemen konkurrieren, sondern Teilleistungen an vollwertige Systeme erbringen. So wird vermieden, dass das Vertrauen des Verbrauchers bereits in einer der frühen Phasen der Geschäftsbeziehung erschüttert wird. Eine Gleichstellung interdisziplinärer Systeme mit Systemen, die sich nur auf Teile des Vertrauensbildungsprozesses beschränken, verzerrt den Wettbewerb und schadet dem Verbraucher.

---

44 Angaben beruhen auf Aussagen zertifizierter Händler.

b) Berücksichtigung von Verbraucher- und Händlerinteressen

Vertrauen ist in erster Linie ein Thema des Verbrauchers. Da der Händler jedoch die Kosten für die vertrauensbildenden Maßnahmen tragen muss, können dessen Interessen nicht außer Acht bleiben. Andererseits ist ein Ansatz, der von Händlerinteressen ausgeht und Verbraucherinteressen nur pro forma einbezieht, ungeeignet, Verbrauchervertrauen herzustellen.

Es sollte nicht vergessen werden, dass die Rolle des Zertifizierers auch darin besteht, die Qualität der zertifizierten Händler ständig zu optimieren, um seinen eigenen Wert zu verbessern, was wieder dazu führt, dass sich mehr Händler zertifizieren lassen. Werden den Händlern im Gegensatz zu den Verbrauchern zu wenige Leistungen geboten, geht es am Markt vorbei. Wer keine Händler von einer Zertifizierung überzeugen kann, nützt auch dem Verbraucher nicht, denn dieser kann bei keinem zertifizierten Händler einkaufen.

c) Internationalität

Selbst wenn derzeit die Zahl der grenzüberschreitenden B2C-Transaktionen noch relativ gering sein mag, so ist doch unbestritten, dass eine der größten Chancen und Herausforderungen aller Online-Händler darin besteht, im Ausland neue Märkte zu erschließen. Dies hat die Europäische Kommission übrigens auch in der Begründung der Unterstützung von Trusted Shops wiederholt betont.[45]

So erscheint ein national ausgerichtetes System, das ausschließlich die Regelungen eines Landes inkorporiert oder gar unter gleichem Label europaweit mit verschiedenen „Codes of Conduct" operiert[46] vor dem Hintergrund der politischen und wirtschaftlichen Einheit Europas nicht nur politisch bedenklich, sondern kann auch weder Verbrauchern noch Händlern auf Dauer eine Perspektive bieten.

Allein die Erfahrung, in drei recht unterschiedlichen europäischen Mitgliedsstaaten[47] einen gleichen Standard herzustellen und mit diesem auch zu operieren, hat Trusted Shops gelehrt, wie schwierig es ist, im Nachhinein an Anforderungskatalogen nachzubessern, den regulatorischen Kontext rechtzeitig zu berücksichtigen oder Änderungen an lokalen Sondervorschriften zu analysieren. Abgesehen von Änderungen am System müssen diese, und das ist die eigentliche Arbeit, allen Händlern erklärt, die Umsetzung überwacht und der Verbraucher über seine Rechte aufgeklärt werden.

Trotz europäischer Harmonisierung gibt es an den entscheidenden Punkten der einschlägigen Normen Unterschiede. Nach bisherigen Kenntnissen bestehen Unterschiede vor allem im Bereich der Widerrufsfristen von Verträgen und der Gefahr- und Kostentragung bei Rücksendung von Waren[48]. Da dies wohl für jeden Dienstleister, der sich um eine reibungslose Rückabwicklung von Geschäften kümmert, elementare Regeln sind, sollte jeder Anbieter einer Zertifizierungsleistung aus der Vielzahl der nationalen Regelungen einen einheitlichen „Code of Conduct" herstellen, nimmt er seine Verantwortung gegenüber Verbraucher und Händler ernst.

---

45 Vgl. oben (Fn 4).
46 So etwa das Which? Webtrader scheme.
47 Deutschland, Vereinigtes Königreich und Frankreich.
48 Vgl. oben II B 4 a).

Aus Sicht des Verbrauchers kommt ein wichtiger Aspekt hinzu: Sollte es zu Problemen kommen, die nicht auf Zahlungsunfähigkeit, sondern Zahlungsunwilligkeit des Händlers beruhen, ist es derzeit deutlich einfacher, innerhalb Deutschlands gerichtlich gegen diesen Händler vorzugehen, und zwar von der Urteilsfindung bis zur Vollstreckung. Dies ist gegenüber ausländischen Händlern bedeutend schwieriger. Daher wird in Zukunft die Rolle der Zertifizierer vor allem darin bestehen, grenzüberschreitende Transaktionen zu begleiten.

d) Normenumsetzung statt Normengebung

Verhaltenskodizi für den Online-Handel zu erschaffen, ist in einem demokratischen Staatswesen Aufgabe des Parlaments, der Regierungen, Verbraucher- und Handelsorganisationen; Anbieter von Zertifizierungsdiensten können weder das Rad neu erfinden noch den existierenden regulatorischen Kontext außer Acht lassen. Diese Rolle kann man mit dem Wort Co-Regulierung[49] bezeichnen: Ein Zertifizierer hat die bestehenden Normen umzusetzen.

Daraus wird zweierlei deutlich:

Erstens ist es Aufgabe der Zertifizierer, existierende Normen, die den nationalen und internationalen Online-Handel regeln, zu analysieren, aus dem Gemeinsamen etwas Neues zu synthetisieren (das idealerweise für den Verbraucher auch noch einfach zu verstehen ist) und das Resultat Verbrauchern und Händlern zu erklären. Angesichts der Regelungsdichte, der Geschwindigkeit, mit der neue Normen erlassen und bestehende geändert werden, der Vielfalt der geregelten Themen[50] und schließlich der damit einhergehenden Unklarheiten und Widersprüchlichkeiten des Gesamten – keine einfache Aufgabe.

Zweitens genügt es nicht, sich auf das Schreiben von Verhaltenskodizi zu beschränken. Umsetzung von Normen bedeutet Entwicklung von effektiven Mechanismen, die staatliche Mechanismen (Justiz, Vollstreckung) entbehrlich machen, reduzieren, vorbereiten oder zumindest unterstützen. Allein mit einem „Code of Conduct" ist nichts gewonnen.[51]

e) „Unabhängigkeit" des Zertifizierers

Ein beliebtes Thema ist die Frage, ob Träger eines Zertifizierungssystemes „unabhängig" sein sollen, woran an sich kein Zweifel besteht.

Unterschiedliche und zuweilen polemische Auffassungen gibt es jedoch zur Definition des Begriffes „Unabhängigkeit". Das Thema ist übrigens nicht neu, sondern wurde in der Rechtsprechung schon vielfach diskutiert, wenn es um die Verwendung des Begriffes „Gütesiegel" und die wettbewerbsrechtliche Relevanz geht.[52] Erstaunlicherweise spielt die Frage, ob man wettbewerbsrechtlich überhaupt von „Gütesiegeln" sprechen

---

49 Andere bezeichnen die Aufgabe der Zertifizierer als Selbstregulierung.
50 Technische Sicherheit, Datenschutz, Verbraucherschutz, internationale Vollstreckbarkeit und Anwendbarkeit von Recht, fairer Wettbewerb etc.
51 *Poullet* spricht in diesem Zusammenhang ironisch von: „The famous Dutch E-Comerce Code of Conduct and the absence of sanctions".
52 Vgl. z.B. OLG Düsseldorf, DB 1986, 165.

kann, unter den derzeitigen Anbietern bislang keine Rolle, was am gewandelten Verständnis dieses Begriffes und hoffentlich auch an der Erkenntnis liegen mag, dass „Gütesiegel" im Bereich Online-Handel eben nicht mit der klassischen Gütekennzeichnung vergleichbar sind.

Privatwirtschaftliche Unternehmen sind natürlich abhängig von Kunden, d.h. Händlern; sie sind aber noch viel abhängiger von Ihrem guten Ruf, der nur gewährleistet ist, wenn es seitens der Verbraucher nicht den geringsten Anlass zu Beschwerden gibt. Andererseits sind nicht profitorientierte Verbände oder Organisationen abhängig vom Willen Ihrer Mitglieder, was den Vorwurf der Einseitigkeit nicht ganz von der Hand weisen lässt. Es sei dahingestellt, wen man für unabhängiger hält.

Einigkeit besteht darin, dass ein Zertifizierer nicht käuflich sein darf, d.h. aus eigenem ideellen oder wirtschaftlichen Interesse Auszeichnungen vergibt, die der Ausgezeichnete nicht verdient. Die Organisationsform, in der diese „Unkäuflichkeit" realisiert wird, ist nicht determiniert. Die „unabhängigen" Organisationen sollten zuweilen selbstkritisch hinterfragen, ob die einseitige Interessenvertretung wirklich unabhängig ist oder ein privatwirtschaftliches Unternehmen, das, je schlechter es testet umso größere finanzielle Verluste erleiden muss, sei es aus Gründen des Imageverlustes oder Schadensersatzforderungen seitens Verbrauchern, nicht besser geeignet ist, Träger eines Zertifizierungsdienstes zu sein.

Wenn ein Interessenverband an seine eigenen Mitglieder ein Prüfzeichen verleiht, ist ebenso fragwürdig wie die Vermischung von Kontroll- und Anbieterrolle. Wie will eine Interessenvertretung noch Interessen vertreten, wenn sie am Markt der Vertrauensbilder teilnimmt und wirtschaftlichen Zwängen unterliegt? Ohne enorme Investitionen lässt sich ein verantwortungsvoller Zertifizierungsdienst nicht anbieten. Zertifizierung im Allgemeinwohl auf Kosten der Allgemeinheit ist nicht nur wettbewerbswidrig, sondern eine bedenkliche Verwendung öffentlicher Mittel.

f) Dialog mit und Einbeziehung von Interessengruppen

Vertrauen im Online-Handel zu schaffen, ist die Sache vieler; dies gilt umso mehr, wenn Fragen des Verbraucherschutzes oder des grenzüberschreitenden Handels berührt werden. Ein Zertifizierungsanbieter muss sich daher mit sämtlichen Verbänden, staatlichen Stellen und Mischformen auseinandersetzen und deren Forderungen berücksichtigen. Nur so kann ein Produkt, das Vertrauen bilden soll, ständig weiterentwickelt werden.

Andererseits soll abschließend die Bitte an die Interessengruppen formuliert werden, sich ständig ihrer Rolle bewusst zu sein und die Anbieter von Zertifizierungsleistungen zu kontrollieren. Ein Wettbewerb zwischen Anbietern und Kontrolleuren ist nicht nur unschön, sondern schadet dem Verbraucher.

III. TÜV Online Check – VZ OK

Joachim Kesting

Freiwillige Prüfung durch *RWTÜV* nach
Kriterien der Verbraucher-Zentrale

1. Der Einzelhandel im Umbruch

Der Einzelhandel ist mit immensen Umbrüchen konfrontiert. In der Vergangenheit fand er vorwiegend regional und auf nationaler Ebene statt, und wandelt sich nun zunehmend zu einem internationalen Geschehen. Die Märkte wachsen immer schneller zusammen, sind stets enger miteinander verflochten und beeinflussen sich dadurch gegenseitig immer stärker.

Der traditionelle Einzelhandel stößt darüber hinaus in Westeuropa an seine Grenzen. Die Umsätze über die Ladentheke stagnieren und die Gewinnmargen schrumpfen.

Mit dem neuen Medium Internet bietet sich vielen – auch kleineren – Unternehmen die Möglichkeit, alternative Absatzkanäle durch virtuelle Läden zu erschließen. Immer neue E-Shops öffnen seither ihre virtuellen Ladentüren wobei die realen Umsätze allerdings hinter den Erwartungen zurückbleiben und der Wettbewerb auch im Cyberspace zunehmend härter wird.

Zunächst erkannten junge Unternehmer die neuen Chancen und begannen als kleine unbekannte Start-Ups mit neuen Ideen und Konzepten, den Vertriebsweg Internet für sich zu nutzen. Die große und relativ schwerfällige „Old Economy" konnte der Dynamik dieser Start-Ups zunächst nur wenig entgegensetzen, hat aber langfristig drei große Vorteile, nämlich langjährige Erfahrungen und Verbindungen im Einkauf, Handel und Vertrieb von Waren mit der entsprechenden Einkaufs- und Vertriebslogistik, einen hohen Bekanntheitsgrad mit entsprechendem (Produkt-)Image sowie Kapital, zusammengefasst also schlichtweg Marktmacht.

Es ist inzwischen vermehrt zu beobachten, dass Start-Ups und Old Economy den gegenseitigen Kontakt suchen, um die jeweiligen Vorteile miteinander zu verquicken. Auf der einen Seite die Schnelligkeit und Aufgeschlossenheit dem neuen Medium gegenüber und auf der anderen Seite die etablierte kapitalkräftige Einkaufs- und Handelsmacht.

Schätzungen zufolge haben deutsche Onlineshops im Jahr 2000 etwa fünf Milliarden Mark umgesetzt und jeden Monat stürzen sich inzwischen eine halbe Million Bundesbürger neu ins virtuelle Einkaufsgetümmel, um Waren per Mausklick – einfach und bequem vom heimischen PC aus zu ordern.

Untersuchungen zufolge wird das Internet damit dem traditionellen Einzelhandel langfristig etwa 20 % des Umsatzes streitig machen.

Feines Essen, modische Kleidung, Versicherungen, Reisen, Auktionen oder Co-Shopping: für den Kunden bietet das Internet ungeahnte Einkaufsmöglichkeiten. Und das rund um die Uhr. Kein Einkaufsstress, kein Schleppen: Der Clevere sitzt daheim am PC, klickt und wartet auf die Ware.

Doch bei aller Bequemlichkeit und allen unbestreitbaren Vorteilen, die das Internet bietet, ist Vorsicht und ein gesundes Maß an Misstrauen dringend anzuraten. Beim Thema E-Commerce vergeht nämlich kaum ein Tag ohne Hiobsbotschaft. Immer wieder kommt es zum Datenklau via Internet. Kreditkartennummern werden gestohlen und auch den Online-Bankraub hat es schon gegeben.

a) Risiken und Realität im Internet

Ein Kunde, der ein ihm neues Ladenlokal betritt, lässt sich zunächst vom ersten Eindruck leiten. Neben dem Warenangebot und dem Preis/Leistungsverhältnis beeinflusst das gesamte Ambiente die Kaufentscheidung: Die Ladeneinrichtung, die Anwesenheit weiterer Kunden und das Auftreten des Verkaufspersonals geben dem Käufer das Gefühl, beruhigt einkaufen zu können.

Im Internet dagegen weiß der Verbraucher nicht, mit wem er es zu tun hat und worauf er sich einlässt. Die Anonymität zwischen Kunde und Anbieter ist hoch, so dass traditionelle Geschäftsbeziehungen wie in einem realen Geschäft nicht etabliert werden können.

Außer der Gestaltung der Website, der Angabe eines Namens und einer Adresse sowie dem dargestellten Warenangebot hat der Verbraucher nur wenig Anhaltspunkte zur realistischen Einschätzung der Vertrauenswürdigkeit eines Onlineshops.

Hinzu kommt, dass im Internet-Kaufhaus ohne Preisgabe des eigenen Namens, der Adresse und der Bankverbindung praktisch nichts läuft. Das Geld muss beim Shop erst auf die virtuelle Kasse gelegt werden, um dann lediglich eine Lieferzusage per e-Mail zu erhalten. Ob diese dann auch eingehalten wird, bleibt erst mal ungewiss.

Insbesondere das Unbehagen beim Zahlungsverkehr und beim Datenschutz sowie das oftmals leider begründete mangelnde Vertrauen in die Lieferzuverlässigkeit der Anbieter sind Hauptursache, dass eigentlich beabsichtigte Käufe unterbleiben und der Kunde sich vorzeitig wieder rausclickt.

Viele Deutsche sind beim Thema Online-Shopping noch recht skeptisch und die Zurückhaltung vieler Kaufwilliger ist nicht unbegründet. Viele Untersuchungen und Tests von einschlägigen Fachzeitschriften bestätigen die Erkenntnis des TÜV Online Check aus der bisherigen Arbeit: Zu Vieles liegt bei den Anbietern noch im Argen. Dies betrifft oftmals Dinge, die eigentlich im Rahmen des seit Mitte 2000 geltenden Fernabsatzgesetzes längst geregelt sein müssten. Viele Shops operieren hier schlichtweg „am Rande der Legalität".

So ergab eine von der Stiftung Warentest durchgeführte Untersuchung bei 16 umsatzstarken Online-Shops in Punkto Sicherheit und Datenschutz Erschreckendes und nur drei der 16 Anbieter bestanden.

Bei vielen Shops bestehen noch Lücken in der Netzsicherheit und wird beim Datenschutz in etlichen Punkten nicht regelkonform vorgegangen.

Die Informationspflichten im Rahmen der Gesetze zum Fernabsatz, Datenschutz und den Allgemeinen Geschäftsbedingungen (AGB) werden von vielen Unternehmen praktisch ignoriert. Die AGB's der Shops sind vielfach zu komplex und überladen und für den Verbraucher nur schwer verständlich. Von wenigen Ausnahmen abgesehen, enthalten die AGB's der Shops eine Vielzahl von unzulässigen, zumindest aber höchst bedenklichen Regeln. Die Mehrzahl der AGB's überschreitet deutlich die von Gesetz und Rechtsprechung gezogenen Grenzen.

Auch der Bundesbeauftragte für den Datenschutz warnt vor den Risiken des Online-Shoppings, denn der Nutzer hinterlässt bereits nach einem virtuellen Schaufensterbummel seine Datenspuren. Diese können mit Hilfe von sogenannten Cookies problemlos aufgezeichnet werden. Dabei handelt es sich um kleine Dateien, die auf den Rechner des Surfers übertragen werden und diesem normalerweise das Navigieren auf den jeweiligen Seiten des Cookie-Absenders erleichtern sollen. Cookies können jedoch auch Informationen über die aufgerufenen Seiten und auch Nutzerdaten speichern.

Einen wirklich 100%-igen Schutz vor einem eventuellen Datenmissbrauch gibt es nicht. Wenn es pfiffigen Leuten – aus welchen Motiven auch immer – gelingt, selbst ins Pentagon oder bei Microsoft einzudringen, dürfte es auch ohne allzu große Schwierigkeiten möglich sein, an die Kundendaten des Onlineshops „XYZ" zu gelangen. Die Frage ist nur, welcher Aufwand hierfür erforderlich ist. Dies ist mit dem klassischen Autodiebstahl vergleichbar, bei dem in erster Linie Fahrzeuge ohne gute Diebstahlsicherung betroffen sind.

Shops, die eine dem heutigen Stand der Technik entsprechende Verschlüsselung bei der Datenübertragung von beispielsweise 128 bit bei einer Schlüssellänge von 1064 bit einsetzen und den Zugriff auf Ihre(n) Rechner durch geeignete Software-Tools – die sogenannte Firewall – und physische Zugangsregelungen geregelt haben und auch laufend überprüfen, tragen im allgemeinen ausreichend Sorge zur vertraulichen Übertragung und Speicherung ihrer Kundendaten.

Die Kundenfreundlichkeit und Zuverlässigkeit der Shops lässt insgesamt jedoch noch viele Wünsche offen und die allgemeine Mängelliste ist noch recht lang. Die wichtigsten Beispiele:

1. fehlende oder unzureichende Belehrung zum Datenschutz,
2. keine garantierte Löschung der Daten nach Auftragserledigung,
3. für die Verwendung der persönlichen Daten wird versäumt, ein ausdrückliches Einverständnis des Käufers einzuholen,
4. die AGBs sind unwirksam, da der Kunde nicht aktiv zustimmen muss,
5. die Gültigkeit der Preise ist oftmals undeutlich,
6. es wird nur eine Zahlungsmöglichkeit angeboten,
7. über die Kostenübernahme bei Rücksendungen entsprechend Fernabsatzgesetz wird nicht informiert und eigentlich vom Shop zu tragende Kosten werden nicht übernommen,
8. es fehlen Belehrungen zum Vertragsrecht,
9. es fehlen Endpreise für den Warenkorb,
10. es werden keine Verantwortlichen auf der WebSite genannt,
11. die Angaben im Bestellformular sind unvollständig,
12. über den Zweck der Datenerhebung wird oftmals nicht informiert,
13. die Netze sind unzureichend gesichert, so dass unbefugte Dritte problemlos und ohne aufwendige Tricks Zutritt zu den Shops und den von ihnen gespeicherten Kundendaten haben.

Onlineshops müssen ihren Internet-Auftritt bezüglich Datenschutz, Verbraucherschutz und Anwenderfreundlichkeit demnach noch deutlich verbessern, wenn Sie das Vertrauen, Ihrer Kunden nachhaltig gewinnen wollen.

Dem zuverlässigen und vertrauenswürdigen Shop kann es aber nur gelingen, dass der interessierte aber bisher zurückhaltende Kunde seinen Warenkorb künftig auch wirklich bis an die virtuelle Kasse fährt und sich nicht vorzeitig „ausklinkt", wenn er die Beweggründe für oder gegen den Online-Kauf kennt und ernst nimmt. Einer Studie der deutschen Post zufolge kaufen Internet-Nutzer zu

91 % wegen der unkomplizierten Bestellmöglichkeit,
90 % wegen der Unabhängigkeit von Öffnungszeiten,
89 % wegen der bequemen Einkaufsmöglichkeit von Zuhause aus,
84 % wegen der ortsunabhängigen Einkaufsmöglichkeit,
67 % wegen der schnellen Lieferung und
67 % wegen der unkomplizierten Zahlungsabwicklung

online ein.

Im Gegensatz dazu haben die Nicht-Shopper ihrerseits handfeste Gründe, nicht im Internet zu kaufen. Von den Nicht-Shoppern verzichten

73 % wegen der Unsicherheit beim Zahlungsverkehr,
70 % wegen der Unsicherheit beim Datenschutz,
51 % wegen mangelnden Vertrauens in den Anbieter,
48 % wegen mangelnder Preisvorteile,
45 % wegen unzureichender Produkt- und Serviceinformation und
44 % wegen Problemen beim Bestellverfahren

lieber auf den Einkauf im Internet.

Allein mit der Umsetzung der erforderlichen Maßnahmen zur Sicherheit und Vertrauensbildung ist es nicht getan. Inwieweit der Shop beispielsweise bei der Datenspeicherung und -weitergabe an Dienstleister zur Zahlungsabwicklung und Auslieferung der Ware größte Sorgfalt an den Tag legt, ist für den Kunden nämlich nicht nachvollziehbar.

Es stellt sich daher die Frage, wie sich ein Kunde von der Zuverlässigkeit eines Shops überzeugen kann. Hier muss er sich entweder blind auf die Aussage und das Versprechen des Shopbetreibers verlassen, wobei Aussagen eines Onlineshops zur eigenen Zuverlässigkeit und Vertrauenswürdigkeit nur begrenzt überzeugen können oder er achtet auf die Bestätigung durch einen unabhängigen Dritten in Form eines Gütesiegels. Die Bestätigung der Vertrauenswürdigkeit durch eine anerkannt kompetente und unabhängige Organisation ist für den Kunden nämlich wesentlich aussagekräftiger und glaubwürdiger.

RWTÜV und Verbraucher-Zentrale verstehen sich in diesem Zusammenhang als verlängerter Arm des Verbrauchers, der sich normalerweise nicht mit allen komplexen technischen Möglichkeiten und gesetzlichen Bestimmungen auskennt und eigentlich nur bequem und ohne Reue einkaufen möchte.

b) Risiken nicht nur für Verbraucher

Es bestehen im Fernabsatz nicht nur Risiken für den Verbraucher. Auch der Online-shop geht Risiken ein, die er aber durch vernünftige Regelungen eingrenzen kann.

Wenn ein Shop beispielsweise seiner gesetzlich vorgegebenen Informationspflicht zum Widerrufsrecht nicht nachkommt, muss er sich nicht wundern, wenn findige Surfer eine Bestellung noch etliche Wochen nach der Lieferung widerrufen und die Ware zurückschicken. Bei genutzten hochwertigen Waren wie z.B. Kleidung oder bei Waren mit einem relativ kurzen Innovationszyklus wie Computern kann das für einen Shop schon recht unangenehm und teuer werden.

Auch sollten Shops berücksichtigen, dass Regelungen, die den gesetzlichen Vorgaben nicht genügen, schlichtweg ungültig sind.

Der Verbraucher sollte sich daher eigentlich Shops ohne jegliche AGB's wünschen, denn damit verzichtet der Shop praktisch darauf, vom Gesetzgeber zugelassene Einschränkungen in seinem Sinne zu regeln.

c) Durchsetzbarkeit von Rechtsansprüchen

Da das Fernabsatzgesetz erst einige Monate alt ist, gibt es im Bereich des B2C in der Rechtsprechung bisher nur wenige Urteile, die als Referenz dienen könnten. Den juristische Interpretationen zum Fernabsatzgesetzes ist noch viel Spielraum gegeben.

Für beide Seiten – Shop und Kunde – ist die Durchsetzbarkeit von möglichen Forderungen daher bisher nicht abzuschätzen.

Sämtliche derzeitigen Bestrebungen zur Schaffung von Selbstregulierungsstrukturen bei Streitfällen im B2C und der Einsatz qualifizierter Vermittler (Mediatoren) stecken noch in den Kinderschuhen und bieten ebenfalls noch keine Rechtssicherheit.

Tipps für die Reduzierung des Risikos beim Internetkauf

Um das Risiko beim Online-Kauf für den Verbraucher einigermaßen zu begrenzen, sollte der Kunde:

1. nur bei Shops kaufen, deren Sitz sich in der Bundesrepublik befindet und die bei einer Handelskammer nachweislich eingetragen sind. Sollte es nämlich zu einem Streitfall kommen, sind Forderungen wesentlich leichter geltend zu machen und durchzusetzen als im (insbesondere außereuropäischen) Ausland;

2. nur bei Shops kaufen, bei denen Informationen zum Shopbetreiber mit Angabe der Adresse, des oder der Verantwortlichen Person(en) sowie Angaben zur Erreichbarkeit über E-Mail und Telefon gegeben werden;

3. darauf achten, dass wichtige Informationen wie Allgemeine Geschäftsbedingungen, Hinweise zum Datenschutz und zum Rückgabe bzw. Widerrufsrecht vorhanden und leicht aufzufinden sind;

4. darauf achten, ob der Shop deutlich darüber informiert, wann der Vertrag zustande kommt;

5. auf eindeutige Angaben zum Endpreis achten. Bei einem vertrauenswürdigen Shop werden eventuelle zusätzliche Liefer- oder sonstige Abwicklungsgebühren nicht versteckt oder kleingedruckt angegeben;

6. auf die Verschlüsselung der personenbezogenen Daten achten. Standard ist heute die SSL-Verschlüsselung (Secure Socket Layer) mit einer Schlüssellänge von 128 bit und einer Zertifikat-Schlüssellänge von 1024 bit;

7. nur die für die Abwicklung der Bestellung unbedingt erforderlichen Daten angeben;

8. seinen Browser so einstellen, dass Cookies zumindest nicht ungefragt zugelassen werden. Ein seriöser Shop informiert zudem unaufgefordert zur Funktion und Gültigkeitsdauer seines Cookies und ermöglicht seinem Kunden die Bestellung auch ohne Cookies. Die ggf. etwas umständlichere Abwicklung der Bestellung sollte der Kunde aus eigenem Interesse gelassen hinnehmen;

9. Regelmäßig die im Bestandsverzeichnis „Temporary Internet Files" enthaltenen Dateien löschen;

10. darauf achten, ob der Shop von einer unabhängigen Organisation überprüft wurde.

Da es für den Verbraucher einerseits lästig ist, ständig alle Tipps zu beherzigen und viele wichtige Aspekte, zur Vertrauenswürdigkeit durch ihn überhaupt nicht überprüfbar sind, sollte der Kunde grundsätzlich nur bei Shops kaufen, die sich einer Prüfung durch einen unabhängigen Dritten unterzogen haben und auf Ihrer Homepage das entsprechende Gütesiegel abbilden. Bei jeglichen Zweifeln sollte die ausgebende Organisation unverzüglich angesprochen werden.

d) Gütesiegel

Bei den verschiedenen Gütesiegeln ist Aufmerksamkeit geboten:

Shop-eigene Siegel und Siegel, die lediglich aufgrund von Absichtserklärungen an Online-Shops vergeben werden, bieten keine ausreichende Sicherheit und sind zur Vertrauensbildung im Internet völlig ungeeignet.

Siegel, bei denen lediglich der Web-Auftritt überprüft wird, ohne die Shop-Informationen auf ihren Inhalt hin abzuklopfen und ohne eine Untersuchung wichtiger Sicherheitselemente beim Shopbetreiber vor Ort sind ebenfalls keine ausreichende Garantie für bedenkenloses Einkaufen.

Siegel, die aufgrund von funktionellen und inhaltlichen Untersuchungen der WebSite, anonymen Testbestellungen und regelmäßigen Untersuchungen beim Shopbetreiber vor Ort vergeben werden, bieten hingegen die größte Sicherheit und sind am besten zur Vertrauensbildung geeignet. Bei guten Siegeln sind die herangezogenen Kriterien und das Beurteilungsverfahren durch Interessierte jederzeit auch über das Internet einsehbar.

e) Die Qualitätskriterien der Verbraucher-Zentrale NRW e.V.

Unternehmen können mit dem Internetzeichen „TÜV Online Check – VZ OK" als vertrauensbildende Maßnahme werben, wenn sie die von der Verbraucher-Zentrale NRW aufgestellten Qualitätskriterien erfüllen und dies durch die RWTÜV Anlagentechnik in Essen zertifiziert wurde.

Nachfolgend eine Zusammenfassung der wichtigsten Anforderungen der Verbraucher-Zentrale NRW an den Verbraucherschutz beim E-Commerce.

f) Allgemeines

Der Onlineshop hat nur Waren im Angebot, die nicht außerhalb der gesetzlichen Bestimmungen liegen. Der Onlineshop-Betreiber beachtet das Gesetz über die Verbreitung jugendgefährdender Schriften und Medieninhalte (GjS), das Fernabsatzgesetz (FernAbsG) und die Datenschutzgesetze.

Er versendet E-Mail-Werbung nur nach ausdrücklicher vorheriger Zustimmung des Verbrauchers oder auf dessen Anforderung.

Anzuwendendes Recht und Gerichtsstand müssen sich nach dem Recht des Staates richten, in dem der Verbraucher seinen Wohnsitz hat.

g) Anbieterkennzeichnung

Auf der Homepage und beim Bestellvorgang wird durch eine Kurzbezeichnung (z.B. „Unser Unternehmen") deutlich auf die vollständige Anbieterkennzeichnung verwiesen. Von den übrigen Seiten ist ein direkter Zugang zur Homepage möglich.

Die Anbieterkennzeichnung ist gut lesbar und nicht durch Kontraste beeinträchtigt. Sie ist vollständig und problemlos mit einem gängigen Browser ausdruckbar.

Die Anbieterkennzeichnung beinhaltet:
1. Name des Shops,
2. Shopbetreiber und dessen Rechtsform,
3. Nachname und Vorname(n) der Vertretungsberechtigten,
4. Angabe von Straße, Hausnummer, Postleitzahl, Stadt und Land,
5. Angabe von Telefon, Telefax und E-Mail-Adresse,
6. Registergericht des Firmensitzes sowie Handelsregisternummer.

h) Allgemeine Geschäftsbedingungen (AGB)

Der Shop verwendet nur rechtlich zulässige AGB. Auf der Hauptseite des Anbieters findet der Verbraucher einen deutlichen Hinweis auf die verwendeten AGB. Auch wird im Bestellformular/Warenkorb deutlich auf die Geltung der AGB für den jeweiligen Vertrag hingewiesen. Sie sind entweder in voller Länge wiedergegeben oder über einen Link/Button direkt aufrufbar („one click away").

Der Verbraucher muss vor Vertragsschluss aktiv bestätigen, mit der Geltung der AGB einverstanden zu sein. Zudem kann er die AGB vollständig und problemlos mit einem gängigen Browser ausdrucken.

i) Preisinformation

Alle genannten Preise sind verbindliche Preisangaben. Bei befristeten Angeboten sind diese mit einem Hinweis auf die Gültigkeitsdauer zu versehen. Es werden Endpreise und gegebenenfalls anfallende Zusatzkosten angegeben, die zu einem Gesamtpreis zusammengefasst sind.

Über die Preise wird deutlich lesbar bei der Produktbeschreibung, im Warenkorb/ Bestellformular und in der Auftragsbestätigung informiert.

j) Auftragsbestätigung

Der Verbraucher erhält spätestens innerhalb von 24 Stunden nach Absendung der Bestellung eine Auftragsbestätigung zu seiner Bestellung. Sie muss vollständig und problemlos mit einem gängigen Browser ausdruckbar sein.

Die Auftragsbestätigung beinhaltet:

1. Bestelldatum,
2. Artikelnummer, Menge,
3. Endpreis, Zusatzkosten und Gesamtpreis,
4. Liefertermin,
5. Hinweis auf die Geltung von AGB,
6. Lieferadresse,
7. Besteller-/Kundennummer (falls vorhanden),
8. die gewählte Zahlungsart.

k) Lieferung

Es werden verbindliche Angaben zum Liefertermin oder den Lieferzeiträumen gemacht und eingehalten.

Über den Liefertermin wird bei der Warenbeschreibung und in der Auftragsbestätigung informiert.

Kann der Liefertermin nicht eingehalten werden, wird der Verbraucher am selben Tag des Bekanntwerdens, spätestens jedoch am mitgeteilten Liefertag darüber informiert.

l) Sonstige Verbraucherinformationen

Auf den Shopseiten kommt der Anbieter seinen Informationspflichten aus dem Fernabsatzgesetz nach. Außerdem erhält der Verbraucher spätestens bei der Lieferung und nicht nur über die Möglichkeit des Downloads von den Webseiten, sondern z.B. mit der Auftragsbestätigung oder dem Lieferschein, deutlich hervorgehoben, klar verständliche Informationen über

1. wesentliche Merkmale der angebotenen Ware,
2. Gültigkeitsdauer befristeter Angebote (z.B. für Sonderpreise, Warenverfügbarkeit),
3. den Zeitpunkt, wann der Vertrag zustande kommt,
4. die Mindestlaufzeit von Verträgen, die eine regelmäßig wiederkehrende oder dauerhafte Lieferung von Waren beinhalten,
5. den Vorbehalt, eine gleichwertige Leistung erbringen zu wollen oder die Ware nicht liefern zu müssen, wenn sie nicht verfügbar ist,
6. die Anschrift der Niederlassung, bei der Verbraucher Beanstandungen vorbringen können,
7. einen gegebenenfalls bestehenden Kundendienst und dessen Anschrift, wenn diese von der Adresse für Beanstandungen abweicht,
8. die Wiedergabe der Garantie- und Gewährleistungsbedingungen mit Erläuterung juristischer Fachbegriffe wie „Wandlung" und „Minderung",
9. die Bedingungen, Einzelheiten der Ausübung und Rechtsfolgen des Widerrufs- oder Rückgaberechts,

10. die Kündigungsfristen und Formvorschriften bei Verträgen mit periodischen Lieferungen (z.B. Abonnements) mit Laufzeiten von mehr als einem Jahr oder für unbestimmte Zeit.

m) Widerrufsrecht / Rückgaberecht

Der Verbraucher wird auf den Shopseiten vor dem Bestellen in deutlicher Form auf sein Recht zum Widerruf des Vertrages hingewiesen. Räumt der Onlineshop ein Widerrufsrecht ein und möchte er bei Waren bis zu einem Bestellwert von 40 Euro dem Verbraucher die Kosten der Rücksendung auferlegen, weist er auf den Shopseiten hierauf deutlich hin.

Im Falle des Widerrufs und/oder der Rücksendung der Ware wird der bereits gezahlte Kaufpreis unverzüglich, jedoch spätestens innerhalb von 14 Tagen erstattet.

n) Bezahlung

Kreditkartenzahlung und/oder Nachnahme dürfen nicht die Einzigen dem Verbraucher angebotenen Zahlungsarten sein. Er muss auch zwischen Zahlung per Rechnung und/oder per Bankeinzug (Lastschrift) wählen können. Der Verbraucher wird deutlich wahrnehmbar, klar und verständlich über die Bedingungen der verschiedenen Zahlungsarten aufgeklärt. Bei Kreditkartenzahlung sowie Bankeinzug wird er zusätzlich über den Zeitpunkt des Zahlungseinzugs informiert. Die Zahlungsdaten werden nur verschlüsselt oder mittels digitaler Signatur übermittelt.

o) Datensicherheit

Der Onlineshop setzt eine sichere Verschlüsselungstechnologie ein.

Alle Bestelldaten, die personenbezogene Daten enthalten, sowie alle Zahlungsinformationen werden verschlüsselt. Der Verbraucher wird über die eingesetzte Verschlüsselungstechnologie informiert.

Die Schlüssellänge des Zertifikats beträgt mindestens 1024 bit und die Verschlüsselung der personenbezogenen Daten erfolgt mit einer Schlüssellänge von mindestens 128 bit.

Andere Verschlüsselungsverfahren sind nur ausreichend, wenn sie Sicherheit entsprechend SSL-1024 bit/128 bit erreichen. Um Verbraucherrechte sicherzustellen, sind in einer jederzeit nachprüfbaren, transparenten Dokumentation die eingesetzte Software und Verschlüsselungstechnik sowie die technischen und organisatorischen Maßnahmen zum Schutz vor unberechtigtem Datenzugriff aufgeführt.

Die technischen Einrichtungen sind so gestaltet, dass keine oder so wenig personenbezogene Daten wie möglich erhoben, verarbeitet und genutzt werden.

Bei Datenverarbeitung im Auftrag (z.B. Hosting) erfüllt der Auftragnehmer den gleichen Sicherheitsstandard wie der Auftraggeber.

p) Datenschutz

Der Onlineshop hält die Gesetze zum Datenschutz ein. Auf der Eingangsseite des Shops und vor dem Bestellen wird deutlich auf die Möglichkeit hingewiesen, sich über den Datenschutz des Anbieters zu informieren.

Vor der Datenerhebung informiert der Onlineshop über Art, Umfang, Ort und Zweck der Datenerhebung, der Datenverarbeitung und Datennutzung. Der Verbraucher wird über die Möglichkeiten des Selbstdatenschutzes informiert. Personenbezogene Kundendaten, die für die Abwicklung von Verträgen nicht erforderlich sind (z.B. wie Beruf, Familienstand und Interessen), sind bei der Abfrage ausdrücklich als freiwillige Angaben zu kennzeichnen.

Es wird sichergestellt, dass Nutzerprofile nur anonym oder unter einem Pseudonym erstellt werden. Über die Bildung von Nutzerprofilen und über deren Nutzungszweck wird in verständlicher Form informiert. Personenbezogene Daten werden auch später nicht mit dem Nutzerprofil in Verbindung gebracht.

Vor dem Setzen von Cookies wird auf deren Zweck, genauen Inhalt sowie auf deren Gültigkeitsdauer hingewiesen. Der Verbraucher wird darüber informiert, dass das Setzen von Cookies durch Einstellung des Browsers verhindert werden kann. Eine Bestellung ist auch ohne das Setzen von Cookies möglich.

q) Service und Reklamationsbearbeitung

Der Verbraucher hat die Möglichkeit mit dem Shopbetreiber vor, während und nach Vertragsschluss in Kontakt treten zu können.

Die Kontaktaufnahme per Telefon wird dabei nicht über 0190/900 Rufnummern verlangt.

Soweit das Anliegen des Verbrauchers nicht innerhalb von 24 Stunden beantwortet werden kann, bekommt er einen Zwischenbescheid.

Die Reklamationsbearbeitung durch den Shopbetreiber erfolgt unverzüglich. Spätestens innerhalb von drei Arbeitstagen nach Eingang der Reklamation erhält der Verbraucher eine Mitteilung.

Unverzüglich, jedoch spätestens innerhalb von 14 Tagen nach Rückgabe der Ware, wird dem Verbraucher bei berechtigten Reklamationen der Kaufpreis erstattet.

2. Das TÜV Online Check-Beurteilungsverfahren

Der TÜV ONLINE CHECK© (TOC) ist ein Verfahren zur Überprüfung der Erfüllung der Qualitätskriterien der Verbraucher-Zentrale NRW e.V. (VZ) für B2C-Geschäfte (Handel und Dienstleistung) im E-Commerce.

Um eine TOC-Beurteilung durchführen zu können, muss der Shopbetreiber in der Lage sein, die Erfüllung aller VZ-Kriterien durch geeignete Messungen und Aufzeichnungen nachweisen können.

a) Anfrage zur TOC-Zertifizierung

Die TOC-Zertifizierung kann von Shops formlos angefragt werden. Zur Erleichterung kann die Anfrage über unsere Homepage www.tuev-online-check.de erfolgen.

Nach Erhalt der erforderlichen Informationen nimmt RWTÜV Kontakt mit dem Shopbetreiber auf, um die weitere Vorgehensweise abzustimmen.

b) TOC-Beurteilung

Die Beurteilung der Erfüllung der Qualitätskriterien der Verbraucher-Zentrale erfolgt durch ein Auditorenteam mit umfangreicher Managementsystem- und IT-Erfahrung und gliedert sich in folgende 3 Teile:

aa) Die Untersuchung der WebSite

Bei der Untersuchung der WebSite werden die Seiten des betreffenden Shops eingehend unter die Lupe genommen und es wird überprüft, ob alle geforderten Verbraucher-Informationen wie zum Beispiel:

1. Angaben zum Anbieter,
2. Allgemeine Geschäftsbedingungen,
3. Preisinformationen,
4. Zahlungsbedingungen,
5. Hinweise zum Widerrufsrecht und
6. Lieferzeiten

vorhanden, auffindbar, vollständig und mit gängigen Browsern ausdruckbar sind.

bb) Die Durchführung von Testbestellungen

RWTÜV nimmt mindestens 2 anonyme Testbestellungen vor, um unter anderem

1. die Warenkorbfunktion,
2. den Zahlungsvorgang,
3. die Zusendung der Auftragsbestätigung,
4. die Erreichbarkeit des Shops (z.B. Hotline),
5. die Einhaltung der Lieferzusage und
6. die Rücknahme der Waren mit anschließender Rückerstattung des Kaufbetrages

zu testen.

cc) Die Untersuchung beim Shopbetreiber vor Ort

Beim Shopbetreiber vor Ort wird die Erfüllung aller Anforderungen überprüft, die über das Internet mit den Testbestellungen nicht oder nur unzureichend verifiziert werden können und betreffen insbesondere die Einhaltung der Kriterien im Bereich Datenschutz und Datensicherheit.

Dies sind beispielsweise Aspekte wie:

1. die Erhebung, Verarbeitung und Nutzung der Kundendaten,
2. die Erstellung von Nutzungsprofilen,
3. die Funktionen von Cookies,

4. die zuverlässige Anwendung von Verschlüsselungstechnologien,
5. Maßnahmen zum Schutz vor unberechtigtem Datenzugriff und
6. die Einhaltung von Lieferzusagen.

c) Verantwortung des Shopbetreibers

Der Shopbetreiber muss bei der Beurteilung sicher stellen, dass
1. die TOC-Auditoren Einsicht in alle einschlägigen Dokumente, Aufzeichnungen sowie technischen Systeme und Daten haben,
2. die TOC-Auditoren die Prüfungen ungehindert durchführen können,
3. die ggf. erforderliche Auditierung von Teilbereichen bei unterbeauftragten (Transaktions-)Dienstleistern möglich ist und
4. die im Rahmen der Testbestellungen bestellten/erworbenen Produkte bzw. Dienstleistungen gegen Erstattung der entsprechenden Aufwendungen zurückgenommen bzw. storniert werden.

d) Zertifizierung

Nach erfolgreichem Abschluss aller drei Prüfungen
1. erstellt RWTÜV den Abschlußbericht mit den Prüfergebnissen,
2. wird der Shopbetreiber registriert und ihm das Recht zur Führung des TOC-Zeichens als Nachweis der Vertrauenswürdigkeit zuerkannt,
3. erteilt RWTÜV das Zertifikat für einen Zeitraum von 1 Jahr ab Ausstellungsdatum und
4. führt den Shop auf der WebSite www.sicher-einkaufen-im-internet.de auf.

Der zertifizierte Shop wird dann jeweils ½-jährlich einer Überprüfung unterzogen, um sicher zu stellen, dass die Qualitätskriterien der Verbraucher-Zentrale nach wie vor eingehalten werden. Im Rahmen dieser Überprüfungen werden bei der Verbraucher-Zentrale eventuell eingegangene Beschwerden über einen Shop berücksichtigt.

e) Geheimhaltung

RWTÜV ist verantwortlich für die Wahrung der Geheimhaltung bezüglich aller Informationen über den Shopbetreiber sowie eventueller (Transaktions-)Dienstleister.

C. Rechtssicherheit

I. Rechtssicherheit durch elektronische Signaturen

Detlef Kröger

1. Motive für den Einsatz elektronischer Signaturen

Die Vorteile des elektronischen Geschäftsverkehrs sind in vielen Fällen nicht erreichbar, ohne daß elektronische Signaturen eingesetzt werden. Soweit mit den Mitteln der Informations- und Kommunikationstechnik unterstützte Handlungen und Erklärungen Rechtspflichten begründen sollen, stellt sich das Problem, daß elektronische Informationen flüchtig sind und spurlos verändert werden können. Ferner läßt der Gesetzgeber bestimmte Geschäfte nur dann rechtswirksam zu, wenn dazu bestimmte *Formvorschriften* eingehalten werden. Zentrale Forderung ist hierbei zumeist die eigenhändige Unterschrift unter das Dokument entweder weil der Gesetzgeber die fordert (§ 126 BGB) oder weil die Parteien sich darauf verständigt haben (§ 127 BGB). Soweit der Gesetzgeber auf der Schriftform besteht, geschieht dies zumeist aus Gründen des Übereilungsschutzes und beinhaltet eine Warnfunktion. Ein weiteres Motiv für den Einsatz elektronischer Signaturen ist die Notwendigkeit der *Beweissicherung*. Dies geschieht zumeist aus drei Gründen[1]: Erstens verschaffen sich die Parteien Gewißheit darüber, wer berechtigt und wer verpflichtet ist; zweitens kann dem Vertragspartner gegenüber der Inhalt der Verpflichtung belegt werden und drittens kann durch einen unabhängigen Dritten (Sachverständiger, Gericht) belegt werden, daß der Gegner eine Verpflichtungserklärung mit einem bestimmten Inhalt abgegeben hat. Die elektronische Signatur erfüllt damit eine Integrationsfunktion, da sie die Verbindung der Erklärung mit einem dauerhaften Medium gewährleistet, womit nachträgliche Veränderungen ausgeschlossen werden. Sie erfüllt ferner die Authentizitätsfunktion in dem ein Zusammenhang zwischen Erklärungsinhalt und dem Urheber festgestellt wird. Das Konzept der elektronischen Signatur stellt insofern die konsequente Lösung für den Einsatz moderner Informations- und Kommunikationstechniken im elektronischen Rechtsverkehr dar. Mit dem „Gesetz zur Anpassung der Formvorschriften und anderer Vorschriften an den modernen Rechtsgeschäftsverkehr" vom 13. Juli 2001 (FormvorschriftenG)[2] wurden der elektronischen Signatur der ihr gebührende Stellenwert im elektronischen Rechtsverkehr eingeräumt. Der Gesetzgeber hat mit der Einführung einer „elektronischen Form" in das BGB und eines „elektronischen Dokuments" in die ZPO das Recht dem technischen Wandel angepaßt. Eine entsprechende Änderung der VwVfG ist für das Jahr 2002 zu erwarten.[3] Nun wird es darauf ankommen, daß diese Möglichkeiten auch von der Rechtspraxis angenommen werden.

---

1 *Bizer*, in: Kröger/Gimmy, Handbuch zum Internetrecht, S. 137.
2 BGBl. I, S. 1542.
3 Vgl. den Gesetzentwurf zur Änderung des Verwaltungsverfahrensrechts des Bundes vom 16. Juli 2001, <http://www.staat-modern.de/projekte/beschreib/Daten/g_verwaltungsverfahren.pdf>.

2. Rechtliche Anforderungen an elektronische Signaturen nach dem deutschen Signaturgesetz

a) Entwicklung des Signaturgesetzes

Der Gesetzgeber hat sich der Thematik der elektronischen Signaturen erstmals 1997 angenommen, als er im Rahmen des Informations- und Kommunikationsdienstegesetzes (IuKDG) ein Signaturgesetz (SigG 1997)[4] erließ. Damit wollte man europaweit Vorreiter sein. Die Auswirkungen dieses Gesetzes auf die Rechtspraxis waren jedoch eine eindeutige Fehlanzeige. Erst im Herbst des Jahres 2000 wurde eine erste Modellanwendung im Rahmen des Bremer MEDIA@Komm-Projektes durchgeführt.[5] Die Ursachen hierfür sind im wesentlichen in zwei Aspekten zu sehen: zum einen kann man von einer Überregulierung sprechen, da die strengen Anforderungen nicht mit dem Bedürfnis in der Rechtspraxis korrelieren und zweitens war die Regulierungsbehörde[6] nicht in der Lage die zahlreichen Anträge für das Betreiben eines Trust-Centers hinreichend zügig zu bearbeiten, so daß im Jahre 2000 lediglich die Deutsche Telekom AG und die Deutsche Post AG in der Lage waren zertifizierte Signaturen zu vergeben.

Das Gesetz beinhaltete rechtliche und organisatorische Anforderungen an sichere Signaturverfahren. In der konkretisierenden Signatur-Verordnung vom 22.10.1997 wurden weitere Spezifizierungen vorgenommen. Die Regulierungsbehörde nahm ihre Tätigkeit am 23.9.1998 auf. Die Bundesregierung hat am 18.6.1999 einen ersten Evaluierungsbericht vorgelegt.[7] Das grundsätzliche Konzept der elektronischen Signatur fand darin seine Bestätigung. Allerdings fehlte es für eine aussagekräftige Evaluation an tatsächlich gemachten Erfahrungen. Gleichwohl konnten einige Verbesserungsvorschläge aus dem Evaluationsbericht bei der Novelle des Signaturgesetzes im Jahr 2001 berücksichtigt werden.[8] Viel entscheidender für die Novelle war aber die mittlerweile beschlossene EG-Signaturrichtlinie 1999/93/EG vom 13.12.1999, die von den Mitgliedstaaten bis zum Juli 2001 umzusetzen war.[9] Die Richtlinie legt „rechtliche Rahmenbedingungen für elektronische Signaturen und für bestimmte Zertifizierungsdienste" fest, damit das „reibungslose Funktionieren des Binnenmarktes gewährleistet ist" (Art. 1 Satz 2 EG-SigRL). Ferner wird mit dieser Richtlinie der Sprachgebrauch dahin gehend geändert, daß nunmehr statt von „digitalen" Signaturen von „elektronischen" die Rede ist. Zertifizierungsstellen sind im Gegensatz zum deutschen Signaturgesetz von 1997 zulassungsfrei und bedürfen daher keiner Genehmigung – der Regulierungsbehörde – mehr (Art. 3 Abs. 1 EG-SigRL). Statt dessen setzt man auf ein Überwachungssystem (Art. 3 Abs. 2 EG-SigRL) und eine Haftungsregelung (Art. 6 EG-SigRL), die man im deutschen Signaturgesetz (1997) so schmerzlich vermißt hatte. Eine der zentralen Vorschrift der EG-Richtlinie ist ferner der Art. 5, der von den

---

4   Art. 3 des IuKDG – BGBl. I, S. 1870, 1872.
5   Vgl. auch *Kelm*, Signed in Germany, DuD 1999, S. 526 ff.
6   Regulierungsbehörde für Telekommunikation und Post <www.regtp.de>. Vgl. dazu *Roßnagel*, Aufgaben der Regulierungsbehörde nach dem Signaturgesetz, MMR 1998, S. 468 ff.
7   BT-Drs. 14/1191. Vgl. dazu auch *Roßnagel*, Offene Fragen des Signaturgesetzes, MMR 1998, S. 75 ff.
8   BT-Drs. 14/4662, S. 16 f. und BT-Drs. 14/1191.
9   Richtlinie 1999/93/EG des Europäischen Parlaments und des Rates vom 13. Dezember 1999 über gemeinschaftliche Rahmenbedingungen für elektronische Signaturen, EG ABl. L 13/12 vom 19.1.2000.

Mitgliedstaaten ausdrücklich eine Gleichstellung elektronischer Signaturen mit erhöhter Sicherheit („qualifizierte Signaturen") mit der handschriftlichen Unterschrift verlangt. Der deutsche Gesetzgeber hat diese Elemente in dem „Gesetz über die Rahmenbedingungen für elektronische Signaturen" vom 16. 5. 2001 berücksichtigt.[10] Kurze Zeit später erfolgte noch die Neufassung der Signatur-Verordnung.[11]

b) Signaturtypen

Die Rechtswirkungen, die an elektronische Signaturen geknüpft werden, stehen in unmittelbarem Zusammenhang mit dem Sicherheitsniveau, das vorausgesetzt wird. Diese Sicherheitsanforderungen können unterschiedlich streng ausfallen, womit der Gesetzgeber unterschiedliche Typen von elektronischen Signaturen einführt. Insgesamt lassen sich – je nach Sicherheitsanforderung – vier Stufen unterscheiden:

(1) „elektronische Signaturen" gem. § 2 Nr. 1 SigG,
(2) „fortgeschrittene elektronische Signaturen" gem. § 2 Nr. 2 SigG,
(3) „qualifizierte elektronische Signaturen" gem. § 2 Nr. 3 SigG,
(4) „qualifizierte elektronische Signaturen mit Anbieter-Akkreditierung gem. § 15 Abs. 1 SigG.

Ein wesentlicher Aspekt für die Anwendung des Signaturgesetzes besteht ferner in § 1 Abs. 2, in dem die Verwendung freigestellt wird. Damit unterliegen „elektronische" und „fortgeschrittene elektronische Signaturen" keinen weiteren Beschränkungen.[12]

aa) Elektronische Signaturen

Nach § 2 Nr. 1 SigG sind elektronische Signaturen „Daten in elektronischer Form, die anderen elektronischen Daten beigefügt oder logisch mit ihnen verknüpft sind". Ihre Aufgabe ist die Authentifizierung, mithin die Identifizierung des Urhebers der Daten. Dazu genügt etwa eine „eingescannte" Unterschrift, die als Grafik in ein Textdokument eingebunden wird. Dieser erste Typ der elektronischen Signatur wird auch als „Signatur ohne Sicherheit" bezeichnet. Nachteilig daran ist, daß es an einer verläßlichen Vorgabe für das Sicherheitsniveau völlig fehlt. Vorteilhaft wird die Technologieoffenheit gesehen.[13] Eine unmittelbare Rechtswirkung ist für diesen Signaturtyp nicht vorgesehen.

bb) Fortgeschrittene elektronische Signaturen

Demgegenüber beanspruchen fortgeschrittene elektronische Signaturen nach § 2 Nr. 2 SigG ein erhöhtes Sicherheitsniveau, daß in vier Elementen zum Ausdruck kommt. Die elektronischen Signaturen müssen:

(1) ausschließlich dem Signaturschlüssel-Inhaber zugeordnet sein;
(2) die Identifizierung des Signaturschlüssel-Inhabers ermöglichen;

---

10 BGBl. I, S. 876; BT-Drs. 14/4662; 14/5324. Vgl. dazu *Roßnagel*, Das neue Recht elektronischer Signaturen, NJW 2001, S. 1817 ff.; *Sieber/Nöding*, Die Reform der elektronischen Unterschrift, ZUM 2001, S. 199 ff.
11 Verordnung zur elektronischen Signatur vom 16.11.2001, BGBl I 2001, S. 3074.
12 Ausnahme: § 14 SigG.
13 Vgl. *Bizer*, in: Kröger/Gimmy, Handbuch zum Internetrecht, S. 154.

(3) mit Methoden generiert werden, die der Signaturschlüssel-Inhaber unter seiner alleinigen Kontrolle halten kann, und

(4) mit Daten, auf die sie sich beziehen, so verknüpft sein, daß eine nachträgliche Veränderung der Daten erkannt werden kann.

Diese Art Signaturverfahren findet man etwa bei S/MIME oder Pretty Good Privacy (PGP, OpenPGP) Anwendung.

cc) Qualifizierte elektronische Signaturen

Ein für die rechtliche Wirksamkeit entscheidender Unterschied besteht zwischen den bisher genannten Typen und der qualifizierten elektronischen Signatur (§ 2 Nr. 3 SigG).[14] Die qualifizierte elektronische Signatur stellt den EG-Mindeststandard dar. Dieser muß europaweit als Ersatz für die handschriftliche Unterschrift akzeptiert werden. Zu den bei den fortgeschrittenen elektronischen Signaturen genannten Voraussetzungen sind noch zwei weitere zu beachten. Die Signaturen müssen

(1) auf einem zum Zeitpunkt ihrer Erzeugung gültigem qualifizierten Zertifikat beruhen und

(2) mit einer sicheren Signaturerstellungseinheit erzeugt werden.

Das Zertifikat übernimmt die Authentizitätsfunktion in dem es die Identität einer elektronisch signierenden Person bescheinigt. Die Definition von „Zertifikaten" findet sich in § 2 Nr. 6 SigG, wonach Zertifikate als „elektronische Bescheinigungen, mit denen Signaturschlüssel einer Person zugeordnet werden und die Identität einer Person bestätigt wird" beschrieben werden. Ferner muß der „Zertifizierungsanbieter" (Trust-Center) etliche Voraussetzungen erfüllen, die das Sicherheitsniveau des Signaturverfahrens absichern sollen (§§ 4–14, 23 SigG). Unter einer „sicheren Signaturerstellungseinheit", die für das Erstellen qualifizierter elektronischer Signaturen Voraussetzung ist, sind nach § 2 Nr. 10 SigG Software- oder Hardwareeinheiten zur Speicherung und Anwendung des jeweiligen Signaturschlüssels zu verstehen. Weitere Sicherheitsanforderungen sind in § 17 sowie § 23 SigG geregelt. Die Zertifizierungsanbieter können nach ihrer Betriebsaufnahme einer stichprobenartigen und anlaßbezogenen Überprüfung durch die Regulierungsbehörde unterzogen werden. Es besteht eine Haftungsregelung zu Lasten des Betreibers eines Trustcenters, der qualifizierte elektronische Signaturen anbietet.

Für die Anwendung von Signaturverfahren ist von großer Bedeutung, daß lediglich einfache Zertifikate auf juristische Personen, dagegen qualifizierte Zertifikate nur auf natürliche Personen ausgestellt werden dürfen.[15] Zertifizierungsanbieter können nach § 2 Nr. 8 SigG sowohl natürliche als auch juristische Personen sein.

dd) Qualifizierte elektronische Signaturen mit Anbieter-Akkreditierung

Ein weitere bedeutungsvoller Unterschied besteht letztlich zwischen qualifizierten und akkreditierten qualifizierten Signaturen. Letzterer Typ ist in § 2 Nr. 15 SigG definiert. Bei der Akkreditierung handelt es sich um ein Verfahren zur Erteilung einer Erlaubnis für den Betrieb eines Zertifizierungsdienstes. Die Voraussetzungen sind in §§ 15 f. SigG

---

14 Art. 5 EG-SigRL.
15 Entwurf eines Gesetzes über Rahmenbedingungen für elektronische Signaturen und zur Änderung weiterer Vorschriften, BT-Drs. 14/4662, S. 19.

geregelt. Diese freiwillige Akkreditierung ist an die Stelle der ursprünglichen Genehmigungspflicht durch die Regulierungsbehörde aus dem Signaturgesetz 1997 getreten. Der Gesetzgeber geht gegenüber der qualifizierten Signatur bei der akkreditierten Signatur noch einmal von einem höheren Sicherheitsniveau aus. Entscheidender Unterschied zwischen den beiden Verfahren ist, daß bei der akkreditierten qualifizierten Signatur die Erfüllung der gesetzlichen Anforderungen *vorab* und dann in regelmäßigen Abständen wiederholt geprüft und bestätigt wird. Der Prüfung unterliegt die Zertifizierungsstelle sowie deren Produkte. Die Überprüfung erfolgt vor Ort – also beim Trust Center. Die Überprüfung findet dann alle zwei Jahre statt, oder dann, wenn sicherheitserhebliche Veränderungen vorgenommen werden. Nur wenn das hohe Sicherheitsniveau nach dem Signaturgesetz eingehalten wird, wird die Akkreditierung durch die Regulierungsbehörde erteilt. Bei einer Betriebseinstellung des Trust-Centers wird die Dokumentation durch die Regulierungsbehörde übernommen. In der Rechtsanwendung besteht ein entscheidender Vorteil der akkreditierten qualifizierten Signatur gegenüber der qualifizierten Signatur ohne Anbieter-Akkreditierung: da die Prüfung der Sicherheit durch die Regulierungsbehörde vorab erfolgt, ist man vor Gericht vor bösen Überraschungen gefeit. Bei der qualifizierten Signatur könnte sich vor Gericht im Wege des Sachverständigengutachtens herausstellen, daß die qualifizierte Signatur gar nicht mit dem an diese geforderten Standard übereinstimmt. Damit wäre der Beweiswert erheblich eingeschränkt. Insofern ist der Streit, welche Stufe der Signaturen die richtige ist durchaus verständlich. Die größere Sicherheit verspricht jedenfalls die akkreditierte qualifizierte Signatur.

3. Rechtsfolgen elektronischer Signaturen

a) Rechtsfolgen im Privatrecht

Der entscheidende gesetzgeberische Schritt zur Etablierung des elektronischen Geschäftsverkehrs erfolgte mit dem Gesetz zur Anpassung der Formvorschriften des Privatrechts und anderer Vorschriften an den modernen Rechtsgeschäftsverkehr (sog. Formvorschriftenanpassungsgesetz – FormVAnpG), das zum 1.8.2001 in Kraft getreten ist.[16] Hiermit erfolgt die Umsetzung der EG-Richtlinie über die gemeinschaftlichen Rahmenbedingungen für elektronische Signaturen vom 13.12.1999,[17] sowie der über den elektronischen Geschäftsverkehr vom 8.6.2000[18]. Zentrales Ziel dieses Gesetzes ist die Gleichstellung der elektronischen Signatur mit der Unterschrift und die Zulassung als Beweismittel im Gerichtsverfahren.[19] Während das Signaturgesetz darüber entscheidet, wer elektronische Signaturen vergeben darf und wie die Sicherheit und Unverfälschlichkeit eines elektronischen Dokuments gewährleistet werden kann, nimmt das Formanpassungsgesetz Änderungen von Formvorschriften im BGB und von Beweisvorschriften in der ZPO vor. Damit bekommt die elektronische Signatur erst den Anwendungsrahmen im elektronischen Geschäftsverkehr gesetzt. Neu in das BGB wurde der § 126 a („elektronische Form") und der § 126 b („Textform") aufgenommen. Bereits in § 126 Abs. 3 BGB wird nunmehr die elektronische Form grundsätzlich als

---

16 BGBl. I, S. 1542.
17 EG-RL 1999/93/EG.
18 EG-RL 2000/31/EG.
19 Vgl. bereits Art. 5 der Signatur-RL.

Äquivalent für die Schriftform zugelassen[20], wenn sich nicht aus dem Gesetz etwas anderes ergibt. Die Schriftform kann durch die elektronische Form jedoch nur dann ersetzt werden, wenn die Beteiligten ausdrücklich oder durch schlüssiges Handeln ihre Anwendung billigen und deshalb mit dem Zugang einer elektronischen Willenserklärung rechnen müssen.[21] Konkretisierend lautet § 126 a Abs. 1 BGB:

„(1) Soll die gesetzlich vorgeschriebene schriftliche Form durch die elektronische Form ersetzt werden, so muss der Aussteller der Erklärung dieser seinen Namen hinzufügen und das elektronische Dokument mit einer *qualifizierten elektronischen Signatur* nach dem Signaturgesetz versehen.

(2) Bei einem Vertrag müssen die Parteien jeweils ein gleichlautendes Dokument in der in Abs. 1 bezeichneten Weise elektronisch signieren."

Damit steht fest, daß das gesetzliche Schriftformerfordernis auch durch qualifizierte (!) elektronische Signaturen erfüllt werden kann. Gleiches gilt auch für die gewillkürte Schriftform nach § 127 BGB bei der die Parteien selbst die Form und darüber hinaus den Signaturtyp festlegen können. Wird jedoch die vereinbarte Form nicht einhalten, ergibt sich die Nichtigkeit der Willenserklärung aus § 125 BGB. Die Funktionen der handschriftlichen Unterschrift – Abschluß-, Echtheits-, Identitäts- und Warnfunktion werden ebenfalls durch die elektronische Signatur erfüllt. Nicht unproblematisch in datenschutzrechtlicher Perspektive erscheint die Regelung des § 126 a Abs. 1 BGB, wo gefordert wird, daß der Aussteller seinen Namen unter das Dokument zu setzen hat, womit pseudonyme Willenserklärungen ausgeschlossen wären.[22] An anderer Stelle wird jedoch deutlich, daß der Gesetzgeber pseudonymes Handeln als Möglichkeit des Datenschutzes durchaus vorgesehen ist: § 7 Abs. 1 Nr. 1 SigG, § 3 a BDSG, § 4 Abs. 1 TDDSG und § 13 Abs. 1 MDStV. Nimmt man ferner die Vorschrift des § 12 BGB hinzu, der ein aufdeckbares Pseudonym als Name anerkennt[23], dann läßt sich die Passage in § 126 a Abs. 1 BGB richtigerweise so verstehen, daß der Aussteller der Willenserklärung auch sein Pseudonym hinzufügen und mit einem Schlüssel für ein pseudonymes Zertifikat signieren kann.[24] Von praktischer Bedeutung ist ferner, daß der Aussteller das elektronische Dokument zusammen mit dem qualifizierten Zertifikat mit der qualifizierten elektronischen Signatur versehen muß, um einen nachträglichen Austausch des Zertifikats zu unterbinden.[25]

In einigen besonderen Fällen hat der Gesetzgeber die elektronische Signatur nicht zulassen wollen und dies ausdrücklich im Gesetz vermerkt: § 623 HS 2 (Beendigung von Arbeitsverhältnissen), § 630 S. 3 (Zeugniserteilung), § 761 S. 2 (Leibrentenversprechen), § 766 S. 2 (Bürgschaftserklärung), § 780 S. 2 (Schuldversprechen), § 781 S. 2 (Schuldanerkenntnis) BGB; § 4 Abs. 1 S. 3 VerbrKrG (Form des Kreditvertrages), § 3 Abs. 1 S. 2 TzWrG (Form des Vertrages), § 73 S. 2 HGB (Zeugnis für Handlungsgehilfen) sowie § 2 Abs. 1 S. 3 NachweisG (Form des Nachweises). Die umfangreichen

---

20 Vgl. hierzu: *Vehslage,* DB 2000, S. 1801; *Scheffler/Dressel,* CR 2000, S. 378; *Müglich,* MMR 2000, S. 7; *Malzer,* in: Geis (Hrsg.), Die digitale Signatur – eine Sicherheitstechnik für die Informationsgesellschaft, 2000, S. 173 ff.
21 BT-Drs. 14/4987, S. 15 und 14/5561, S. 19; *Roßnagel,* NJW 2001, S. 1817, 1825.
22 *Malzer,* in: Geis (Hrsg.), Die digitale Signatur – eine Sicherheitstechnik für die Informationsgesellschaft, 2000, S. 175; Stellungnahme der Gesellschaft für Informatik, DuD 2001, S. 38.
23 *Palandt/Heinrichs,* BGB, 60. Aufl. 2001, § 12 Rdnr. 8.
24 So zutreffend: *Roßnagel,* NJW 2001, S. 1817, 1825.
25 *Hammer,* in: Brüggemann/Gerhardt-Häckl, Verläßliche IT-Systeme, 1995, S. 265 ff.; *Roßnagel,* NJW 2001, S. 1817, 1825; ferner: Gesellschaft für Informatik, DuD 2001, S. 38.

Ausnahmeregelungen stellen einen Bruch zum grundsätzlich richtigen Ansatz, die elektronischen Signaturen generalklauselartig über § 126 a BGB zuzulassen. Einer Rechtfertigung über den Hinweis, fehlenden Bewußtseins oder mangelnder Akzeptanz[26] kann nicht gefolgt werden, wenn man bedenkt, daß die elektronische Signatur die gleichen Funktionen wie die handschriftliche Unterschrift erfüllt. Der Gesetzgeber hätte lediglich eine Option eingeräumt, der die Parteien hätten folgen können, aber nicht müssen.

Für die völlig neu eingeführte Textform heißt es nunmehr in § 126 b BGB:

„(1) Ist durch Gesetz Textform vorgeschrieben, so muss die Erklärung in einer Urkunde oder auf andere zur dauerhaften Wiedergabe in Schriftzeichen geeigneter Weise abgegeben, die Person des Erklärenden genannt und der Abschluss der Erklärung durch Nachbildung der Namensunterschrift oder anderes erkennbar gemacht werden."

Die Einführung dieser neuen Form ist umstritten. Schon im Bundesrat hatte man erhebliche Bedenken hinsichtlich der Notwendigkeit diese zusätzliche Form einzuführen („qualifizierte Formlosigkeit").[27] In das System des Zivilrechts paßt diese neue „Textform" jedenfalls nicht.[28] Sie soll eine Informations- und Dokumentationsfunktion erfüllen (z.B. unsignierte E-Mails). Die Textform kommt an Stelle der Schriftform nunmehr in § 541 b Abs. 2 S. 1 (Mitteilung des Vermieters von Maßnahmen zur Verbesserung etc. – daraufhin Kündigungsrecht des Mieters), § 552 a (Anzeige des Mieters von seiner Aufrechnungsabsicht), § 651 g Abs. 2 S. 3 (Zurückweisung von Ansprüchen des Reisenden – Hemmung der Verjährung) BGB; § 5 Abs. 1 S. 3 und 4 VerbrKrG (Bestätigung der Vertragsbedingungen), § 410 Abs. 1 S. 2 (Mitteilung der Beförderung von gefährlichem Gut – zuvor schon „oder in sonst lesbarer Form"), § 438 Abs. 4 (Schadensanzeige), § 455 Abs. 1 S. 2 (Begleitpapiere für Versendung), § 468 Abs. 1 S. 1 (Begleitpapiere bei Einlagerung – zuvor schon „oder in sonst lesbarer Form") HGB.[29] Ihr kommt auch keine Urkundenqualität zu. Insgesamt ist diese Regelung m.E. überflüssig, da die Aufhebung des Formerfordernisses ebenso genügt hätte. Sie ist aber auch unschädlich.

b) Beweisregelung im Prozeßrecht

Grundsätzlich sind elektronisch signierte Dokumente zulässige Beweismittel, die im Wege des Augenscheins-, des Sachverständigen- oder des sachverständigen Zeugenbeweises unabhängig von der Signaturstufe gewürdigt werden können.[30] Um über ein elektronisches Dokument Beweis zu führen muß die Datei vorgelegt oder übermittelt werden (§ 371 S. 2 ZPO). In die ZPO wurde neu der § 292 a eingeführt,[31] der einen

---

26 Vgl. die Begründung zum Regierungsentwurf Nr. 9 bis 10.
27 Vgl. BR-Begr., BT-Drs. 14/6044, S. 1.
28 Vgl. § 8 MHG.
29 Ferner: BKleinG und BKleingÄndG (insbesondere Mahnungen und Abmahnungen), Grundbuchbereinigungsgesetz, NutzungsentgeltVO, MHRG, SchuldRAnpG, WEG, SachenRBerG, BörsG, BörsenZulO, Gesetz über Kapitalanlagegesellschaft, AktG, GmbHG, Gesetz über das Kreditwesen VAG, VVG und PflVG.
30 *Bizer,* in: Kröger/Gimmy, Handbuch zum Internetrecht, 2. Aufl. 2002, S. 49; *Bizer/Hammer,* Elektronisch signierte Dokumente als Beweismittel, DuD 1993, S. 619, 622 f.; *Britz,* Urkundenbeweisrecht und Elektrontechnologie 1996, S. 39 ff.; *Rüßmann,* Das Beweisrecht elektronischer Dokumente, jur-pc 1995, S. 3212 ff.
31 Eingef. durch Art. 2 Nr. 4 FormvorschriftenG v. 13. 7. 2001, I 1542 m.W.v. 1. 8. 2001.

Anscheinsbeweis zu Gunsten der elektronischer Form enthält.[32] Die Anscheinsvermutung geht von der Echtheit der elektronischen Signatur zu Gunsten des Erklärungsempfängers aus. Entscheidendes Element dabei ist, daß der Anscheinsbeweis „nur durch Tatsachen erschüttert werden [kann], die ernstliche Zweifel daran begründen; dass die Erklärung mit dem Willen des Signaturschlüssel-Inhabers abgegeben worden ist". Eine Gleichsetzung der elektronischen Signaturen mit privaten Urkunden konnte sich im Gesetzgebungsverfahren nicht durchsetzen. Die Gefahr besteht nun darin, daß man eine Smart-Card mit dazugehöriger PIN verliert und ein Dritter mit dieser Karte Rechtsgeschäfte tätigt. Die Situation ist grundsätzlich vergleichbar mit dem Verlust einer EC-Karte. In beiden Fällen muß der berechtigte Inhaber der Karte sofort die Karte sperren lassen. Eine weitere Angriffsmöglichkeit besteht hinsichtlich der Verfälschung oder Täuschung durch Präsentation der Dateiformate, da diesbezüglich noch kein einheitlicher Standard besteht.[33] Einige – insbesondere – akkreditierte Verfahren haben dieses Problem bereits berücksichtigt. Des weiteren wird kritisiert, daß die Vorschrift des § 292 a ZPO in ihrer Rechtsfolge zu weit gehe und zu ungerechten Ergebnisse führe.[34] § 292 a ZPO setzt für die Beweiserleichterung voraus, daß die elektronische Form eingehalten ist, also eine qualifizierte elektronische Signatur nach § 126 a BGB vorliegt. Ob es sich tatsächlich um eine qualifizierte elektronische Signatur handelt, kann nur derjenige unmittelbar nachweisen, der sich einer akkreditierte qualifizierten Signatur bedient hat, da hier eine Vorabprüfung ergeben hat, daß die Voraussetzungen einer qualifizierten Signatur vorliegen. Wer dies nachweisen kann, der benötigt allerdings keinen Anscheinsbeweis mehr. Ohne eine solche Vorabprüfung stellt sich dann im Prozeß die Frage des Nachweises, ob es sich tatsächlich um eine qualifizierte Signatur handelt. Dies wird dann auch im Prozeß erst ermittelt werden. Der Anscheinsbeweis nützt insofern wenig.

c) Elektronische Dokumente im Gerichtsverkehr

Durch die Vorschrift des § 130 a ZPO finden elektronische Dokumente auch Eingang in den Gerichtsverkehr. Erforderlich hierfür ist, daß die elektronischen Dokumente (Schriftsätze und deren Anlagen, Anträge und Erklärungen der Parteien, Auskünfte, Aussagen, Gutachten und Erklärungen Dritter) mit qualifizierten elektronischen Signaturen versehen werden. Weiterhin müssen die Dokumente zur Bearbeitung durch das Gericht geeignet sein.[35] Wann elektronische Dokumente bei den Gerichten eingereicht werden können, sowie die für die Bearbeitung geeignete Form, wird jeweils in ihrem eigenen Verantwortungsbereich durch die Bundesregierung resp. die Landesregierungen festgelegt.[36]

---

32 Vgl. dazu BT-Drs. 14/4987, S. 23; *Roßnagel*, NJW 1998, S. 3312.
33 *Pordesch*, DuD 2000, S. 89; *Fox*, DuD 1998, S. 386.
34 Insbes. *Roßnagel*, NJW 2001, S. 1817, 1826; *ders.*, MMR 2000, S. 459; *Malzer*, in: Geis (Hrsg.), S. 180 f.; Gesellschaft für Informatik, DuD 2001, S. 38.
35 *Roßnagel*, NJW 2001, S. 1817, 1825 f.
36 Vgl. dazu: § 21 FGG, § 46 b ArbGG, § 86 a VwGO, § 108 a SGG, § 77 FGO, §§ 73 Abs. 2 und 81 Abs. 2 BGO, §§ 77 Abs. 2 und 89 Abs. 2 SchiffRegO, § 26 Abs. 1 und 5 des Gesetzes über das gerichtliche Verfahren in Landwirtschaftssachen, §§ 5 Abs. 3 und 23 Abs. 1 GKG, § 14 Abs. 4 KostO, § 10 Abs. 4 BRAGO, § 12 Abs. 4 des Gesetzes über die Entschädigung der ehrenamtlichen Richter und in § 16 Abs. 3 ZuSEG.

d) Elektronische Dokumente im Verwaltungsverfahren

Der Einführung von elektronischen Signaturen kann sich auch das öffentliche Recht nicht verschließen.[37] Art. 3 Abs. 7 EG-SigRL eröffnet den nationalen Gesetzgebern die Möglichkeit, qualifizierte elektronische Signaturen für den öffentlich-rechtlichen Bereich zusätzlichen Anforderungen zu unterwerfen. Der derzeitige Stand sieht es z.B. vor, daß zum Nachweis gezahlter Umsatzsteuern akkreditierte qualifizierte Signaturen eingesetzt werden können.[38] Des weiteren wird mit Spannung die Novelle des Verwaltungsverfahrensgesetzes erwartet, die als Bund-Länder Referenzentwurf Anfang 2002 in das Gesetzgebungsverfahren kommen soll.[39] § 3 a VwVfG-Entwurf nimmt als Generalklausel dabei eine ähnliche Stellung wie § 126 a BGB ein, da die Gleichwertigkeit der Schriftform mit der qualifizierten elektronischen Form vorgeschrieben wird. Nach momentanem Stand wird die qualifizierte elektronische Signatur den Regelfall bilden.[40] Umstritten ist, in welchem Umfang akkreditierte qualifizierte Signaturen gefordert werden. Spezielle Regelungen sind für die Beglaubigung elektronischer Dokumente (§ 34 a VwVfG-Entwurf) sowie Verwaltungsakte (§ 37 Abs. 3 a VwVfG-Entwurf) vorgesehen. Vorab hatten bereits die Länder Bremen und Baden-Württemberg Pilotgesetze gestartet.[41] Erste Erfahrungen mit den Schwierigkeiten, die einzelnen be-

---

37 Entscheidender Anstoß durch die Bundesratsentschließung vom 9.6.2000, BR-Drs. 231/00; vgl. auch *Roßnagel/Schroeder,* Multimediatechnik in immissionsschutzrechtlichen Genehmigungsverfahren, 1999, S. 61 ff.; *Roßnagel,* in: Hofmann-Riem/Schmidt-Aßmann, Verwaltungsrecht in der Informationsgesellschaft, 2000, S. 257 ff.; *ders.,* Die elektronische Signatur im Verwaltungsrecht, DÖV 2001, S. 221, 231; *Holznagel/Krahn/Werthmann,* DVBl. 1999, S. 1478; *Idecke-Lux,* der Einsatz von multimedialen Dokumenten bei der Genehmigung von neuen Anlagen nach dem BImSchG, 2000, S. 88 ff.; *Eifert/Schreiber,* MMR 2000, S. 240; *Eifert,* Online-Verwaltung und Schriftform im Verwaltungsrecht, Beilage 2 zu K&R 10/2000, S. 11 ff.; *Groß,* DÖV 2001, S. 159.
38 § 14 Abs. 4 S. 2 UmStG: „Als Rechnung gilt auch eine mit einer qualifizierten elektronischen Signatur mit Anbieter-Akkreditierung nach § 15 Abs. 1 des Signaturgesetzes versehene elektronische Abrechnung."
39 § 3 a VwVfG-Entwurf:
(1) Die Übermittlung elektronischer Dokumente ist zulässig, soweit ein Zugang hierfür eröffnet ist.
(2) Eine durch Gesetz angeordnete Schriftform kann, soweit nicht Rechtsvorschriften etwas anderes bestimmen, durch die mit einer qualifizierten elektronischen Signatur im Sinne des Signaturgesetzes verbundene elektronische Form ersetzt werden. Die Signatur mit einem Pseudonym ersetzt nicht die Schriftform. Bei grenzüberschreitenden Diensten zu einem anderen Mitgliedstaat der Europäischen Union oder zu einem anderen Vertragsstaat des Abkommens über den europäischen Wirtschaftsraum genügt die Form des Satzes 1, auch wenn Rechtsvorschriften eine dauerhafte überprüfbare qualifizierte Signatur verlangen.
(3) Ist ein der Behörde übermitteltes elektronisches Dokument für sie zur Bearbeitung nicht geeignet, hat sie dies dem Absender unverzüglich mitzuteilen. Sie hat dabei die für sie geltenden technischen Rahmenbedingungen zu benennen. Macht ein sonstiger Empfänger der Behörde gegenüber geltend, daß ein von ihr übermitteltes elektronisches Dokument für ihn zur Bearbeitung nicht geeignet sei, hat die Behörde ihn das Dokument erneut in einem geeigneten elektronischen Format oder als Schriftstück zuzusenden.
40 § 3 a Abs. 2 S. 2 VwVfG-Entwurf; § 36 a SGB X; vgl. dazu: *Catrein,* Moderne elektronische Kommunikation und Verwaltungsverfahrensrecht, NWVBl. 2001, S. 50 ff.; *Roßnagel,* Die elektronische Signatur im Verwaltungsverfahrensrecht, DÖV 2001, S. 231.
41 Baden-Württemberg: Gesetz zur Erprobung elektronischer Bürgerdienste unter Verwendung der digitalen Signatur vom 31.7.2000, BGl. S. 536 f.; Bremen: Gesetz zur Erprobung der digitalen Signatur in der Verwaltung vom 1.6.1999, GBl. I, S. 138.

hördlichen Fachverfahren mit den Mitteln der IT-Technologie abzubilden, werden derzeit insbesondere in den drei MEDIA@Komm-Städten Bremen, Nürnberg-Erlangen sowie Esslingen gemacht.[42] Die Erfahrungen zeigen, daß sich elektronische Signaturen nur dort dauerhaft durchsetzen, wo dem Anwender (Bürger oder zumeist Unternehmen) ein konkreter Nutzen aufgezeigt werden kann. Da der Bürger durchschnittlich unter drei Mal im Jahr Kontakt zu seiner Kommune aufweist, wird sich das Thema „E-Government" wohl eher im Bereich Verwaltung zu Verwaltung und zu Unternehmen durchsetzen.

4. Rechtliche Anforderungen an Zertifizierungsanbieter

Der Betrieb eines Zertifizierungsdienstes bzw. für Zertifizierungsdiensteanbieter ist im zweiten Abschnitt des SigG (§§ 4 bis 14 SigG) geregelt. Die dort getroffenen Regelungen umfassen jedoch nur Anbieter die qualifizierte Zertifikate (§ 2 Nr. 7 SigG) resp. qualifizierte Zeitstempel (§ 2 Nr. 14 SigG) ausstellen wollen. Anbieter von einfachen oder fortgeschrittenen elektronischen Signaturen sind davon nicht erfaßt.[43]

a) Anforderungen an Zertifizierungsanbieter

Im Gegensatz zum Signaturgesetz von 1997 ist in dem neuen Signaturgesetz (2001), insbesondere aufgrund der EG-Signaturrichtlinie, der Betrieb eines Zertifizierungsdienstes nicht mehr von einer Genehmigung durch die Regulierungsbehörde abhängig (§ 4 SigG). Davon unberührt sind etwaige gewerbe-, wirtschafts- oder telekommunikationsrechtliche Genehmigungen, die weiter zu beachten sind. Art. 3 Abs. 3 EG-SigRL sieht dafür ein geeignetes System zur Überwachung der niedergelassenen Zertifizierungsanbieter vor, die öffentlich qualifizierte Zertifikate ausstellen. Der Zertifizierungsdiensteanbieter ist gleichwohl gehalten seiner Anzeigepflicht (§ 4 Abs. 3 SigG) gegenüber der Regulierungsbehörde nachzukommen. Die behördliche Überwachung durch die Regulierungsbehörde erfolgt auf der Grundlage von § 3 SigG i.V.m. § 66 TKG. Die Befugnisse der Behörde beziehen sich auf Maßnahmen zur Durchsetzung der Anforderungen des Signaturgesetzes (§ 19 SigG). Dafür stehen Bußgeldtatbestände zur Verfügung (§ 21 SigG). Die Mitwirkungspflichten der Zertifizierungsdiensteanbieter ergeben sich aus § 20 SigG. Die Anforderungen an das erforderliche und zu dokumentierende Sicherheitskonzept ergeben sich aus der Signatur-Verordnung.

Voraussetzung für die Aufnahme der Tätigkeit eines Zertifizierungsdienstes ist nach § 4 Abs. 2 SigG, daß der Betreiber die für den Betrieb erforderliche Zuverlässigkeit[44], die erforderliche Fachkunde[45], eine Deckungsvorsorge (§ 12 SigG) und die Anforderungen an den Betrieb eines Zertifizierungsdienstes nach dem SigG und der SigV nachweist[46].

---

42 Siehe hierzu: <www.mediakomm.net>; <www.curiavant.de>; <www.bos-bremen.de>.

43 *Roßnagel,* NJW 2001, S. 1817, 1820.

44 Vgl. *Roßnagel,* Recht der Multimediadienste, SigG, § 4 Rdnr. 80 ff.; zur Zuverlässigkeit: BVerwGE 65, S. 1 ff.

45 Vgl. *Roßnagel,* Recht der Multimediadienste, SigG, § 4 Rdnr. 86 ff.

46 Insbesondere das Sicherheitskonzept (§ 4 Abs. 3 Satz 4 SigG).

b) Akkreditierte Zertifizierungsanbieter

Das System der Akkreditierung beruht auf der Freiwilligkeit. Diese löst die Genehmigungspflicht nach dem alten Signaturgesetz (1997) ab. Insofern ist die Akkreditierung lediglich eine Option der Zertifizierungsdiensteanbieter. Das Ziel der Akkreditierung ist ein auf dem sich entwickelnden Markt geforderte Maß an Vertrauen, Sicherheit und Qualität zu erreichen. Die erhöhte Vertrauenswürdigkeit beruht auf den strengeren Voraussetzungen gegenüber der qualifizierten nicht akkreditierten Signatur. Durch das Institut der freiwilligen Vorabprüfung durch eine unabhängige Stelle (z.B. TÜV) ähnelt es sehr der Auditierung.[47] Die Akkreditierung der Zertifizierungsdiensteanbieter durch die Regulierungsbehörde entspricht einem „Gütesiegel" (§ 15 Abs. 1 Satz 3 SigG), daß den Nachweis einer „umfassend geprüften technischen und administrativen Sicherheit für die auf ihren qualifizierten Zertifikaten beruhenden qualifizierten elektronischen Signaturen" bringt. Für die Akkreditierung besteht nach § 15 Abs. 1 Satz 5 SigG ein „Titelschutz", worauf sich die akkreditierten Zertifizierungsanbieter berufen können.

c) Qualifizierte Zertifikate

Der Inhalt der qualifizierten Zertifikate ist dazu bestimmt, die Identität eines Signaturschlüssel-Inhabers – durch den Zertifizierungsdiensteanbieter – zu bestätigen (§ 7 SigG). Nach § 14 Abs. 1 SigV müssen die Angaben deshalb eindeutig sein. Nach § 16 Abs. 1 SigG kann die Regulierungsbehörde für akkreditierte Zertifizierungsdiensteanbieter ein Wurzelzertifikat ausstellen. Für qualifizierte (nicht akkreditierte) Signaturen besteht demgegenüber die Möglichkeit, daß ein anderer Zertifizierungsanbieter einer derartiges qualifiziertes Zertifikat ausstellt (sog. „Brückenlösung"). Mit dieser „Cross-Zertifizierung" kann das Problem der – ansonsten durchaus zulässigen – Selbstzertifizierung umgangen werden.[48]

Nach § 7 Abs. 1 Nr. 1 SigG muß das qualifizierte Zertifikat den Namen des Signaturschlüssel-Inhabers enthalten. Verwechselungsmöglichkeiten sind durch entsprechende Zusätze zu vermeiden. Auch die Signatur mit einem Pseudonym ist gem. § 5 Abs. 3 Satz 1 SigG zulässig.[49] Ferner muß aus dem Zertifikat gem. § 7 Abs. 1 Nr. 2 SigG der dem Signaturschlüssel zugeordnete Signaturprüfschlüssel erkennbar sein, damit die Signatur überprüfbar wird.[50] Darüber hinaus muß ist die Bezeichnung der Algorithmen verlangt (§ 7 Abs. 1 Nr. 3 SigG), mit denen der Signaturprüfschlüssel des Signaturschlüssel-Inhabers sowie der Signaturprüfschlüssel der Zertifizierungsstelle benutzt werden kann. Das qualifizierte Zertifikat muß ferner eine laufende Nummer aufweisen (§ 7 Abs. 1 Nr. 4 SigG), damit die Überprüfung in einem öffentlichen Verzeichnis möglich wird.[51] Weiterhin muß das qualifizierte Zertifikat den Beginn und das Ende seiner Gültigkeit aufweisen (§ 7 Abs. 1 Nr. 5 SigG). Die Gültigkeitsdauer darf fünf Jahre nicht überschreiten (§ 14 Abs. 3 SigV).[52] Ferner enthält das qualifizierte Zertifi-

---

47 Vgl. *Bizer*, in: Kröger/Gimmy, Handbuch zum Internetrecht, 2. Aufl. 2002, S. 173.
48 Vgl. dazu: *Hammer*, Cross-Zertifikate verbinden, DuD 2001, S. 65 ff.; *Reif*, DuD 2001, S. 553.
49 Vgl. dazu: § 4 Abs. 1 TDDG, § 13 Abs. 1 Mediendienste-StV.
50 Definitionen in § 2 Nr. 4 und 5 SigG.
51 Vgl. auch § 7 Abs. 2 Satz 2 SigG.
52 Vgl. ferner: § 6 Abs. 1 Satz 2 SigG, § 17 SigV.

kat den Namen der Zertifizierungsstelle und des Staates, in dem sie niedergelassen ist (§ 7 Abs. 1 Nr. 6 SigG). Der Zertifizierungsdiensteanbieter hat das qualifizierte Zertifikat „jederzeit für jeden über öffentlich erreichbare Kommunikationsverbindungen nachprüfbar und abrufbar zu halten" (§ 5 Abs. 1 Satz 2 SigG). Insofern empfiehlt es sich für ihn seine Internetadresse anzuzeigen, unter der eine Abgleichung vorgenommen werden kann. Weiterhin muß das qualifizierte Zertifikat Nutzungsbeschränkungen nach Art und Umfang aufzeigen (§ 7 Abs. 1 Nr. 7 SigG). Diese können sich etwa auf den Wert der Transaktionen oder bestimmte Nutzerkreise beziehen.[53] Schließlich muß das Zertifikat gem. § 7 Abs. 1 Nr. 8 SigG einen Hinweis darauf enthalten, daß es ein qualifiziertes Zertifikat ist.

Der Gesetzgeber hat zusätzlich die Möglichkeit von *Attribut-Zertifikaten* eröffnet (§ 7 Abs. 1 Nr. 9 SigG). Damit sind Angaben über die Vertretungsmacht für eine Dritte Person, sowie berufsbezogene sonstige Angaben des Signaturschlüssel-Inhabers gemeint, die der Zertifizierungsdiensteanbieter auf sein Verlangen in das qualifizierte Zertifikat aufzunehmen hat (§ 5 Abs. 2 Satz 1 SigG).

d) Produkte für qualifizierte elektronische Signaturen

Der Zertifizierungsdiensteanbieter muß als Produkte für qualifizierte elektronische Signaturen (§ 5 Abs. 5 SigG) sichere Signaturerstellungseinheiten, Signaturanwendungskomponenten und im Gesetz definierte technische Komponenten für Zertifizierungsdienste einsetzen.[54] *Sichere Signaturerstellungseinheiten* dienen nach § 2 Nr. 10 SigG zur Speicherung und Anwendung des jeweiligen Signaturschlüssels. Hierzu werden insbesondere Smart-Cards eingesetzt, auf denen der Signaturschlüssel gespeichert wird und für Signaturvorgang abgerufen werden kann. Nach § 17 Abs. 1 S. 1 SigG müssen sichere Signaturerstellungseinheiten die Fälschungen der Signaturen und Verfälschungen signierter Daten zuverlässig erkennbar machen und gegen unberechtigte Nutzung der Signaturschlüssel schützen.[55] *Sichere Signaturanwendungskomponenten* sollen nach § 2 Nr. 11 SigG Daten der Erzeugung oder Prüfung einer qualifizierten elektronischen Signatur zuführen resp. diese oder qualifizierte Zertifikate prüfen und ihre Ergebnisse anzeigen. Daraus ergibt sich vom Ablauf her erstens der Signaturvorgang der Daten, zweitens die Prüfung und drittens die Darstellung der Ergebnisse.[56] Der Zertifizierungsdiensteanbieter muß ferner technische Komponenten für Zertifizierungsdienste einsetzen (§ 5 Abs. 4 und 5 SigG). Nach § 2 Nr. 12 SigG sind die *technischen Komponenten für Zertifizierungsdienste* dazu bestimmt, Signaturschlüssel zu erzeugen und in eine sichere Signaturerstellungseinheit zu übertragen, qualifizierte Zertifikate öffentlich nachprüfbar und gegebenenfalls abrufbar zu halten oder qualifizierte Zeitstempel zu erzeugen.[57]

Hinsichtlich des Nachweises der Sicherheit, mithin der Einhaltung der Anforderungen an die oben aufgeführten Produkte, kommen nach dem Signaturgesetz zwei Verfahren in Betracht. Einerseits kann die Erklärung des Herstellers des Produkts genügen (§ 17 Abs. 4 S. 2 SigG). Andererseits ist für die Erfüllung an die sichere Signaturerstellungs-

---

53 Vgl. *Roßnagel*, SigG, § 7 Rdnr. 45 ff.
54 Definition in § 2 Nr. 13 SigG.
55 Vgl. ferner § 15 Abs. 1 SigV.
56 Beachte ferner § 17 Abs. 2 S. 1, 2 und § 15 Abs. 2 Nr. 1 a, b, c, 2 SigV.
57 Beachte ferner § 17 Abs. 3 SigG.

einheit (§ 17 Abs. 1 SigG) sowie die technischen Komponenten zur Erzeugung und Übergabe von Signaturschlüsseln (§ 17 Abs. 3 Nr. 1 SigG) die Bestätigung einer anerkannten Stelle erforderlich (§ 18 SigG).[58]

Von wesentlicher Bedeutung ist schließlich die Unterrichtung des Antragstellers durch den Zertifizierungsdiensteanbieter über die erforderlichen Maßnahmen, um zur Sicherheit von qualifizierten elektronischen Signaturen und deren zuverlässigen Prüfungen beizutragen (§ 6 Abs. 1 S. 1 SigG, § 6 SigV).

e) Organisatorische Pflichten

Die Verpflichtungen des Zertifizierungsdiensteanbieters bei der Vergabe von qualifizierten Zertifikaten ergeben sich aus § 5 SigG. Danach muß der Zertifizierungsdiensteanbieter die Person, die ein Zertifikat beantragt, zuverlässig identifizieren (§ 5 Abs. 1 SigG). § 3 Abs. 1 SigV konkretisiert dies dahin gehend, daß dies mittels eines Personalausweises oder eines Reisepasses bzw. anhand von Dokumenten mit „gleichwertiger Sicherheit" erfolgen muß. Der Antrag auf Ausstellung kann alternativ auch mit einer qualifizierten elektronischen Signatur erfolgen (§ 3 Abs. 1 S. 2 SigV). Erst nach der Identifizierung kann das qualifizierte Zertifikat ausgegeben werden. Die Ausstellung von Attributen ist auch daran geknüpft, daß zuvor beispielsweise die Vertretungsmacht durch die Einwilligung einer Dritten Person nachgewiesen wird. Attribute, die einen bestimmten Beruf ausweisen müssen ebenfalls zuvor von einer zuständigen Stelle bestätigt werden (§ 5 Abs. 2 S. 2-4 SigG). Auch die Verwendung von Pseudonymen in Verbindung mit Attributen ist zulässig (§ 5 Abs. 3 SigG).

Der Zertifizierungsanbieter ist ferner verpflichtet, Vorkehrungen zu treffen, damit Daten für qualifizierte Zertifikate nicht unbemerkt gefälscht oder verfälscht werden können. Dazu gehört auch die Gewährleistung der Geheimhaltung des Signaturschlüssels (§ 5 Abs. 4 S. 2 SigG). Der Zertifizierungsdiensteanbieter hat hinsichtlich der Erzeugung des Signaturschlüssels durch geeignete Maßnahmen sicherzustellen, daß diese nur auf der jeweils sicheren Signaturerstellungseinheit (§ 2 Nr. 10 SigG) oder bei ihm oder einem anderen Zertifizierungsdiensteanbieter unter Nutzung von besonderen „technischen Komponenten für Zertifizierungsdienste" (§ 2 Nr. 12 i.V.m. § 17 Abs. 3 Nr. 1 SigG) erfolgen darf (§ 5 Abs. 1 S. 1 SigV). Wenn der Signaturschlüssel außerhalb der Signaturerstellungseinheit generiert wird, dann muß der Zertifizierungsdiensteanbieter für eine sichere Übertragung auf diese Einheit sorgen. Eine Speicherung von Signaturschlüsseln außerhalb der sicheren Signaturerstellungseinheit ist gem. § 5 Abs. 4 S. 3 SigG unzulässig, damit Dritte nicht dieses Schlüssels habhaft werden können. Insofern dient es auch der Sicherheit, wenn Signaturschlüssel und Identifikationsdaten dem Signaturschlüssel-Inhaber persönlich übergeben werden müssen. Dazu ist es erforderlich, daß die Übergabe schriftlich oder mit einer elektronisch qualifizierten Signatur bestätigt wird.[59] Nach § 5 Abs. 6 SigG muß sich der Zertifizierungs-

58 Vgl. dazu: *Roßnagel*, Anerkennung von Prüf- und Bestätigungsstellen, MMR 1999, S. 342 ff.; ferner Entscheidung der EG-Kommission vom 6.11.2000 über die Mindestkriterien nach Art. 3 Abs. 4 EG-SigRL, ABl. L 289/42. Beachte ferner § 15 Abs. 5 S. 2 SigV. Derzeit sind das Bundesamt für Sicherheit in der Informationstechnolgie (BSI), debis Systemhaus Information Security Services GmbH und TÜV Informationstechnik GmbH anerkannt (<www.regtp.de>).
59 Siehe aber auch § 5 Abs. 2 SigG.

diensteanbieter in geeigneter Weise davon überzeugen, daß der Antragsteller eines qualifizierten Zertifikates die zugehörige sichere Signaturerstellungseinheit tatsächlich besitzt. Möglich ist auch, daß ein anderer Zertifizierungsdiensteanbieter diese Signaturerstellungseinheit zur Verfügung stellt.

Über alle von ihm ausgestellten qualifizierten Zertifikate muß der Zertifizierungsdiensteanbieter ein Zertifikatsverzeichnis erstellen, das jederzeit für jedermann über öffentlich erreichbare Kommunikationsverbindungen nachprüfbar und abrufbar zu sein hat (§ 5 Abs. 1 S. 2 SigG). Dies ist zwingend erforderlich, damit sich der Empfänger einer qualifizierten Signatur jederzeit über deren Gültigkeit unterrichten kann. Aus Gründen des Datenschutzes ist das Abrufen dieser Information nur mit Zustimmung des Signaturschlüssel-Inhabers zulässig (§ 5 Abs. 1 S. 3 SigG). Das qualifizierte Zertifikat wird in dem Verzeichnis fünf Jahre geführt (§ 14 Abs. 3 SigV).

Nach § 8 Abs. 1 S. 1 SigG besteht die Möglichkeit der unverzüglichen Sperrung qualifizierter Zertifikate, wenn dies der Signaturschlüssel-Inhaber verlangt. Eine Sperrung – von der der Signaturschlüssel-Inhaber sofort zu unterrichten ist[60] – erfolgt ferner, wenn der das Zertifikat auf Grund falscher Angaben ausgestellt wurde, der Zertifizierungsdiensteanbieter seine Tätigkeit einstellt oder die Behörde diese anordnet. Als Ermächtigungsgrundlage dient hierfür § 19 Abs. 4 SigG. Um eine zügige Sperrung zu gewährleisten hat der Zertifizierungsdiensteanbieter eine Rufnummer anzugeben, unter der er erreichbar ist (§ 7 Abs. 1 SigV). Vor der Sperrung muß sich der Zertifzierungsdiensteanbieter über die Identität des Berechtigten überzeugen (§ 7 Abs. 2 S. 1 SigV). Wird eine Sperrung vorgenommen[61], so ist hierzu das Datum und die gesetzliche Uhrzeit in das Zertifikatsverzeichnis einzutragen (§ 7 Abs. 2 S. 2 SigV).

Für den Fall, daß der Zertifizierungsdiensteanbieter seine Tätigkeit einstellen will, muß er dies zuvor der Regulierungsbehörde anzeigen (§ 13 Abs. 1 S. 1 SigG). Ferner hat er für die Übernahme der gültigen qualifizierten Zertifikate durch einen anderen Zertifizierungsdiensteanbieter zu sorgen. Andernfalls muß er die Zertifikate sperren und die Signaturschlüssel-Inhaber darüber unterrichten (§ 13 Abs. 1 SigG, § 10 SigV).

5. Haftung

Nachdem eine Haftungsregelung im ersten Signaturgesetz (1997) fehlte, wurde aufgrund des Art. 6 EG-SigRL in § 11 SigG eine Haftungsnorm eingeführt.[62] Die Norm sieht vor, daß der Zertifizierungsdiensteanbieter einem Dritten den Schaden zu ersetzen hat, den dieser dadurch erleidet, daß er auf Angaben in einem qualifizierten Zertifikat, einem qualifizierten Zeitstempel oder einer Auskunft über die Zuordnung eines Signaturschlüssels zu einer bestimmten Person nach § 5 Abs. 1 S. 2 SigG vertraut

---

60 *Roßnagel,* SigG, § 8 Rdnr. 77.
61 Rückwirkend ist dies nicht zulässig (§ 7 Abs. 2 S. 3 SigG).
62 Die Einführung eines Haftungstatbestandes wurde zuvor gefordert in: Bunderat, BT-Drs. 13/ 7385, S. 59; *Timm,* Signaturgesetz und Haftungsrecht, DuD 1997, S. 525 ff.; *Emmert,* Haftung der Zertifizierungsstellen, CR 1999, S. 244 ff.; *Gounalakis/Rohde,* Haftung der Zertifizierungsstellen, K&R 1998, S. 225 ff.; *Haas,* Zur Haftung der Zertifizierungsstellen nach dem Signaturgesetz gegenüber Dritten, in: FS Heinrichs, München 1998, S. 261 ff.; *Roßnagel,* NJW 2001, S. 1823; *Blum,* DuD 2001, S. 75; *Neuser,* MMR 1999, S. 57 ff.; *Leier,* MMR 1998, S. 13 ff.

hat. Das Vertrauen bezieht sich nur auf den Inhalt des Zertifikats[63]. D.h., daß Beschränkungen nach Art und Umfang auf bestimmte Anwendungen im Attribut des qualifizierten Zertifikats bzw. dem qualifizierten Attributzertifikat beachtet werden müssen. Mit dem Begriff des „Dritten" ist ein größerer Personenkreis als nur der Empfänger der qualifizierten Signatur gemeint. Die Haftung wird durch die Verletzung sämtlicher Anforderungen nach dem Signaturgesetz und der Signaturverordnung einschließlich seiner Produkte für qualifizierte elektronische Produkte oder sonstiger technischer Sicherheitseinrichtungen begründet. Ferner sind sämtliche Leistungen des Zertifizierungsdiensteanbieters – Ausstellung der qualifizierten Zertifikate, Auskünfte aus dem Zertifikatsverzeichnis oder das Ausstellen von Zeitstempeln umfaßt.[64] Schließlich wird auch die Verpflichtung des Zertifizierungsdiensteanbieters zur Feststellung, ob der Signaurschlüssel-Inhaber über eine sichere Signaturerstellungseinheit verfügt, auf der der zugehörige Signaturschlüssel gespeichert ist, erfaßt.[65]

Nach § 11 Abs. 1 S. 2 SigG besteht ein Haftungsausschluß für die Fälle, in denen der Dritte die Fehlerhaftigkeit einer im qualifizierten Zertifikat enthaltenen Information kannte oder kennen mußte. Eine Minderung des Schadensersatzanspruches kann sich aus § 254 BGB ergeben.[66] Dies kommt in Betracht, wenn der Erklärungsempfänger den Schaden durch eine Prüfung des Zertifikats hätte vermeiden oder verringern können.[67]

§ 11 Abs. 2 SigG enthält eine Beweislastumkehr, wonach die Schadensersatzpflicht entfällt, wenn der Zertifizierungsdiensteanbieter nicht schuldhaft gehandelt hat. Dieser muß dementsprechend nachweisen, daß er die Verletzung nicht zu vertreten hat (§ 276 BGB). An die erforderliche Sorgfalt sind hierbei keine geringen Anforderungen zu stellen.[68] Insofern hat der Zertifizierungsanbieter ein Interesse an der Einhaltung des Sicherheitskonzeptes resp. seiner Dokumentation (§ 19 SigG).[69] Der Zertifizierungsdiensteanbieter kann bestimmte Aufgaben unter Einbeziehung in sein Sicherheitskonzept an einen Dritten übertragen (§ 2 Abs. 5 SigG). Dann haftet er für den beauftragten Dritten nach § 11 Abs. 4 S. 1 SigG wie für eigenes Handeln. Die Anwendung des § 831 Abs. 1 S. 2 BGB (Exkulpation) ist durch § 11 Abs. 4 S. 2 SigG ausgeschlossen.[70]

Nach § 12 SigG müssen die Zertifizierungsdiensteanbieter zur Abdeckung möglicher Schäden eine geeignete Deckungsvorsorge treffen. Dafür beträgt die Mindestsumme 250 000 €.[71] Ein entsprechender Nachweis muß bei der Anzeige der Betriebsaufnahme nach § 4 Abs. 3 SigG erbracht werden.

---

63 Zum Inhalt des Zertifikats: § 7 Abs. 1 Nr. 7 SigG.
64 Vgl. BT-Drs. 14/4662, S. 24.
65 § 5 Abs. 4 S. 3 i.V.m. § 17 Abs. 3 Nr. 1 SigG; BT-Drs. 14/4662, S. 24.
66 BT-Drs. 14/4662, S. 25.
67 BT-Drs. 14/4662, S. 25.
68 BT-Drs. 14/4662, S. 25; *Bizer,* in: Kröger/Gimmy (Hrsg.), Handbuch zum Internetrecht, S. 37.
69 Vgl. *Roßnagel,* NJW 2001, S. 1823.
70 BT-Drs. 14/4662, S. 25; *Bizer,* in: Kröger/Gimmy (Hrsg.), Handbuch zum Internetrecht, S. 37.
71 Vgl. § 9 SigV.

6. Datenschutz

Datenschutzrechtliche Implikationen ergeben sich aus dem Umstand, daß zur Identifizierung des Schlüsselinhabers (§ 5 Abs. 1 S. 1 SigG), personenbezogene Daten erhoben, verarbeitet und genutzt werden. Der Zertifizierungsdiensteanbieter hat nach § 8 Abs. 1 SigV folgendes zu dokumentieren: die Ablichtung vorgelegter Ausweise, die Bezeichnung eines vergebenen Pseudonyms, den Nachweis der Unterrichtung sowie über die Berechtigung von Attribut-Informationen, die ausgestellten qualifizierten Zertifikate mit den Informationen über den Zeitpunkt ihrer Ausstellung, ihrer Übergabe und ihrer Aufnahme in das Zertifikatsverzeichnis, die Sperrung qualifizierter Zertifikate, Auskünfte zur Aufdeckung eines Pseudonyms (§ 14 Abs. 2 SigG) sowie die Bestätigung für die Übergabe des Signaturschlüssels und der Identifikationsdaten. Vom Zeitpunkt des Endes des Gültigkeitszeitraumes des qualifizierten Zertifikates an sind diese Angaben für fünf weitere Jahre aufzubewahren (§ 4 Abs. 1 SigV). Bei akkreditierten qualifizierten Zertifikaten sind dies gar 30 Jahre.

Nach § 14 Abs. 1 SigG gilt der Grundsatz der Unmittelbarkeit der Datenerhebung beim Betroffenen und die Beschränkung der Datenerhebung ausschließlich auf den Zweck eines qualifizierten Zertifikates und seine Erforderlichkeit. Ferner dürfen bei Dritten Daten nur mit Einwilligung des Betroffenen erhoben werden. Außerhalb des Zwecks des qualifizierten Zertifikates dürfen die erhobenen Daten nur dann verwendet werden, wenn dieser Zweck entweder durch das Signaturgesetz erlaubt ist oder der Betroffene dazu eingewilligt hat.[72] In der praktischen Anwendung ist zu berücksichtigen, daß eine elektronische Einwilligung nicht vorgesehen ist.[73] Hinsichtlich der Verwendung von Pseudonymen[74] enthält § 14 Abs. 2 S. 1 SigG die Regelung nach der der Zertifizierungsdiensteanbieter die Daten über die Identität auf Ersuchen der zuständigen Stellen zu übermitteln hat soweit Gerichte dies im Rahmen anhängiger Verfahren nach Maßgabe der hierfür geltenden Bestimmungen anordnen.[75]

7. Risiken beim Einsatz elektronischer Signaturen

Viele Firmen stellen sich die Frage, ob sie Investitionen in den Aufbau einer entsprechenden Infrastruktur zum Einsatz elektronischer Signaturen tätigen sollen. Dazu gibt es immer noch Risiken, auf die an dieser Stelle hingewiesen werden soll. Ein besonderes Problem ist dabei die Verbreitung elektronischer Signaturen. Diese ist derzeit maßgeblich von einem geeigneten Trägermedium abhängig. Während in Österreich eine Verbreitung über die Sozialversicherungskarte flächendeckend für die Bevölkerung abgesichert wird, ist in Deutschland von Seiten des Staates keine zentrale Aktion geplant. Vielmehr setzt die Bundesregierung auf eine Verbreitung über die EC-Karte, mithin über die Kreditinstitute. Diese sind den elektronischen Signaturen gegenüber

---

72 Vgl. § 4 a BDSG.
73 *Bizer,* in: Kröger/Gimmy (Hrsg.), Handbuch zum Internetrecht, S. 38; *ders.,* Datenschutz verkauft sich – wirklich!, DuD 2001, S. 250.
74 Vgl. hierzu: §§ 4 Abs. 1, 3 Abs. 4 TDDSG, §§ 13 Abs. 1, 12 Abs. 5 Mediendienste-StV, § 3a BDSG.
75 Kritisch hierzu zu Recht: *Bizer,* in: Kröger/Gimmy (Hrsg.), Handbuch zum Internetrecht, S. 39; *Roßnagel,* NJW 2001, S. 1821.

zweifelsohne grundsätzlich positiv eingestellt. Gleichwohl weisen die Kreditinstitute auf die erheblichen Mehrkosten hin, die anfallen, wenn ein leistungsfähigerer Chip auf die EC-Karte aufgebracht wird, der diese Karte dann zu einer Multifunktionskarte werden läßt. Einige Kreditinstitute haben mittlerweile sogar den Chip wieder abgeschafft, andere werden den Chip jedenfalls nicht aufwerten, so daß kein Platz für die elektronische Signatur vorhanden ist. Insofern ist von einer kurzfristigen massenweisen Verbreitung elektronischer Signaturen über den Weg der EC-Karten nicht auszugehen. Eine Verbreitung kann dann nur noch erfolgen, wenn sich der Bürger selbst entscheidet eine Signaturkarte zu erwerben. Doch die derzeitigen Kosten von ca. 60,– bis 70,– EUR stehen für viele Bürger in keinem nachweisbaren Verhältnis zu dem Nutzen dieser Karte im Alltag. Auch in dieser Hinsicht ist eine massenweise Verbreitung nicht zu erwarten.

Für Firmen, die eher geneigt sein werden die elektronische Signatur bei bestimmten Nachweis den Nutzens einzusetzen, stellt sich die Frage des Aufwands beim Einsatz elektronischer Signaturen. Hier sollte man darauf achten, daß das eingesetzte Signaturverfahren möglichst den Anforderungen einer akkreditierten qualifizierten Signatur entspricht und ferner zum ISIS-MTT-Standard[76], auf den sich der TeleTrusT e.V. und die Trustcenter-Vereinigung T7 verständigt haben, kompatibel ist. Andernfalls scheitert ein Austausch elektronischer Signaturen daran, daß man diese nicht weiterverarbeiten kann.

Zahlreiche Modellprojekte[77] in Deutschland aber auch darüber hinaus belegen, daß es im elektronischen Rechtsverkehr trotz der Schwierigkeiten keine Alternative zur Einführung elektronischer Signaturen gibt. Man sollte bedenken, daß der Kulturalisierungsprozeß von der Papierform zur elektronischen Abwicklung erst am Anfang steht.

---

76 Hinsichtlich des Standards „Industrial Signature Interoperability Specification (ISIS)" besteht ein Aufnahmeantrag als europäische Norm.

77 Pilotprojekte: elektronisches Mahnbescheidwesen bei Gerichten (Hagen, Stuttgart); DATEV: Feldversuch elektronische Signaturen in der Kommunikation zwischen Rechtsanwälten resp. Steuerberatern und Gerichten; Modellprojekt Finanzgericht Hamburg; Absicherung des Austausches von Abrechnungsdaten zwischen Krankenhäusern und Krankenkassen: Deutsche Krankenhaus Trust Center und Informationsverarbeitung (DKTIG); IHK/DIHT: Erfassung von Berufsbildungsverträgen; Absicherung der Unternehmenskommunikation (B2B); Zusammenschluß US-amerikanischer Großbanken unter dem Namen „Identrus"; „Automotive Network eXchange" der Automotive Action Group (AIAG). Im öffentlichen Sektor ist ferner auf die Media@Komm Projekte in Bremen, Region Nürnberg sowie Esslingen hinzuweisen (<www.mediakomm.net>). Ferner: Bundesverwaltung: „Sphinx" (30 Behörden und Organisationen, 300 Anwender, 10 Produkte, 15 Firmen); Informationsverbund Bonn-Berlin (IVBB) zwecks Absicherung der Behördenkommunikation; elektronischer Dienstausweis; Niedersachsen: 12.000 am HKR-Verfahren (Haushalt-, Kassen- und Rechnungswesen) beteiligten Mitarbeiter; Bundesnotarkammer: bundesweite Notarnetz „virtuelle Zertifizierungsstelle", wo unter eigenem Namen mit eigenen Registrierungsstellen errichtet werden.

II. Rechtssicherheit contra Datenschutz im Internet

Lutz Grammann

1. Problemstellung

a) Verfahrensweise beim E-Commerce

Glaubt man den Werbeaussagen der Internetanbieter, so gibt es nicht Schöneres und Einfacheres, als einen Einkauf im virtuellen Kaufhaus. Wer schon einmal den Stress erlebt hat, vor oder nach Büroschluss oder gar während der Mittagspause einkaufen gehen zu müssen, sich dabei durch Menschenmassen hindurchgezwängt und an vollen Kassen stundenlang gewartet hat, wird sich gern von der Möglichkeit faszinieren lassen, zu jeder beliebigen Tageszeit seine Waren bequem von zu Hause aus bestellen zu können. Dabei braucht er noch nicht einmal Bargeld zur Verfügung zu haben.

Mit Hilfe eines internetfähigen Endgerätes, zu dem heute nicht nur Computer sondern auch Fernsehgeräte und Mobilfunkgeräte gehören können, ruft er die Homepage eines Internet-Anbieters auf. Von der Eingangsseite aus kann er sich auf verschiedenen Wegen zu den ihn interessierenden Warenangebot führen lassen und in Ruhe auswählen, vergleichen, sich informieren oder gar die Ware selbst konfigurieren. Anschließend legt er den gewünschten Artikel in einen virtuellen Warenkorb. Diesen Vorgang kann er mehrfach wiederholen, bis er alle ihn interessierenden Gegenstände zusammen getragen hat. Aus dem Gesamtinhalt des Warenkorbs kann er dann per Mausklick einen Auftrag erzeugen. Dabei wird ihm üblicherweise zunächst angezeigt, wie seine Bestellung einschließlich aller Nebenkosten, wie z.B. Versandgebühren aussehen würde. Er hat jetzt noch einmal die Möglichkeit, weitere Gegenstände seiner Bestellung hinzuzufügen, die Menge zu ändern oder einzelne Artikel wieder zu entfernen. Entschließt er sich zum Kauf, werden weitere Angaben von ihm erwartet, wie seine E-Mail-Adresse, sein Name, die vollständige Wohnanschrift und seine Telefonnummer. Nun muss er sich noch für eine bestimmte Zahlungsweise entscheiden und die hierzu erforderlichen Angaben machen. Danach schickt er die Bestellung ab und erhält meist kurze Zeit später eine Bestätigung seines Auftrags per E-Mail.

b) Rechtsrisiken beim E-Commerce

Was so einfach und unkompliziert aussieht, hat juristisch gesehen, erhebliche Fallstricke. Der Kaufvertrag, den der Internet-Surfer abschließen möchte, kommt durch zwei übereinstimmende Willenserklärungen zustande: das Angebot, das er in Form seines Auftrags abgegeben hat und die hierauf gerichtete Annahmeerklärung des Verkäufers durch E-Mail oder konkludent durch Zusendung der Ware. Anders als im täglichen Leben, stehen sich beide Seiten dabei nicht unmittelbar gegenüber. Der Anbieter kann zwar feststellen, welcher Rechner mit seiner Homepage kommuniziert, über die Person, die diesen Rechner benutzt, kann er jedoch keine Aussagen machen. Ist sein Kunde volljährig und daher fähig, solche Rechtsgeschäfte abzuschließen? Ist er gerade nüchtern oder volltrunken? Will er wirklich ernsthaft kaufen oder nur so zum

Spaß ausprobieren, was das Internet alles zu bieten hat? Hat er bei seinen vielen „Mausklicks" überhaupt mitbekommen, dass er eine Bestellung aufgegeben hat? Und handelt es sich bei ihm um die Person, die er vorgibt zu sein? Man wird all diesen Fragen entgegenhalten können, dass die gleichen Probleme bei jeder schriftlichen Bestellung, also etwa auch im Versandhandel auftreten können. Dort allerdings bestätigt der Kunde seinen Rechtsbindungswillen, die Richtigkeit und Ernsthaftigkeit seiner Angaben durch seine Unterschrift auf der Bestellungsurkunde.

Andererseits hat der Kunde kaum die Möglichkeit, die Geschäftspraktiken seines Vertragspartners einzuschätzen. Er hatte nicht die Möglichkeit die Ware zu begutachten und weiß im Normalfall nicht, wie der Anbieter mit Rücksendungen, Reklamationen und Gewährleistungsansprüchen umgehen wird. Er kann auch nicht abschätzen, in welcher Weise seine personenbezogenen Daten gespeichert, genutzt oder gar weitergegeben werden. Schon die Angaben, die man zur Durchführung des Geschäfts als unmittelbar erforderlich ansehen möchte, sind teilweise sehr sensibel. Hierzu gehören die Angaben zur Person (Name, Anschrift, Telefonnummer, E-Mail-Adresse, ggf. Geburtsdatum und Personalausweis-Nummer als Altersnachweis). Weiter notwendig sind die Angaben zu den Zahlungsmodalitäten (Bankverbindung, Kontonummer, Kontoinhaber, Kreditkarteninstitut, Kreditkartennummer, Gültigkeitsdauer der Kreditkarte, Name des Karteninhabers). Darüber hinaus werden aber oft noch weitere Informationen abgefragt, deren Zusammenhang mit dem abgeschlossenen Rechtsgeschäft zumindest fraglich ist (Beruf, persönliche Interessen, etc.).

Möglichkeiten, einer derartig umfangreichen Datenübermittlung zu entgehen, werden zur Zeit kaum angeboten. So ist eine anonyme Zahlung durch Geldkarte bisher weder durch die eingesetzte Hardware noch durch das Angebot der Internethändler realisiert. Die Lieferung der Ware auf Rechnung wird, außer für Behörden und Großkunden, fast nirgendwo ermöglicht. Nachnahmesendungen sind wegen der damit verbundenen hohen Zusatzkosten unbeliebt. Viele Anbieter verzichten daher ganz auf diese Lösung. Einziehungsermächtigungen sind nur bei Inlandsgeschäften eine Alternative. Vorauszahlungen durch Überweisung oder Scheck führen zu erheblich längeren Lieferfristen, die aus der Sicht des Kunden häufig unerwünscht sind. So bleibt derzeit in den meisten Fällen tatsächlich nur die Zahlung per Kreditkarte.

Eine weitere Schwierigkeit ergibt sich aus der Globalität des Internets. Ein großer Teil der Faszination, die vom E-Commerce ausgeht, beruht auch auf der Möglichkeit weltweit in jedem Internet-Shop einkaufen zu können. Das kann die Beschaffung von Artikeln, die im Inland nicht oder nur unter strengen Voraussetzungen verkauft werden dürfen (z.B. Medikamente) ermöglichen, oder auch zu wesentlichen Preiseinsparungen führen. Der Anbieter hingegen kann den Server für seine Website in jedem beliebigen Land der Erde betreiben. Ebenso kann der Sitz seines Unternehmens gerade dort sein, wo es für ihn steuerlich am günstigsten ist. Für den Kunden ist dies nur schwer, manchmal gar nicht erkennbar. Das erschwert die Durchsetzung von Zahlungs- und Gewährleistungsansprüchen, da Gerichtsstand, anwendbares Recht und Prozessgegner nicht von vornherein feststehen.

c) Technische Risiken beim E-Commerce

Hinzu kommen noch die internetspezifischen Risiken der Online-Übertragung. Allein durch die Verbindung mit dem Server des Online-Unternehmens fallen weitere Daten an (IP-Adresse, verwendetes Betriebssystem, Typ und Version des Web-Browsers, Website durch die der Surfer weiterverwiesen wurde, verwendete Sprache, Cookies) ohne dass der Surfer sieht, welche Informationen er übermittelt. Diese Daten können jedoch mit Hilfe eines Protokoll-Analyseprogramms dazu verwendet werden, genaue Informationen über den Verkehr mit der Website und die Aktivitäten ihrer Besucher zu gewinnen. Sie werden daher treffend als „chattering data" bezeichnet.

Als „ausplaudernde Daten" erweisen sich dabei vor allem die Cookies. Hierbei handelt es sich um Datensequenzen beliebigen Inhalts, die zusätzlich zu den eigentlichen Nutzdaten mit übertragen werden können. Sie werden üblicherweise auf der Festplatte des Rechners des Besuchers dauerhaft gespeichert. Bei einem weiteren Besuch können sie dann von der Website abgefragt werden. Je nach ihrem Inhalt wird hierdurch die Möglichkeit geschaffen, den Besucher zu identifizieren, Passwörter zu prüfen, seine Bewegungen auf der Homepage nachzuvollziehen, Bestellungen aufzuzeichnen oder auch eine „benutzerspezifische", d.h. auf den Anwender individuell zugeschnittene Oberfläche zu schaffen. Zwar können Cookies einerseits dem Anwender das Surfen erleichtern, indem sie ihm beispielsweise lange Anmeldeprozeduren ersparen, andererseits stellen sie auch eine erhebliche Gefahr für seine Privatsphäre dar.

Die Kommunikation zwischen dem Computer des Anwenders und dem Server, auf dem die Website gespeichert ist, erfolgt nicht durch eine unmittelbare Verbindung dieser beiden Rechner. Vielmehr laufen die von beiden Seiten übertragenen Datenpakete über eine unbestimmte Vielzahl weiterer Systeme, bis sie den Empfänger erreichen. Der Weg, der dabei zurückgelegt wird, lässt sich nicht vorher festlegen. Bei einer unverschlüsselten Übertragung der personenbezogenen Daten kann jeder der beteiligten Rechner die Daten mitlesen und sogar verändern. Entsprechende Programme hierfür stehen zur Verfügung. Auf diese Weise ist es möglich, sensible Daten abzufangen und zur Schädigung des Kunden zu missbrauchen. Fälle, in denen die Kenntnis über Passwörter, Kontoverbindungen und Kreditkartenangaben zu missbräuchlichen Geldabhebungen geführt haben, sind in der Vergangenheit bereits mehrfach bekannt geworden.

d) Risiken durch mangelhafte Organisation auf Seiten des Online-Anbieters

Aber selbst dann, wenn nur der berechtigte Empfänger in den Besitz der Daten gelangt, ergeben sich für den Kunden weitere Risiken. Im Unterschied zu schriftlichen Bestellungen, die nur mit erheblichem Aufwand ausgewertet werden können, liegen die Informationen bei Online-Geschäften in elektronischer Form vor und können somit rechnergesteuert ausgewertet, zu Kundenprofilen verdichtet und weitergegeben werden. Die erst vor kurzem veröffentlichte Studie der „Organisation Consumers International"[1] macht deutlich, dass dies auch in großem Umfange tatsächlich ge-

---

1 Die Organisation Consumers International ist ein internationaler Verband, zu dem sich 263 Verbraucherschutzvereinigungen zusammengeschlossen haben.

schieht[2]. Etwa zwei Drittel der untersuchten Sites besaß keine ausreichende Privacy-Policy. So wurde häufig nach Angaben gefragt, die zur Durchführung des Geschäfts nicht erforderlich sind. Die Kunden wurden auch nicht über deren Verwendung aufgeklärt. In vielen Fällen bestand noch nicht einmal die Möglichkeit, über die Aufnahme in den Mail-Verteiler selbst zu bestimmen. Darüber hinaus ist meist auch nicht feststellbar, ob die Daten überhaupt und innerhalb welcher Fristen wieder gelöscht werden. Auch die Frage, in welcher Weise gewährleistet wird, dass Mitarbeiter des Vertragspartners die Kundendaten, mit denen sie arbeiten, nicht für eigene Zwecke missbrauchen können, bleibt aus der Sicht des Käufers unbeantwortet.

e) Abschließende Betrachtung

Wer derzeit im Internet einkaufen geht, ist gezwungen, wissentlich oder unwissentlich eine Vielzahl personenbezogener Daten über sich preiszugeben. Ein Teil dieser Daten ist geeignet, ihn im Falle eines Missbrauchs erheblich in seiner wirtschaftlichen, beruflichen oder gesellschaftlichen Stellung zu beeinträchtigen. Die grundlegende Forderung des Bundesverfassungsgerichts im Volkszählungsurteil[3], dass jedermann in der Lage sein müsse zu erkennen, wer, was, wann und bei welcher Gelegenheit über ihn weiß, bleibt dabei in der Regel unerfüllt. Eine vollständige Unterrichtung des Verbrauchers über den Umfang der Datenerhebung, ihre Verwendungszwecke, ihre Weitergabe und die Dauer der Speicherung, findet nicht statt. Es ist damit zu rechnen, dass sich dieser Umstand als erhebliches Handelshindernis erweisen wird, der eine positive Entwicklung des Marktanteils des Internethandels verhindern kann.

2. Gesetze zum Schutz personenbezogener Daten im Internet

Die rechtlichen, technischen und organisatorischen Risiken des Internethandels lassen den Ruf nach geeigneten Gesetzen zum Schutz des Verbrauchers laut werden. Mit Blick auf die Globalität des Netzes wird jedoch schnell klar, dass eine nationale Gesetzgebung hier sehr schnell an ihre Grenzen stoßen muss. Daher sollen hier die europäischen Richtlinien, die von allen Mitgliedstaaten der Europäischen Union in nationales Recht umzusetzen sind und teilweise schon umgesetzt wurden, untersucht werden.

Auf Vorschlag der Kommission der Europäischen Gemeinschaften wurden für die Verarbeitung personenbezogener Daten zwei Richtlinien erlassen, die auch für das Internet Gültigkeit beanspruchen:

1. die Richtlinie 95/46/EG des Europäischen Parlaments und des Rates zum Schutz natürlicher Personen bei der Verarbeitung personenbezogener Daten und zum freien Datenverkehr[4] (Allgemeine Datenschutzrichtlinie) und

---

2 In der Studie wurden 751 Internetangebote für Konsumenten auf ihre Übereinstimmung mit den Prinzipien des Datenschutzes untersucht. Sie kann auf der Homepage der Organisation unter www.consumersinternational.org eingesehen werden.

3 BVerfG Urteil des I. Senats vom 15. Dezember 1983 – 1 BvR 209, 269, 362, 420, 440, 483/84.

4 Abgedruckt im Amtsblatt der Europäischen Gemeinschaften Nr. L 281 vom 23.11.1995.

2. die Richtlinie 97/66/EG des Europäischen Parlaments und des Rates über die Verarbeitung personenbezogener Daten und den Schutz der Privatsphäre im Bereich der Telekommunikation[5] (Europäische Telekommunikations-Datenschutzrichtlinie)

Die Europäische Telekommunikations-Datenschutzrichtlinie ist nach Art. 3 allerdings nur auf solche Unternehmen anwendbar, die öffentlich zugängliche Telekommunikationsdienste in öffentlichen Telekommunikationsnetzen erbringen. Diese Voraussetzung trifft auf die Internet Service Provider (ISP) sowie auf die Anbieter von Routern und Leitungen für den Internet-Verkehr zu, nicht jedoch auf die Anbieter von Websites, soweit diese nur für den Inhalt der Seite, nicht jedoch für die Übertragungstechnik zuständig sind. Betreibt ein Internet-Anbieter seine Homepage auf eigenen Rechnern, ohne die Einschaltung eines ISP, so scheitert die Anwendung dieser Richtlinie an der fehlenden Öffentlichkeit des verwendeten Netzwerks[6]. Die nachfolgenden Ausführungen beschränken sich daher auf die Darstellung der Allgemeinen Datenschutzrichtlinie.

a) Rechtmäßigkeit der Verarbeitung personenbezogener Daten

Nach Art. 7 der Richtlinie 95/46/EG darf die Verarbeitung personenbezogener Daten nur dann erfolgen, wenn sie zur Erfüllung des Vertrages erforderlich ist oder der Betroffene ihr zweifelsfrei zugestimmt hat. Von einer Zustimmung kann dabei nur dann ausgegangen werden, wenn der Kunde überhaupt weiß, welche Daten über ihn erhoben werden. Die im elektronischen Geschäftsverkehr bestehenden Möglichkeiten, verborgene Datenerhebungen durchzuführen und zur Erstellung von Kundenprofilen zu nutzen, sind also rechtswidrig. Zweifelsfrei kann die Zustimmung zudem nur sein, wenn sie freiwillig erfolgt. Bestellformulare, die dem Kunden hinsichtlich der nicht zur Vertragsdurchführung notwendigen Informationen keine Wahl lassen, genügen dieser Anforderung nicht.

Eine Reihe besonders empfindlicher Daten unterliegen einem generellen Verarbeitungsverbot (Art. 8 der Richtlinie 95/46/EG). Hierzu gehören Angaben über rassische und ethnische Herkunft, politische, religiöse oder philosophische Überzeugungen sowie Gewerkschaftszugehörigkeit und Angaben zu Gesundheit und Sexualleben. Als Ausnahme hiervon kommt in diesem Bereich lediglich die ausdrückliche Einwilligung des Kunden in Betracht.

Die rechtmäßig erhobenen Daten dürfen nach Art. 6 der Allgemeinen Richtlinie anschließend nur für die Zwecke verwendet werden, für die sie erhoben worden sind (strenge Zweckbindung). Ihre weitere Verwendung durch Weitergabe an Dritte, zum Beispiel zur Erstellung von Kundenprofilen für die Durchführung von Werbekampagnen, ist daher an die Zustimmung des Kunden gebunden. Auch hierfür ist Voraussetzung, dass der Betroffene über die geplante Verwendung, ihren Umfang und die Empfänger eingehend unterrichtet wird.

Art. 16, 17 der Richtlinie 95/46/EG sehen ergänzend hierzu die Verpflichtung vor, durch geeignete technisch-organisatorische Maßnahmen die Vertraulichkeit und Sicherheit der verwendeten Daten sicherzustellen.

---

5 Abgedruckt im Amtsblatt der Europäischen Gemeinschaften Nr. L 24 vom 30.1.1998.
6 Siehe hierzu: Gruppe für den Schutz natürlicher Personen bei der Verarbeitung personenbezogener Daten, Arbeitsdokument Privatsphäre im Internet – Ein integrierter EU-Ansatz zum Online-Datenschutz –, Stand 21. November 2000, S. 20.

b) Unterrichtung der Kunden und Aufbewahrung der Daten

Durch Art. 10 der Richtlinie werden die für die Datenverarbeitung Verantwortlichen verpflichtet, den Kunden über die Identität des Datenverarbeiters, die Zweckbestimmung der Verarbeitung sowie über deren Empfänger, die Freiwilligkeit der Angaben und das Bestehen von Auskunfts- und Berichtigungsrechten zu informieren. Die Form dieser Unterrichtung ist für den elektronischen Geschäftsverkehr nicht speziell geregelt. Unter Berücksichtigung des Schutzzwecks wird jedoch davon auszugehen sein, dass die Unterrichtung

1. vor dem Vertragsabschluss zu erfolgen hat,
2. vom Kunden am Bildschirm zur Kenntnis genommen werden kann und
3. dem Kunden die Möglichkeit gegeben ist, sie zu speichern und ausdrucken zu lassen.

Nach Art. 6 e) der Allgemeinen Richtlinie darf eine Aufbewahrung der Daten nicht länger erfolgen, als es für die Realisierung der Zwecke, für die sie erhoben wurden, erforderlich ist. Hieraus ergibt sich zwingend, das anfallende Verbindungsdaten sofort nach Ende der Verbindung zu löschen sind. Die vom Betroffenen gemachten Angaben zur Durchführung des Vertragsverhältnisses sind zu vernichten, sobald die Leistungen vollständig ausgetauscht und die Gewährleistungsfristen abgelaufen sind. Ausdrucke, die für steuerliche und buchhalterische Zwecke notwendig oder gesetzlich vorgeschrieben sind, bleiben hiervon unberührt.

c) Rechte der Betroffenen

Gegenüber der datenverarbeitenden Stelle hat der Betroffene eine Reihe von Rechten, über die er nach Art. 10 zu informieren ist:

1. Ein Auskunftsrecht über die gespeicherten Daten, ihre Zweckbestimmung und ihre Empfänger. (Art. 12 der Richtlinie 95/46/EG).
2. Ein Auskunftsrecht über die verfügbaren Informationen und die Herkunft dieser Daten (Art. 12 der Richtlinie 95/46/EG). Hierdurch sollen die Betroffenen in Erfahrung bringen können, ob Informationen über sie gesammelt, aus verschiedenen Quellen zusammengeführt und zur Erstellung von Persönlichkeitsprofilen genutzt werden.
3. Einen Anspruch auf Berichtigung, Löschung und Sperrung von Daten, die nicht den Bestimmungen entsprechen (Art. 12 der Richtlinie 95/46/EG), einschließlich einer entsprechenden Mitteilung an die Datenempfänger.
4. Ein Recht auf Widerspruch gegen die Verwendung der Daten zum Zwecke der Direktwerbung (Art. 14 der Richtlinie 95/46/EG).

d) Abschließende Betrachtung

Die Richtlinie 95/46/EG enthält eine Vielzahl von Bestimmungen, die in ihrer Gesamtheit geeignet sind, das Recht des Kunden auf informationelle Selbstbestimmung auch gegenüber dem Vertragspartner im Internet zu wahren. Dabei wird besonders darauf zu achten sein, dass die Grundsätze der Notwendigkeit der Datenerhebung und ihrer strengen Zweckbindung beachtet werden. Unbeobachtete Datenerhebungen müssen ausgeschlossen sein. Für die Wahrnehmung von Rechten durch die Betroffenen wird noch ein geeignetes Instrumentarium zu entwickeln sein, damit diese Rechte auch effektiv, möglichst auf elektronischem Wege geltend gemacht werden können. Die bereits erwähnte Untersuchung der Organisation Consumers International zeigt aber auch, dass die Rechtswirklichkeit noch ein sehr großes Stück von der Rechtstheorie entfernt ist.

3. Rechtssicherheit durch datenschutzfreundliche Technologien?

a) Selbstschutz des Verbrauchers

Dort, wo Gesetze keinen ausreichenden Schutz gewährleisten, greift der Bürger in der Regel zur Selbsthilfe. Gerade erfahrene Anwender, die mit den technischen Grundlagen des Internets vertaut sind, neigen zu der Auffassung, dass nur ein effektiver Selbstschutz wirklich Sicherheit und Vertraulichkeit schaffen könne, da die Offenheit, Komplexität und Internationalität des Netzes eine wirksame Kontrolle der dort gezeigten Verhaltensweisen ohnehin unmöglich mache. Sie vertrauen daher eher auf Technologien, die zur Abwehr verschiedener Bedrohungen entwickelt worden sind und auf jedem Rechner eingesetzt werden können. Einige der interessantesten Möglichkeiten sollen hier aufgezeigt und auf ihre Bedeutung und Anwendbarkeit beim E-Commerce untersucht werden.

b) Anonymes Surfen

Die im Kapitel I Zi. 3 dargestellte Übermittlung von Daten durch die Online-Verbindung kann vermieden werden, wenn der Surfer sich über einen Anonymizer[7] mit der von ihm gewählten Homepage verbinden lässt. Dabei ruft er zunächst eine Seite auf, die ihm, meist gegen Bezahlung, dadurch Anonymität verschafft, dass sie seine IP-Adresse unterdrückt und der anschließend aufgerufenen Website nur die Daten des Anonymizers übermittelt. Dabei ist allerdings zu beachten, dass der Anonymitätsdienst die Möglichkeit hat, den gesamten Weg des Surfers im Internet zu verfolgen und aufzuzeichnen. Der Anwender ist also wesentlich von der Vertrauenswürdigkeit des in Anspruch genommenen Dienstes abhängig.

Dem gleichen Ziel dienen Mix-Systeme, wie das von der Technischen Universität Dresden entwickelte „Java Anon Proxy (JAP)"[8]. Dabei wird die Kommunikationsverbindung nicht unmittelbar an den Webserver geschickt, sondern über eine sogenannte „Mix Proxy Kaskade" geleitet. Die sodann hergestellte Internet-Verbindung lässt nicht mehr erkennen, welcher der beteiligten Rechner die Website aufgerufen hat. Jeder Teilnehmer des Mix-Systems könnte ihr Urheber sein. Die Feststellung hierüber ist nicht einmal dem Betreiber des Anonymitätsdienstes möglich.

Die genannten Systeme gewährleisten ein anonymes Surfen im Internet, indem sie den Rechner des Anwenders „verstecken". Völlig anonym bleibt der Anwender dennoch nur, solange er fremde Webseiten nur zum Zwecke der Information aufsucht. Beim Abschluss von Geschäften muss er die üblichen Informationen über sich preisgeben. Er erspart sich lediglich die Übermittlung der vom Browser übertragenen Daten.

---

7   Eine Übersicht über die vorhandenen Dienste findet sich auf der Internetseite unter der Adresse: „http://www.inf.tu-dresden.de/~hf2/anon/links.html".

8   Informationen hierzu auf der Seite „http://anon.inf.tu-dresden.de/".

Diese Systeme bieten auch keinen Schutz gegen das Ausspähen von Daten bei der Übermittlung.

c) Schutz vor Cookies

Bereits oben wurde erwähnt, dass Cookies oftmals „ausplaudernde Daten" enthalten können, ohne dass der Anwender merkt, was er über sich verrät. Moderne Web-Browser bieten dagegen die Möglichkeit, alle von der besuchten Website übertragenen Cookies zu deaktivieren oder nur solche zu akzeptieren, die an den ursprünglichen Server zurückgesandt werden. Beide Möglichkeiten sind unbefriedigend. Gerade die aufwendig gestalteten Seiten der Warenanbieter im Internet entfalten ihre volle Funktionalität erst dann, wenn der Browser des Kunden in der Lage ist, Cookies zu empfangen. Akzeptiert der Kunde dies nicht, muss er sich in vielen Fällen mit stark eingeschränkten Möglichkeiten zufrieden geben. Manche Seiten, die mit Warenkorbsystemen arbeiten, funktionieren in solchen Fällen überhaupt nicht mehr. Dem Nutzer bleibt also oft keine andere Wahl, als den Empfang von Cookies wieder zu aktivieren.

Auch Warnmeldungen helfen hier kaum weiter. Besucher einer Homepage, die bei dem Aufruf jeder einzelnen Seite bis zu zehn Cookies akzeptieren sollen, ohne dabei zu wissen, welchen Inhalt und welche Aufgabe die kleinen „Kekse" im konkreten Fall haben, werden wohl schon bald entnervt aufgeben.

Vielfach wird daher der Einsatz eines Programms zum Lesen und Löschen von Cookies (Cookie-Killer) bevorzugt. In diesem Fall werden die bei der Online-Sitzung übertragenen Datensequenzen akzeptiert und auf der Festplatte gespeichert, anschließend jedoch wieder gelöscht. Damit wird eine Wiedererkennung des Anwenders bei einer späteren Verbindung mit der selben Website verhindert. Die Übertragung von Daten während der Sitzung bleibt jedoch möglich, so dass von Anonymität keine Rede sein kann.

4. Möglichkeiten sicherer Zahlungssysteme

Von allen Daten, die der Verbraucher an den Internet-Händler übermittelt, ist der Teil, der sich auf die Zahlungsvorgänge bezieht, sicherlich als am schutzwürdigsten anzusehen. Gerade in diesem Bereich ist auch die Gefahr der wirtschaftlichen Schädigung des Kunden im Falle eines Missbrauchs besonders hoch.

1. Bezahlt er mit Hilfe seiner Kreditkarte, wie in den meisten Fällen, so muss er den Namen der Kartengesellschaft, die Kartennummer, die Gültigkeitsdauer der Karte und den Namen des Karteninhabers angeben.
2. Im Falle einer Einziehungsermächtigung offenbart er den Namen seines Geldinstituts, seine Kontonummer, Bankleitzahl und den Namen des Kontoinhabers. In beiden Fällen kann die Kenntnisnahme dieser Informationen durch Dritte zu unberechtigten Geldabhebungen von seinem Konto oder Einkäufen zu seinen Lasten führen. Geringer ist die Gefahr bei
3. Überweisungen und Scheckzahlungen. Zwar werden dem Verkäufer auch hier die gleichen Informationen bekannt, wie bei der Einziehungsermächtigung, sie werden jedoch nicht auf elektronischem Wege übermittelt und sind daher nicht im gleichen Maße angreifbar.
4. Lediglich bei Zahlung per Nachnahme braucht der Kunde über seine Adressangaben hinaus, keine weiteren Informationen preiszugeben.

Verlangt man von einem Zahlungssystem, das es eine schnelle Geschäftsabwicklung ermöglichen und zudem keine übermäßig hohen Kosten verursachen soll, so wird dem wohl nur die Kreditkartenzahlung gerecht. Bei der Entwicklung sicherer Zahlungssysteme liegt also verständlicherweise ein Hauptaugenmerk auf der Absicherung des Übertragungsweges für Kreditkarteninformationen. Es kann daher auch niemanden ernsthaft verwundern, dass sich gerade auch die Kreditkartengesellschaften an der Entwicklung solcher Systeme beteiligt haben.

Andererseits wird von Datenschützern und Verbraucherverbänden immer lauter die Forderung nach Entwicklung anonymer Zahlungssysteme erhoben. Die allmählich zunehmende Verbreitung von elektronischen Geldkarten in Deutschland, vor allem im Zusammenhang mit einem zusätzlich auf der Eurocard angebrachten Geldchip, hat hierzu erheblich beigetragen. Die nachfolgenden Ausführungen stellen die drei derzeit wichtigsten Entwicklungen dar und beleuchten ihre Auswirkungen auf den Persönlichkeitsschutz.

a) Secure Socket Layer (SSL)

Schon am längsten bekannt und daher auch am weitesten verbreitet ist der Secure Socket Layer (SSL), der bereits heute in alle gängigen Webbrowser integriert ist. Dabei wird das Ziel verfolgt, mit Hilfe von Verschlüsselung und digitalen Zertifikaten, eine sichere Verbindung des Computers mit der Website des Anbieters zu ermöglichen. Technisch gesehen geschieht das dadurch, dass der Rechner des Kunden (Client) zunächst die Identität des Servers feststellt, indem er dessen digitales Zertifikat prüft. Kann sich der Server authentisieren, so sind beide Rechner nun imstande, die zwischen ihnen ausgetauschten Daten zu verschlüsseln. Gleichzeitig soll dabei auch die Integrität der ausgetauschten Daten, insbesondere der Kreditkarteninformationen, sichergestellt werden.

Eine ausreichende Sicherheit für den Kunden ist damit aber noch nicht gewährleistet. Einerseits wurden in der Vergangenheit zu schwache Verschlüsselungsalgorithmen eingesetzt (eine Schlüssellänge von 756 bits gelten hier als Untergrenze), andererseits erfolgt in der Regel keine Authentisierung des Client. Hat ein Betrüger Kenntnis von der Identität eines Dritten, kann er sich mit falschen Daten beim Server anmelden, auf dessen Rechnung geschäftliche Transaktionen durchführen und den Dritten damit erheblich schädigen. Schließlich gibt der Secure Socket Layer dem Kunden auch keine Sicherheit bezüglich der Verwendung seiner Daten durch den Internet-Händler selbst. Es bleibt daher ein nicht zu unterschätzendes Restrisiko.

b) Secure Electronic Transactions (SET)

Die Schwächen des SSL-Verfahrens haben zur Entwicklung des Secure Electronic Transaction (SET)[9] Verfahrens geführt, an dem einige Kreditkartengesellschaften und die wichtigsten Softwareentwickler beteiligt waren. Hierbei handelt es ich um einen offenen technischen Standard, der vor allem für die Abwicklung von Geschäften im industrialisierten Handel entwickelt wurde.

---

9 Ausführliche Informationen zu SET finden sich im Internet auf der Seite „http://www. setco.org/".

Grundlegend neu an diesem System ist der Gedanke, dass jedes Zahlungsgeschäft im Internet-Handel drei Beteiligte hat, die nicht alles voneinander wissen müssen: den Kunden, den Verkäufer und die Bank oder Kreditkartengesellschaft, die die Zahlung bewirkt. Das SET-Protokoll führt dazu, dass das Geldinstitut auf Anweisung des Kunden die Zahlung an den Händler bewirkt, ohne dass sie von dem eigentlichen Bestellvorgang Kenntnis erhält. Der Verkäufer hingegen hat keine Möglichkeit, von den Zahlungsanweisungen des Kunden an das Finanzinstitut zu erfahren. Jeder der Beteiligten sieht also nur den Teil der Daten, der für ihn tatsächlich notwendig ist. Ermöglicht wird dies durch den Einsatz asymmetrischer Verschlüsselungsverfahren und digitaler Signaturen.

Das Kaufangebot wird mit dem öffentlichen Schlüssel des Anbieters verschlüsselt und digital signiert. Hierdurch wird die Vertraulichkeit des Geschäftsvorgangs ebenso sichergestellt, wie seine Integrität und Unwiderrufbarkeit. Gleichzeitig sendet der Kunde seinem Geldinstitut eine Zahlungsanweisung in ebenfalls verschlüsselter und signierter Form. Beide Vorgänge sind dabei so aufeinander bezogen, dass die Zahlung erst dann Gültigkeit erlangt, wenn der Händler das Kaufangebot akzeptiert hat. Andererseits braucht er die Bestellung erst dann auszuführen und die Ware zu liefern, wenn er von der Finanzgesellschaft des Kunden die Bestätigung für die Zahlung erhalten hat. Beide Seiten sind somit rechtlich abgesichert, ohne dem anderen mehr, als den unbedingt notwendigen Teil der Daten übermitteln zu müssen. Gleichzeitig wird auch das Risiko einer Kenntnisnahme von Finanzinformationen durch unberechtigte Dritte ausgeschaltet.

Händler, die ihren Kunden das SET-Protokoll anbieten wollen, müssen eine Software einsetzen, die der SET-Spezifikation entspricht und über Zertifikate ihrer Finanzdienstleister verfügen. Das System stößt daher dort an seine Grenzen, wo es um einfache Rechtsgeschäfte des täglichen Lebens in geringem wirtschaftlichen Umfang geht. Hier ist der damit geschilderte hohe technische Aufwand in der Regel zu groß. Das SET-Protokoll kann auch dort nicht eingesetzt werden, wo der Kunde völlig anonym bleiben will.

c) Elektronisches Bargeld (E-Cash)

Immer häufiger wird von Datenschützern und Verbraucherverbänden die Forderung nach Schaffung anonymer Zahlungssysteme erhoben. Ohne Schwierigkeiten ist es heute schon möglich, Geld auf einer Chipkarte oder der Festplatte des Computers zu speichern. Im Alltagsleben werden solche Systeme bereits seit einiger Zeit als Telefonkarten, als Zusatzchip auf der EC-Karte oder als Karten für Fahrscheinautomaten verwendet (sog. Pre-Paid-Karten). Entweder kauft der Kunde eine Karte, auf der ein bestimmter Betrag gespeichert ist (Telefonkarte) und wirft sie weg, sobald er den Guthabensbetrag verbraucht hat oder er besitzt eine Karte, die er von seinem Geldinstitut mit einem Betrag von bis zu 400,– DM auffüllen lassen kann (EC-Karte). Bei der Bezahlung steckt er die Karte dann jedes Mal in ein vom Vertragspartner aufgestelltes Lesegerät, das den entsprechenden Zahlungsbetrag abbucht. Wie bei der Zahlung mit Bargeld, kann er dabei völlig anonym bleiben.

Das Interesse an der Etablierung solcher Systeme geht hier allerdings mehr von den Leistungsanbietern, als von den Kunden aus. Für sie bringt die Pre-Paid-Karte kaum nennenswerte Vorteile. Bei einem Verlust oder Diebstahl kann jeder, der in den Besitz der Karte gelangt, den Guthabensbetrag für sich verbrauchen. Die Sicherheit ist hier also nicht höher, als bei der Bargeldzahlung, die im gleichen Maße Anonymität gewährleistet. Anders sieht es auf Seiten der Anbieter aus. Sie ersparen sich das personalintensive regelmäßige Leeren der Automaten und die damit verbundenen Kosten und Risiken.

Im Internet-Handel kann dieses System eine weit größere Bedeutung erlangen. Hier hat der Kunde nicht die Möglichkeit, Barzahlung durch die Hergabe körperlicher Gegenstände wie Münzen und Geldscheine zu leisten. Ein vergleichbares Maß an Anonymität kann er nur mit „elektronischem Bargeld" erreichen. Bei einem Online-Banking-Anschluss besteht grundsätzlich die Möglichkeit, die Beträge direkt vom Kontokorrentkonto auf die Festplatte herunter zu laden. Für die Benutzung von Karten stehen zwar zur Zeit noch keine ausreichend preiswerten Lesegeräte zur Verfügung, die auch in den „Kaufhaus-PC" von der Stange Eingang finden könnten, jedoch scheint dies nur eine Frage der Zeit zu sein. Entsprechendes Interesse der Marktteilnehmer einmal vorausgesetzt.

Bestellt der Kunde eine Ware, die ihm direkt über das Internet geliefert werden kann (z.B. Computerprogramme, Musik-, Buchdateien), kann ein Austausch personenbezogener Daten vollständig entfallen. Lediglich dann, wenn die Lieferung der Ware in gegenständlicher Form erwartet wird, wird er zumindest seine Zustelladresse preisgeben müssen. Aber auch dann erspart ihm das Elektronische Bargeld die Übermittlung einer Vielzahl weiterer Daten. Auch gegen den Missbrauch durch Dritte ist er weitgehend geschützt, wenn er den Datenträger nach Abschluss des Geschäfts aus seinem Rechner entfernt.

Vollständige Anonymität wird dabei allerdings nur dann erreicht, wenn die Bank das Bargeld des Kunden beim Aufladen auf den Datenträger zuvor „blind signiert" hat, um eine spätere Verbindung des Zahlungsvorgangs mit dem zugrunde liegenden Geschäftsvorfall überflüssig zu machen.

d) Abschließende Betrachtung

Ein wirklich anonymes Surfen erlauben nur die Mix-Systeme. Das gilt allerdings nur solange, wie der Kunde nicht auf andere Weise gezwungen ist, Informationen über sich preiszugeben. Diesen Systemen kommt trotzdem ein nicht unbeachtliche Bedeutung zu, da sie eine, aus der Sicht des Surfers unbeobachtete Datenerhebung verhindern. Bei Anonymizern hingegen ist der Kunde auf die Vertrauenswürdigkeit des Dienstleisters angewiesen.

Wegen der hiermit verbundenen Gefährdungen, verdienen die Zahlungssysteme besondere Aufmerksamkeit. Hier stehen bereits jetzt Lösungsansätze für einen sicheren Einkauf im Internet zur Verfügung. Andererseits ist aber festzustellen, dass die Internet-Händler diese Möglichkeiten ihren Kunden kaum anbieten. Es fehlt einerseits an allgemeinen Standards, auf die die „Internet-Gemeinde" zurückgreifen könnte, andererseits an dem Bewusstsein, dass eine Ausweitung des E-Commerce ohne entsprechende Sicherheitsumgebung nicht möglich ist. Hier besteht also noch ein großer Handlungsbedarf. Jedenfalls kann unter den zur Zeit bestehenden Bedingungen ein Einkauf im Internet im Allgemeinen nicht empfohlen werden.

5. Rechtssicherheit durch Datenschutzaudit?

Ausführlich zum Datenschutzaudit : Roßnagel, Alexander, Datenschutz-Audit – ein neues Instrument des Datenschutzes, in: Bäumler, Helmut (Hrsg.), Der neue Datenschutz, S. 65 ff; ders., Datenschutz-Audit, in: Sokol, Bettina (Hrsg.), Neue Instrumente im Datenschutz, S. 41 ff.

a) Regelung in § 9a BDSG n.F.

Das neue Bundesdatenschutzgesetz wird künftig folgende Regelung erhalten:

§ 9a Datenschutzaudit

Zur Verbesserung des Datenschutzes und der Datensicherheit können Anbieter von Datenverarbeitungssystemen und -programmen und datenverarbeitende Stellen ihr Datenschutzkonzept sowie ihre technischen Einrichtungen durch unabhängige und zugelassene Gutachter prüfen und bewerten lassen sowie das Ergebnis der Prüfung veröffentlichen. Die näheren Anforderungen an die Prüfung und Bewertung, das Verfahren sowie die Auswahl und Zulassung der Gutachter werden durch besonderes Gesetz geregelt.

Die Anwendung dieser Vorschrift in der Praxis setzt jedoch voraus, dass ein weiteres Gesetz das anzuwendende Verfahren und die Auswahl der Gutachter regelt. Bisher gibt es jedoch noch keine entsprechende Gesetzesinitiative oder gar Gesetzesentwürfe. Momentan ist somit die Frage offen, wann dieses neue Instrument des Datenschutzes seine Wirksamkeit entfalten kann und in welchem Umfang. Dabei wird von der noch zu schaffenden gesetzlichen Regelung sehr viel abhängen. Sollen die künftig durchgeführten Prüfungen auf die Kontrolle der Rechtmäßigkeit, das heißt auf Übereinstimmung mit den Datenschutzvorschriften beschränkt sein? Oder sollen sie, wie es etwa Roßnagel fordert[10], die Feststellung eines besonders hohen Datenschutzniveaus beinhalten und die Datenschutzvorreiter mit einem Gütesiegel besonders auszeichnen?

Trotz der offenen Fragen, setzen die Datenschützer in Deutschland allgemein große Hoffnungen in dieses neue Instrument. Da präzise Kriterien für die Durchführung eines Audits jedoch noch nicht vorliegen, wird in diesem Beitrag versucht, aufzuzeigen, unter welchen Bedingungen hierdurch eine nachhaltige Verbesserung des Schutzes des Verbrauchers erreicht werden kann.

b) Datenschutz durch Wettbewerb

Ein effektiver Schutz des Persönlichkeitsrechts jedes Einzelnen hängt wesentlich und entscheidend davon ab, in welchem Maße die gesetzlichen Vorgaben von den datenverarbeitenden Stellen eingehalten und die mit dem Datenschutz verbundenen Ziele tatsächlich umgesetzt werden. Dabei ist in der Praxis zu erleben, dass Kontrollen hierfür allein nicht ausreichen. Abgesehen davon, dass diese schon aus ökonomischen Gründen nur stichprobenartig durchgeführt werden können, führen Beanstandungen, selbst wenn sie mit einer kurzfristigen Mängelbeseitigung einhergehen, nicht zu einer

---

10 *Roßnagel, Alexander,* Datenschutz-Audit, in: Sokol, Bettina (Hrsg.), Neue Instrumente im Datenschutz, S. 53 und 56 ff. wörtlich: „Das Datenschutz-Audit ist ein Angebot zur Auszeichnung der Besten."

dauerhaften Verbesserung der Situation, wenn nicht gleichzeitig auf Seiten der daten-verarbeitenden Stelle der feste Wille vorhanden ist, dem Datenschutz, notfalls auch gegen die eigenen wirtschaftlichen Interessen, Geltung zu verschaffen. Daher können wir bereits seit einiger Zeit eine Wandlung der Datenschutzaufsicht von der Kontrolle zu mehr Serviceorientierung miterleben[11]. Andererseits haben verschiedene Daten-schutzskandale der letzten Jahre das Bewusstsein der Öffentlichkeit geschärft und den Ruf nach mehr Sicherheit in der Datenverarbeitung lauter werden lassen.

In welchem Umfange Sicherheitsfragen beim E-Commerce für den Verbraucher von Bedeutung sind, hat Schyguda in einem Buchbeitrag dargestellt[12]. Er stellt dabei fest: „Eine der wesentlichen Herausforderungen und zugleich grundlegende Voraussetzung auf dem Weg zur erfolgreichen Realisierung dieses Szenarios ist die Schaffung eines Sicherheitsklimas in bezug auf das Internet."[13] Diese Aufgabe kann nicht allein durch die gesetzlich vorgesehenen Datenschutzaufsichtsinstanzen erfüllt werden. Es bedarf daher in wesentlichem Maße der Eigeninitiative, der am Markt teilnehmenden Unter-nehmen. Es ist anzunehmen, dass diese ihre geschäftlichen Ziele nur erreichen werden, wenn sie ihren Kunden deutlich machen können, dass sie ohne Gefährdung ihres Per-sönlichkeitsrechts und ohne die Gefahr, in ihrem Vermögen geschädigt zu werden, bei ihnen einkaufen können.

Das Datenschutzaudit, das nach dem Willen des Gesetzgebers durch besonders zuge-lassene und unabhängige Stellen, denen daher eine besondere Vertrauensstellung zu-kommt, durchgeführt werden soll, kann hierzu erheblich beitragen. Anders als bei freiwilligen Initiativen mit vergleichbaren Zielen, könnte dem Prüfungsergebnis hier eine besondere Bedeutung und Vertrauenswürdigkeit zukommen, weil es die Erfüllung von Anforderungen eines gesetzlich geregelten Verfahrens verbrieft. Der Kunde kennt die Prüfungsanforderung für die Erlangung eines Siegels in der Regel nicht und hat auch nicht immer die Möglichkeit, sie zu erfahren. Er wird daher eher auf ein Verfah-ren vertrauen, das nicht von den beteiligten Stellen selbst entwickelt worden ist und durch unabhängige Instanzen durchgeführt wird.

Die Kosten eines Datenschutzaudits werden von den beteiligten Unternehmen selbst getragen werden müssen. Für diese stellt sich daher die Frage, ob eine solche Ausgabe sinnvoll und ökonomisch vorteilhaft ist. Sie wird es in der Regel nur dann sein, wenn der Verbraucher die höhere Sicherheit bei Abschluss eines Geschäfts mit dem Unter-nehmen in der Weise honoriert, dass er dem geprüften Unternehmen den Vorzug gibt gegenüber einem ungeprüften Unternehmen. In diesem Falle wirkt sich das Daten-schutzaudit als Wettbewerbsvorteil gegenüber anderen Unternehmen aus. Sollte eine große Zahl von Anbietern ein Prüfsiegel anstreben und erhalten, wird das ungeprüfte Unternehmen zum Außenseiter, das schließlich beim Konsumenten nur noch wenig Akzeptanz findet. Der gerade auch im Internethandel zunehmende Wettbewerb um Marktanteile könnte sich daher im Anfang als Anreiz, später als wirtschaftlicher Zwang zu mehr Datenschutz auswirken. Freilich wird das nur dann der Fall sein, wenn zwei wesentliche Voraussetzungen zusammen treffen:

---

11 Hierzu: *Bäumler, Helmut,* Der neue Datenschutz, in: Bäumler, Helmut (Hrsg.), Der neue Datenschutz, Neuwied, Kriftel 1998, S. 1 ff (6 f.).

12 *Schyguda, Georg,* Nutzende und Datenschutz im Electronic Commerce – Empirische Befun-de und exemplarische Lösungsansätze der IuK-Industrie, in: Sokol, Bettina (Hrsg.), Neue Instrumente im Datenschutz, Düsseldorf 1999, S. 74 ff.

13 *Schyguda,* a.a.O., S. 74.

a) Die Verbraucher müssen ein entsprechend hohes Sicherheitsbewusstsein entwickeln. Wer lieber das preisgünstigste Angebot in Anspruch nimmt, ohne sich über die Sicherheit seiner Kreditkarteninformationen oder die Verwendung seiner personenbezogenen Daten Gedanken zu machen, bestraft die um den Persönlichkeitsschutz bemühten Unternehmen. Die von Schyguda zusammengestellten Untersuchungsergebnisse geben hier jedoch Anlass zur Hoffnung.

b) Das Verfahren muss so gestaltet sein, dass es grundsätzlich auch geeignet ist, den Sicherheitsbedürfnissen des Verbrauchers Rechnung zu tragen. Andererseits darf es auch nicht so kostenintensiv sein, dass es zu einer relevanten Verteuerung der Produkte führt. In diesem Falle würde der Wettbewerbsvorteil auf der einen Seite durch einen Wettbewerbsnachteil auf der anderen Seite neutralisiert. Das könnte Unternehmen dazu bewegen, auf die Durchführung eines Datenschutzaudits lieber zu verzichten.

c) Rechtmäßigkeitsprüfung contra Qualitätsprüfung

Dabei stellt sich erneut die Frage, ob hierbei nur die Übereinstimmung des Datenverarbeitungsverfahrens mit den gesetzlichen Anforderungen oder eine über diese hinausgehende, besonders hohe Qualität des Schutzniveaus bescheinigt werden soll. Roßnagel meint hierzu, allein für die Erfüllung der ohnehin bestehenden Pflicht, die Datenschutzgesetze einzuhalten, könne es keine besondere Anerkennung geben.[14] Er verlangt weitere, „freiwillige, individuell festgelegte, aber über das Normale hinausgehende Anstrengungen zur Verbesserung des Datenschutzes". Das Datenschutzaudit sei ein Angebot zur Auszeichnung der Besten[15]. Diese Auffassung begegnet jedoch einer Reihe von Bedenken:

aa) Die Entscheidung des Konsumenten für oder gegen einen Anbieter wird nicht allein von Sicherheitsfragen bestimmt. Für ihn stehen zunächst die Qualität des zu erwerbenden Produkts und sein Preis im Vordergrund. Findet der Kaufwillige kein entsprechendes Angebot bei einem „der Besten", so wird er über die Frage der Sicherheit bei den anderen Unternehmen, die ihm die Ware bieten, die er haben möchte, im Stich gelassen. Der Verbraucher hat aber Anspruch darauf, von allen Anbietern zu erfahren, wie hoch ihr Sicherheitsstandard ist.

bb) Der Kunde hat auch keine Möglichkeit über sein Sicherheitsbedürfnis selbst zu entscheiden. Möglicherweise ist er bei einer einfachen Buchbestellung weniger empfindlich, als bei der Abwicklung von Bankgeschäften.

cc) Den „Schwarzen Schafen", die ungeniert und fernab aller gesetzlichen Vorschriften das Internet zum Zwecke des „Data Mining" missbrauchen, wird die Möglichkeit eingeräumt, sich in der großen Masse der Unternehmen, die nicht zu „den Besten" gehören, zu verstecken.

dd) Ein Datenschutzaudit nach den Anforderungen von Roßnagel kostet Geld. Und das in doppelter Hinsicht. Das Unternehmen muss nicht nur die Kosten der Prüfungshandlung tragen, sondern auch die Kosten für die Umstellung der innerbetrieblichen Organisation, Anschaffung neuerer, datenschutzfreundlicherer Technik, etc. Diese Mehrbelastung muss der Verbraucher letztlich über den Preis der Ware tragen. Firmen,

---

14 *Roßnagel, Alexander,* Datenschutzaudit, in: Sokol, Bettina (Hrsg.), Neue Instrumente im Datenschutz, Düsseldorf 1999, S. 57.
15 *Roßnagel,* a.a.O., S. 53.

die glauben diese Beträge nicht über den Umsatz wieder hereinholen zu können, werden das Datenschutzaudit nicht nutzen. Dem Anliegen des Verbrauchers ist damit wenig geholfen.

ee) Schließlich wird auch die gesetzliche Vorgabe nicht ausgeschöpft. § 9a BDSG n.F. gibt die Möglichkeit, zur Prüfung und Bewertung der Verfahren. Das schließt die Möglichkeit ein, zu unterschiedlichen Werturteilen zu kommen. Bei Roßnagel hingegen ist nur ein Werturteil möglich.

Praxisgerecht wäre nach meiner Ansicht daher eine abgestufte Lösung, die drei mögliche Zertifikate vorsieht:

aa) Auf der ersten Stufe wird bescheinigt, dass das geprüfte Verfahren den Anforderungen des Bundesdatenschutzgesetzes und der geltenden bereichspezifischen Vorschriften in vollem Umfange entspricht und die getroffenen technisch-organisatorischen Maßnahmen die Gewähr dafür bieten, dass die auf der Homepage wiedergegebene „Privacy-Policy" eingehalten wird.

Dieses Zertifikat gibt nur die Mindestanforderungen wieder. Sie gibt dem Verbraucher jedoch die Sicherheit, dass wenigstens diese eingehalten werden. Sie trägt auch dazu bei, dass „Schwarze Schafe" erkannt werden können. Jeder, der nicht wenigstens diese Bescheinigung vorweisen kann, demaskiert sein Angebot, als nicht im Einklang mit dem Gesetz stehend.

bb) Auf der zweiten Stufe wird bescheinigt, dass das geprüfte Verfahren in allen Kriterien mindestens den Anforderungen des Bundesdatenschutzgesetzes und der geltenden bereichspezifischen Vorschriften in vollem Umfange entspricht und in einigen Punkten die gesetzlichen Forderungen übertrifft. Die getroffenen technisch-organisatorischen Maßnahmen bieten die Gewähr dafür, dass die auf der Homepage wiedergegebene „Privacy-Policy" eingehalten wird.

Das Unternehmen hat hier zusätzlich die Möglichkeit, sich dem Verbraucher als besonders sicherer oder datenschutzbewusster Anbieter zu präsentieren. Ihm sollte auf Wunsch die Möglichkeit gegeben werden, die Teile seiner Privacy-Policy, die besonderen Anforderungen genügen, hervorzuheben.

cc) Auf der dritten und höchsten Stufe wird bescheinigt, dass das geprüfte Verfahren in allen Kriterien die Anforderungen des Bundesdatenschutzgesetzes und der geltenden bereichspezifischen Vorschriften übertrifft. Die getroffenen technisch-organisatorischen Maßnahmen bieten die Gewähr dafür, dass die auf der Homepage wiedergegebene „Privacy-Policy" eingehalten wird.

Hier ist die Bescheinigung für „die Besten". Geeignet ist sie für Unternehmen, die in besonderem Maße auf das Vertrauen ihrer Kundschaft angewiesen sind: Banken, Versicherungen, Internet-Service-Provider, etc.

Die abgestufte Zertifizierung lässt auch die Kosten überschaubar werden. Je sensibler der Lebensbereich ist, um den es geht, desto mehr wird der Kunde bereit sein, die ihm angebotene Sicherheitsumgebung auch finanziell zu honorieren. So werden wahrscheinlich nicht viele bereit sein, Homebanking mit einem Geldinstitut zu vereinbaren, das nur nach a) zertifiziert ist. Andererseits lassen sich die Kosten dort niedrig halten, wo es um wenig schutzwürdige Alltagsgeschäfte geht.

d) Verfahrensweise

§ 9a BDSG n.F. lässt sowohl eine Produktzertifizierung, als auch eine Prüfung des gesamten Datenverarbeitungsverfahrens zu. Für Internet-Anbieter kommt nur die letzte Lösung in Betracht. Der Kunde wird sich kaum dafür interessieren, ob einzelne Programme, die vom Unternehmen eingesetzt werden, sicher sind, solange er nicht den gesamten Geschäftsvorgang für sicher halten darf.

Bevor mit der Durchführung eines Datenschutzaudits begonnen werden kann, wird zunächst eine gründliche Bestandsanalyse, etwa im Sinne der vom Bundesamt für die Sicherheit in der Informationstechnik (BSI) vorgeschlagenen Grundschutzprüfung durchzuführen sein. Dabei werden sowohl technische, als auch organisatorische Maßnahmen geprüft. In der Regel werden sich hierbei eine Reihe von Mängeln zeigen, die so bereits im Vorfeld beseitigt werden können.

Darüber hinaus muss das Unternehmen eine eigene Privacy-Policy entwickeln, in der die konkreten Datenschutzziele und die Art und Weise ihrer Umsetzung benannt sind. Durch ihre Veröffentlichung auf der eigenen Website wird der Kunde hiervon unterrichtet und das Vertrauen gestärkt.

Liegen diese Voraussetzungen vor, prüft ein zugelassener und unabhängiger Gutachter die Einhaltung der gesetzlichen Vorschriften unter Einbeziehung der Ergebnisse der Grundschutzprüfung. Er bestätigt auch, dass die veröffentlichte Privacy-Policy durch das vom Anbieter gewählte Verfahren eingehalten wird. Aufgrund des Gesetzeswortlauts ist die Prüfung freiwillig.

Gutachter sollte dabei nur werden können, wer über eine entsprechende, gesetzlich geregelte Ausbildung verfügt. Seine Tätigkeit ist auf keinen Fall ein Gewerbe. Sie sollte den freien Berufen, etwa den Wirtschaftsprüfern, nachgebildet sein.

e) Abschließende Betrachtung

Das Datenschutzaudit wird zurecht als eines der interessantesten neuen Instrumente des Datenschutzes angesehen. Auch wenn künftig durch § 38 BDSG n.F. die Anlassprüfung bei privatwirtschaftlichen Unternehmen entfällt und durch eine Daueraufsicht ersetzt wird, ist hiermit kein ausreichendes allgemeines Schutzniveau zu erreichen. Letztlich entscheidende Verbesserungen sind nur zu verwirklichen, wenn die Eigeninitiative und das Verantwortungsbewusstsein der Marktteilnehmer gestärkt wird. Das kann nur dann der Fall sein, wenn diejenigen, die sich datenschutzgerecht und gesetzeskonform verhalten, dies auch nach außen hin dokumentieren können. Der Weg hierzu sollte möglichst allen Unternehmen, unabhängig von ihrer Größe und Finanzkraft, offen stehen. Nach Ablauf einer Übergangsfrist sollte kein Unternehmen mehr ohne Datenschutzaudit auskommen. Für die Sicherheit des Internethandels wird es dabei nicht allein auf den Einsatz sicherer Technik ankommen, sondern gerade auch auf die datenschutzrelevante Organisation der Weiterverarbeitung rechtmäßig gewonnener Daten.

5. Zusammenfassung der Ergebnisse

Die derzeitige Situation im Hinblick auf die Sicherheit und den Datenschutz im E-Commerce lässt sich an Hand des Verhaltens eines einzelnen großen Internet-Buchhändlers beispielhaft belegen. Auf der Eingangsseite seiner Homepage erscheinen am oberen Bildrand eine Reihe von Karteikarten, mit denen der Surfer verschiedene Produktgruppen aufrufen kann. Eine Karte, etwa mit der Aufschrift „Privacy-Policy" fehlt. Offensichtlich wird unterstellt, das dieses Thema ohnehin nur ein paar ängstliche Gemüter und unverbesserliche Datenschützer interessiere. Wer's dennoch wissen will, muss suchen und wird ganz am unteren Bildrand fündig. Ruft er dann unter dem Stichwort „Sicher einkaufen" die nächste Seite auf, so erfährt er zumindest, dass der Händler über einen Secure Socket Layer verfügt und die Bestelldaten verschlüsselt übertragen werden. Darüber hinaus tröstet ihn der Händler mit dem Hinweis, dass die Kreditkartengesellschaft des Kunden gegen Missbrauch der Karte versichert sei und der Inhaber lediglich mit einem Betrag von 100,– DM mithafte. Diese Summe wolle man dann übernehmen, falls doch einmal etwas passiere. Eine Aufklärung über die Schwächen des SSL-Verfahrens findet nicht statt. Das SET-Verfahren oder anonyme Zahlungsmöglichkeiten (E-Cash) werden erst gar nicht angeboten.

Unter dem Stichwort „Sicherheitsgarantie" kann der Surfer auch den Punkt „Datenschutz" aufrufen. Wer allerdings glaubt, an dieser Stelle über den Umfang der Datenerhebung, die ihr zugrunde liegenden Zwecke sowie über ihre Verwendung und Weitergabe informiert zu werden, wird enttäuscht. Zusätzlich zu den Angaben über den Secure Socket Layer erhält er lediglich die Zusage, dass seine Daten nicht weitergegeben werden. Eine Aufklärung etwa darüber, welche Aufgaben die in großer Zahl übermittelten Cookies des Anbieters erfüllen, fehlt beispielsweise. Gern hätte auch der Dauerkunde erfahren, in welcher Weise seine Lese- und Hörgewohnheiten ermittelt und gespeichert werden. Das Interesse an dieser Frage wird noch dadurch verstärkt, das dem potentiellen Käufer bei fast jedem Artikel mitgeteilt wird, was die Kunden, die dieses Produkt bestellt haben, sonst noch alles geordert haben.

Unter diesen Umständen wird sich mancher Interessent, entgegen den eingangs gemachten Versprechungen der Werbung, doch lieber wieder für den „Buchhändler an der Ecke" entscheiden, bei dem er völlig anonym und ohne Risiko einkaufen kann. Und dennoch: die Faszination des E-Commerce bleibt. Ebenso bleibt aber auch noch viel zu tun, um die Rahmenbedingungen zu schaffen, mit denen ein sicherer Einkauf möglich wird. Die juristischen Grundlagen hierfür sind bereits vorhanden. Die weiter notwendigen Technologien stehen größtenteils schon heute zur Verfügung. Mit dem neuen Instrument des Datenschutzaudits ist zudem die Voraussetzung dafür geschaffen worden, dass die Ausgestaltung datenschutzgerechter Einkaufsumgebungen durch ökonomische Anreize vorangetrieben wird. Für die Zukunft lässt dies einiges erhoffen.

III. Gütesiegel und Verbraucherschutz

Birgit Höltgen / Helga Zander-Huyat

1. Akzeptanzprobleme

Mangelndes Vertrauen ist für Verbraucher noch immer die Hauptursache für die zögernde Annahme von E-Commerce-Angeboten im Internet. Denn die Möglichkeit, Waren über das Internet zu bestellen – dies sollte man bei aller berechtigter Diskussion über die Risiken des Online-Kaufes nicht vergessen – hat unbestreitbar Vorteile, die viele Verbraucher sicher gerne nutzen würden. Beispielhaft zu nennen seien hier:

1. Einkauf von zuhause aus
2. keine Ladenöffnungszeiten
3. weltweites Angebot
4. gute Möglichkeit zum Preisvergleich
5. oftmals günstigere Preise

Diese Vorteile werden zur Zeit aber zumindest vom Gros der Verbraucher noch nicht ausreichend wahrgenommen. Der Umsatz im Bereich des Online-Handels blieb stark hinter den Erwartungen zurück. In Deutschland liegt er im Bereich des B2C-Handels im E-Commerce noch immer weit hinter dem Gesamthandelsumsatz zurück. So hat sich nach dem von Infratest Burke veröffentlichtem „Internet-Shopping-Report 2001"[1] der B2C-Internetumsatz im Jahre 2000 zwar verdoppelt. Mit rund fünf Milliarden Mark macht dies aber weiterhin nur 0,67 Prozent vom Gesamthandelsumsatz (740 Milliarden DM) in Deutschland aus.

Diese Umsatzzahlen machen deutlich, dass Verbraucher die Einkaufsmöglichkeiten im Internet trotz der sich für sie bietenden Vorteile noch nicht als Alternative zum stationären Handeln akzeptiert und ausreichend wahrgenommen haben. Deutlich wird dies auch daran, dass deutsche Verbraucher den Internetkauf überproportional häufig vorzeitig abbrechen.[2] Es fehlt Ihnen immer noch das notwendige Vertrauen, im Internet unter sicheren und verbraucherfreundlichen Bedingungen einkaufen zu können. Und nicht ganz zu Unrecht. Stellte doch der Verband der deutschen Internetwirtschaft in einer Studie im Jahr 1999 fest:

„Einkaufskomfort, Verbraucherschutz und Sicherheit werden bei den meisten Anbieter immer noch klein geschrieben. Die Mehrzahl der deutschen Online-Shops genügt nicht einmal den Mindestanforderungen des Gesetzgebers an Verbraucherschutz. Für die meisten kann daher nur die Note mangelhaft vergeben werden."[3]

Der Handel wäre also gut beraten, im B2C-Bereich auf vertrauensbildende Maßnahmen zu setzen. Selbstverständlich gehört hierzu in erster Linie, zunächst einmal dafür Sorge zu tragen, dass wenigstens die gesetzlichen Mindestanforderungen erfüllt wer-

---

1 Infratest Burke/NFO Europe AG, Internet Shopping Report 2001, Januar 2001.
2 Laut Infratest Burke, Fn. 1, haben neun von zehn Internet Shop-Besuchern schon mindestens einmal trotz Kaufabsicht den Einkauf vorzeitig abgebrochen.
3 Verband der deutschen Internetwirtschaft und des Eco Electronic Commerce Forum, 1999.

den. Denn wie sollen Kunden Vertrauen in die neuen virtuellen Einkaufsmöglichkeiten fassen, wie soll man ihnen guten Gewissens hierzu raten können, wenn nicht einmal längst festgelegte Verbraucherschutzbestimmungen respektiert werden, ganz zu schweigen von der Einhaltung technisch längst möglicher Sicherheitsstandards bei der Übertragung von Daten.

2. Risiken

Die möglichen Risiken für den Verbraucher beim Online-Kauf sind breit gefächert. Sie hängen in vielen Fällen damit zusammen, dass Verbraucher und Unternehmer den Vertrag auf Distanz abschließen und sich nicht – wie im stationären Handel – bei Vertragsschluss gegenüberstehen. Dies sowie die Möglichkeit technischer Manipulationen eröffnen neue Möglichkeiten der Täuschung. Andere Risiken resultieren aus der durch das Internet eröffneten Globalisierung. Man muss sich mit Vertragspartnern auseinandersetzen, die oft weit entfernt im Ausland sitzen.

a) Unseriöse Anbieter und mangelnde Anbietertransparenz

Beim Anblick einer bunten Website fällt es schwer, abzuschätzen, auf wen man sich letztendlich einlässt – der Kunde ist hier zunächst einmal – ausschließlich – auf die Angaben des Händlers selbst angewiesen. Fehlen diese, hat er keine Möglichkeit, sich die Informationen aus anderer Quelle zu beschaffen. Ebenso wenig kann er die Richtigkeit der Angaben nachprüfen.

Unseriöse Anbieter nutzen dies aus. Zu Hilfe kommt ihnen dabei die Technik. So kann eine Website eines fiktiven, in Wirklichkeit gar nicht existierenden Geschäftes nur zu dem einen Zweck ins Netz gestellt werden, um vertrauensvolle Kunden dazu zu bewegen, sensible Daten, insbesondere Kreditkartendaten, preiszugeben. Es können aber auch Websites bekannter und seriöser Anbieter kopiert oder Namensähnlichkeiten bei Wahl der Internet-Adresse ausgenutzt werden.

Bei der Anbieterkennzeichnung sind aber nicht nur falsche Angaben, sondern insbesondere auch fehlende Angaben für Verbraucher ein großes Problem. Trotz gesetzlicher Vorgaben versäumen es Online-Unternehmer – bewusst oder unbewusst – in vielen Fällen immer noch, ihren Namen und ihre Anschrift im Web anzugeben.

Anhand der Internet-Adresse allein kann der Kunde aber nicht eindeutig erkennen, mit wem er sich im Falle eines Kaufes auf Vertragsbeziehungen einlässt. Oft kann er nicht einmal sicher erkennen, ob er sich für einen ausländischen oder inländischen Anbieter interessiert. Und dies kann ihn aus den verschiedensten Gründen teuer zu stehen kommen. Bei Auslandsbestellungen kommen zum Beispiel zum Preis der Ware in der Regel noch ganz erhebliche Versandkosten sowie Kosten des Zahlungsverkehrs, ggf. Steuern und Zölle hinzu, die im Einzelfall die Höhe des Kaufpreises erreichen oder sogar übersteigen können. Die Zeitschrift c't[4] errechnete in diesem Zusammenhang, dass Käufer für ein Produkt im Warenwert von DM 150,– bei einer Lieferung von New York nach Frankfurt unter Einschluss sämtlicher Nebenkosten wie Versandkosten, Zoll und Einfuhrumsatzsteuer letztendlich DM 257,– zahlen muss.

---

4 *Kossel/Luckhardt,* Kaufrausch und Kopfschmerz, c´t 1999, Heft 19, 158, 162 f.

Auch für die Abschätzung der Kosten einer juristischen Auseinandersetzung mit dem Anbieter ist die Frage, in welchem Staat der Anbieter sitzt, von ausschlaggebender Bedeutung. Oft wird sich, wenn die gewünschte Ware nicht oder beschädigt geliefert wird, eine Rechtsverfolgung im Ausland schon aus Kostengründen nicht lohnen. Dem Kunden bleibt, wenn keine außergerichtliche Lösung gefunden werden kann, dann nichts anderes übrig, als sich mit dem Verlust abzufinden.

Aber auch im Inland machen fehlende Angaben zum Anbieter bzw. fehlende Anschriften es dem Kunden außerordentlich schwer bzw. unmöglich, seine Rechte wahrzunehmen. An eine Internet- oder E-Mail-Adresse kann beschädigte Ware nicht zurückgesandt werden. Für den Fall gerichtlicher Auseinandersetzung wird für die Zustellung die ladungsfähige Anschrift – Postfachangaben reichen nicht –, und bei Personenvereinigung und -gruppen auch noch Angaben zu Name und Anschrift der vertretungsberechtigten Personen benötigt. Gerade letztere Angaben fehlen aber häufig. Dies mag beabsichtigt oder unbeabsichtigt sein – es ist nicht nur gesetzeswidrig, sondern auch geschäftsschädigend für die gesamte Branche.

b) Rechtsunsicherheiten hinsichtlich des anzuwendenden Rechts und des Gerichtsstandes

Im Streitfall ist es nicht nur aus Kostengründen von entscheidender Bedeutung, zu wissen, ob der hinter der Website stehende Vertragspartner in London, Hongkong oder schlicht an der nächsten Ecke ansässig ist. Denn hiernach richtet sich auch die Frage, vor welchem Gericht denn überhaupt geklagt werden muss. Damit im Zusammenhang steht die generelle Frage nach dem anzuwendenden Recht. Soll das Recht des Staates des Anbieters oder des Verbrauchers gelten? Beide Fragen sind von nicht zu unterschätzender Bedeutung, denn sie bestimmen nicht nur die Kosten, sondern – wegen der unterschiedlichen Gesetzgebung – auch die Beurteilung der Erfolgsaussichten einer Klage. Welches Recht gilt und wo geklagt werden kann, ist oft schwer zu beurteilen – viele hiermit in Verbindung stehende Rechtsfragen sind noch nicht abschließend geklärt. Das Risiko trägt der Kunde. Selbst in eindeutigen Fällen ist die Anrufung ausländischer Gerichte komplizierter und häufig – durch Einschaltung weiterer Anwälte sowie ggfls. Dolmetscher oder Übersetzer – auch teurer als die Klage im Inland. Allein dies wird viele Verbraucher davon abhalten, ihre Rechte einzuklagen.

c) Weitere Risiken bei der Durchsetzung von Rechtsansprüchen

Ein weiteres Risiko bei der Durchsetzung von Rechtsansprüchen liegt in Beweisschwierigkeiten. So muss beispielsweise derjenige, der klagt, zunächst einmal beweisen, dass tatsächlich auch ein Vertrag geschlossen wurde. Im flüchtigen Medium Internet kann, wenn der Käufer das Bestellformular nicht ausgedruckt hatte und ihm auch keine Auftragsbestätigung erteilt wurde, bereits dies zum Problem werden, auch wenn „einfache" Kaufverträge – bis auf einige Ausnahmen[5] – grundsätzlich in jeder Form und somit auch elektronisch – abgeschlossen werden können[6]. Weitere Beweispro-

---

5 Zum Beispiel finanzierte Kaufverträge nach dem VerbrKrG, Immobilienerwerbsverträge.
6 Vgl. zum Sonderfall der Internet-Auktion auch das Urteil des *OLG Hamm* vom 14.12.2000, 2 U 58/00, MMR 2001, 105, mit dem auch für diesen Fall die Möglichkeit, Verträge einfach per Mausklick zu schließen, ausdrücklich bestätigt wurde.

bleme treten auf, wenn über einzelne Vertragspunkte wie zum Beispiel der Preis und die Lieferzeit gestritten wird.

Es ist durchaus auch vorstellbar, dass sich der „Vertragspartner" mit der Behauptung gegen eine Klage verteidigen wird, die maßgebliche Erklärung stamme – so – nicht von ihm. Denn noch hat sich die elektronische Signatur im B2C-Bereich nicht durchgesetzt. Zudem ersetzt sie nicht die Schriftform des § 126 BGB. Dort, wo diese gesetzlich vorgeschrieben ist – etwa bei Kreditverträgen und Ratenzahlungsvereinbarungen – muss nach wie vor brieflich miteinander kommuniziert werden.

d) Mangelnde Datensicherheit

Daten können im Internet spurenlos mitgelesen, abgefangen und umgeleitet werden. Dies gilt insbesondere für solche Daten, die unverschlüsselt im Netz verschickt werden. Und mit den zur Zahlung im Internet versandten Kreditkartendaten – Kartennummer und Gültigkeitsdauer – kann jeder andere, der diese Daten auf ihrem Weg zum oder beim Händler abfängt und liest, dann seinerseits online einkaufen.

Aber nicht nur die Übertragung der Daten, auch ihre Speicherung in verschiedenen Datenverarbeitungsanlagen und Computern des Anbieters wie auch des Kunden birgt Risiken. Denn über das Internet kann ohne ausreichenden Schutz vor unberechtigten Datenzugriffen auf jeden Rechner von außen zugegriffen werden. Um die Sperren, in der Regel Passwörter, zu überwinden, setzen Hacker teilweise ganze Software-Bibliotheken ein, die eine schier unglaubliche Zahl von Wörtern oder Wortkombinationen automatisch eingeben, bis das richtige Wort gefunden wird. Auch das Einschmuggeln sogenannter „Trojanischer Pferde", kurzer Programme, die den jeweiligen Computer nach bestimmten Daten ausspionieren, ist möglich.

Aber auch die Verschlüsselung von Zahlungsdaten und ausreichende Maßnahmen zur Datensicherheit können Verbrauchern keine absolute Sicherheit garantieren. Um an Zahlungsdaten heranzukommen, wird von unseriöser Seite teilweise erhebliche Energie aufgewendet bis hin zur Schaffung von aufwendigen Websites von nur angeblich vorhandenen, tatsächlich aber nicht existierenden Onlineshops. Oder aber es wird die Website eines bekannten Anbieters kopiert und erneut ins Internet gestellt – sog. „web-spoofing"[7].

e) Fehlender Datenschutz

Nach einer Studie der Verbraucherschutzorganisation „Consumers International", Dachorganisation von weltweit 263 Verbraucherschutzorganisationen, beachten nicht weniger als zwei Drittel der rund 750 getesteten Anbieter den Datenschutz nicht ausreichend.[8] Häufigste Mängel seien dabei, dass zu viele persönliche Daten für den jeweiligen Zweck erfragt und Informationen länger als nötig und über den eigentlichen Zweck hinaus gespeichert würden. Zudem würden die Kunden nicht nach ihrer Einwilligung in die Weitergabe der Daten oder die Aufnahme in Mailing-Listen gefragt.

---

7 *Köhler,* NJW 1998, 185, 189.
8 Consumers International. Privacy@net – An international comparative study of consumer privacy on the internet, Januar 2001, http://www.consumersinternational.org/news/pressreleases/fprivreport.pdf

Und auf nur 10 Prozent der Internetseiten für Kinder werde darauf hingewiesen, dass die Eltern über die abzugebenden Daten informiert werden sollen.

Ein weiteres Ärgernis ist in diesem Zusammenhang die unaufgeforderte Zusendung von Werbemails, die nach überwiegender Rechtsprechung[9] einen Verstoß gegen das Verbot sittenwidriger Werbung gemäß § 1 UWG dargestellt.

Weiterhin können, ohne dass es die Kunden bemerken, Nutzerprofile erstellt werden, die nicht nur Aufschluss darüber geben, wann und wie oft ein Onlineshop besucht, welche Waren dort angeschaut und was schließlich eingekauft wurde, sondern auch weitergehende, persönliche Daten wie die benutzte Kreditkarte, Alter, Hobbies und Beruf enthalten können.

Dies kann dazu führen, dass man – ohne hiervon offen Kenntnis zu erlangen – nur Angebote erhält, die speziell auf die eigenen individuellen Bedürfnisse zugeschnitten sind. Der Einzelne wird manipulierbar und steuerbar. Das informationelle Selbstbestimmungsrecht aus Art. 2 GG, d.h. das Recht über den Umgang mit seinen eigenen Daten selbst zu bestimmen, wird verletzt.

Deshalb hat das Gesetz Nutzerprofile nur dann zugelassen, wenn sie anonym erfolgen. Der Zweck der Profile, Angebote besser zu gestalten, kann auch auf diese Weise erreicht werden. Leider halten sich aber nicht alle Anbieter an die gesetzlichen Vorgaben.

3. Verbraucherschützende Bestimmungen beim Online-Kauf

Der Gesetzgeber hat bereits Normen erlassen, um Verbraucher vor bekannten Risiken zu schützen. Die wesentlichen Vorschriften für den B2C-Handel sollen im folgenden kurz skizziert werden.

a) Fernabsatzgesetz/§§ 312b ff. BGB

Wichtigste verbraucherschützende Bestimmung aus neuerer Zeit und gerade dazu bestimmt, viele der oben genannten Missstände auszuschalten, ist das neue Fernabsatzgesetz vom 27. Juni 2000.[10] Die Regelungen finden sich nun in § 312b ff. BGB.

Es ist auf die Mehrzahl von Verträgen zwischen Unternehmern und Verbrauchern, die mit Hilfe von Fernkommunikationsmitteln geschlossen werden, anzuwenden. Damit gilt es nicht nur im Bereich des E-Commerce, sondern für den gesamten Versandhandel. Denn auch das Telefon, das Telefax oder der Postversand von Briefen sind klassische Fernkommunikationsmittel. Andererseits ist er auf Verträge zwischen Verbrauchern und solchen Unternehmern beschränkt, die über ein organisiertes Vertriebssystem verfügen, das gerade auf den Fernabsatz ihrer Produkte angelegt ist.[11] Gelegentlicher Verkauf über das Internet fällt aus dem Anwendungsbereich damit ebenso

9 *LG Ellwangen,* Urteil vom 27.08.1999, 2 KfH O 5/99; *LG Traunstein,* Beschluß vom 18.12. 1997, 2 HKO 3755/97; *LG Berlin,* Urteil vom 13.10.1998, 16 O 320/98; *LG Berlin,* Beschluss vom 14.05.1998, 16 O 301/98 und Beschluss vom 02.04.1998, 16 O 201/98; anders aber *AG Kiel,* Urteil vom 30.09.1999, 110 C 243/99.
10 BGBl. I S. 897.
11 *Ring,* Fernabsatzgesetz, § 1, Rn 3; *Härting,* FernAbsG, § 1 Rdnr. 76.

heraus wie Verträge zwischen zwei Privaten oder aber zwei Geschäftsleuten im Rahmen eines Gewerbebetriebes. In diesem Punkte unterscheidet sich das Fernabsatzgesetz nicht von anderen Verbraucherschutzgesetzen.

Wesentlich ist aber, dass der Vertragsschluss im konkreten Fall ausschließlich über Fernkommunikationsmittel – z.B. das Internet – erfolgt. Nicht erforderlich ist hingegen, dass ein Anbieter seine Waren oder Dienste ausschließlich über das Internet anbietet. Auch der Unternehmer, der zusätzlich zum Verkauf im Ladengeschäft oder per Katalog ein Angebot im Internet bereithält, muss die Vorschriften des § 312b BGB zwingend beachten.

§ 312b BGB gilt zudem nur für Verträge über die Lieferung von Waren oder über die Erbringung von Dienstleistungen. Ausgeschlossen sind z.B. Verträge über

1. Finanzgeschäfte, insbesondere Bankgeschäfte, Finanz- und Wertpapierdienstleistungen und Versicherungen sowie deren Vermittlung,
2. Time-Sharing,
3. Fernunterricht,
4. Immobiliengeschäfte (Bau, Kauf und andere Verträge über Immobilien),
5. Lebensmittel, Getränke und sonstige Haushaltsgegenstände, wenn die Lieferung im Rahmen häufiger und regelmäßiger Fahrten angeboten wird,
6. Speisen und Getränke, wenn bestimmter Lieferzeitpunkt zugesagt wird,
7. die touristischen Bereiche „Unterbringung, Beförderung, Freizeitgestaltung",
8. Warenautomaten.

Bedeutsam für Verbraucher und Unternehmer sind im wesentlichen zwei Regelungskomplexe des Gesetzes: die Einführung eines generellen Widerrufs- bzw. Rückgaberechtes sowie die Erfüllung bestimmter Informationspflichten.

Bei den Informationspflichten ist gemäß § 312c BGB zu unterscheiden zwischen Informationspflichten, die vor Vertragsschluss – beim Online-Kauf also auf den Websites – (§ 312c Abs. 2 BGB) und solchen, die erst nach erfolgter Bestellung erfolgen müssen (§ 312c Abs. 3 BGB). Zu den Angaben, die entsprechend dem eingesetzten Fernkommunikationsmittel klar und verständlich formuliert sein müssen, gehören nach § 1 VO über Informationspflichten nach Bürgerlichem Recht:

1. Identität und Anschrift des Unternehmers,
2. wesentliche Merkmale der Ware oder Leistung,
3. Änderungs- oder Leistungsvorbehalte,
4. vollständiger Preis einschließlich sämtlicher Nebenkosten,
5. zusätzlich anfallende Liefer- und Versandkosten,
6. Einzelheiten hinsichtlich der Zahlung und der Lieferung oder Erfüllung,
7. Bestehen eines Widerrufs- oder Rückgaberechtes,
8. überdurchschnittliche Fernkommunikationskosten,
9. bei Dauerverträgen die Mindestlaufzeit und
10. bei befristeten Angeboten die Gültigkeitsdauer.

Die Informationen müssen so rechtzeitig vor Vertragsabschluss gegeben werden, dass der Verbraucher eine Entscheidung für oder gegen den Vertrag treffen kann.

Die Informationen nach § 312c Abs. 2 BGB[12] und weitere in § 312c Abs. 3 BGB genannte wichtige Informationen müssen dem Verbraucher weiterhin nach Vertragsschluss

---

12 Bis auf die Informationen über die überdurchschnittlichen Fernkommunikationskosten und die Gültigkeitsdauer befristeter Angebote.

auf einem dauerhaften Datenträger zur Verfügung gestellt werden. Dies hat die Funktion, dem Verbraucher die Vertragsinformationen auch nach dem Vertragsschluss zugänglich zu erhalten und ihn über seine Rechte zu belehren. Hierzu zählen

1. Informationen über die Bedingungen, Einzelheiten der Ausübung und Rechtsfolgen des Widerrufs- oder Rückgaberechtes (Widerrufsbelehrung) sowie über den Ausschluss des Widerrufsrechts bei Verträgen über Dienstleistungen, wenn diese auf Veranlassung oder mit Zustimmung des Verbrauchers vor Ablauf der Widerrufsfrist erbracht werden;

2. die Anschrift der Niederlassung des Unternehmers, bei der Verbraucher Beanstandungen vorbringen können sowie eine ladungsfähige Anschrift nebst Angabe des Vertretungsberechtigten;

3. Informationen über den Kundendienst und geltende Gewährleistungs- und Garantiebedingungen;

4. bei Dauerschuldverhältnissen auch Informationen über die Kündigungsbedingungen.

Alle Informationen sind dem Verbraucher spätestens bis zu vollständigen Vertragserfüllung und bei Warenlieferungen spätestens mit Zustellung der Ware auf einem dauerhaften Datenträger (z.B. Schriftstück, E-Mail, CD-Rom) zur Verfügung zu stellen, wobei auf die zuletzt aufgelisteten Angaben einer besonders hervorgehobenen und deutlich gestalteten Form aufmerksam gemacht werden muss.

Kernstücke des Fernabsatzrechts stellen die Regelungen des § 312d BGB zum Widerrufs- bzw. Rückgaberecht bei Geschäften dar, die unter dem Einsatz von Fernkommunikationsmitteln zustande kommen. Bei Geschäften, die über das Internet abgeschlossen werden, kann nahezu jeder Vertrag, der in den Anwendungsbereich des Fernabsatzgesetzes fällt, innerhalb einer Frist von zwei Wochen vom Verbraucher widerrufen werden. Voraussetzung für den Fristbeginn ist, dass der Unternehmer den Verbraucher vollständig gemäß § 312c BGB unterrichtet hat. Liegen die Informationen dem Verbraucher vor, beginnt die Frist bei der Lieferung von Waren mit dem Tage des Eingangs beim Empfänger und bei Dienstleistungen, die über das Internet erbracht werden, mit dem Tage des Vertragsabschlusses. Über den Beginn der Frist muss der Verbraucher in der Widerrufsbelehrung informiert werden.

Wurde der Verbraucher nicht über das Widerrufsrecht informiert oder entspricht die Widerrufsbelehrung nicht den formellen Anforderungen, so kann er den Vertrag noch länger als zwei Wochen widerrufen. Gemäß § 355 Abs. 3 Satz 1 BGB erlischt das Widerrufsrecht spätestens sechs Wochen nach Vertragsschluss.

Der Verbraucher ist durch den Widerruf nicht mehr an sein Vertragsangebot gebunden und der Vertrag gilt als nicht zustande gekommen. Das Widerrufsrecht erlischt bei Verträgen zur Erbringung von Dienstleistungen, deren Ausführung mit Zustimmung des Verbrauchers oder auf dessen Veranlassung vor Ablauf der Widerrufsfrist begonnen wurde (§ 312d Abs. 3 BGB).

Das Widerrufsrecht ist allerdings für bestimmte Sachverhalte oder Verträge ausgeschlossen. Es besteht nicht bei:

1. Verträgen über die Lieferung von Waren, die nach Kundenspezifikation angefertigt werden, oder eindeutig auf die persönlichen Bedürfnisse des Verbrauchers zugeschnitten sind (§ 312d Abs. 4 Nr. 1 BGB);

2. bei Verträgen über die Lieferung von Waren, die aufgrund ihrer Beschaffenheit nicht zur Rücksendung geeignet sind oder schnell verderben können oder deren

Verfalldatum überschritten würde (zum Beispiel Blumenlieferungen) (§ 312d Abs. 4 Nr. 1 BGB);

3. bei Verträgen über die Lieferung von Audio- oder Videoaufzeichnungen oder von Software, sofern die gelieferten Datenträger vom Verbraucher entsiegelt wurden (§ 312d Abs. 4 Nr. 2 BGB);

4. bei Verträgen über die Lieferung von Zeitschriften, Zeitungen und Illustrierten (§ 312d Abs. 4 Nr. 3 BGB); soweit es sich jedoch um Abonnement-Verträge handelt, sind diese nach den §§ 491 ff. BGB bzw. VerbrKrG a.F. widerrufbar;

5. bei Wetten und Lotterieverträgen (§ 312d Abs. 4 Nr. 4 BGB);

6. bei Verträgen, die in Form von Versteigerungen geschlossen werden (auch Internet-Auktionen) (§ 312d Abs. 4 Nr. 5 BGB).

b) AGB-Gesetz/§§ 305 ff. BGB n.F.

Eine ebenfalls wichtige verbraucherschützende Bestimmung für den Bereich des B2C-Handels war das Gesetz zur Regelung des Rechts der Allgemeinen Geschäftsbedingungen (AGBG)[13]. Die Vorschriften sind seit dem 1.1.2002 Teil des BGB (§§ 305 ff. BGB). Denn auch beim virtuellen Kauf werden die vertraglichen Rahmenbedingungen in aller Regel mittels vom Händler gestellter, vorformulierter Lieferungs- und Geschäftsbedingungen vereinbart. Diese müssen einer Inhaltskontrolle nach den §§ 307–309 BGB standhalten.

Sie müssen, um Gültigkeit zu erlangen, zunächst einmal aber wirksam in den einzelnen Kaufvertrag einbezogen werden. Dies ist an drei Voraussetzungen geknüpft: einen ausdrücklichen Hinweis des Unternehmers, dass der Vertrag unter Verwendung der AGB geschlossen werden soll, die Möglichkeit für den Kunden, in zumutbarer Weise von ihrem Inhalt Kenntnis zu nehmen sowie sein Einverständnis mit ihrer Geltung.

Diese Voraussetzungen werden in der virtuellen Geschäftswelt erstaunlich oft nicht erfüllt. Dies zeigt u.a. eine von der Verbraucher-Zentrale NRW jüngst vorgenommene stichprobenartige Überprüfung von 15 wahllos herausgegriffenen Online-Shops. Bereits an diesem grundlegenden Punkt scheiterten nicht weniger als zwei Drittel der untersuchten Fälle – immerhin 10 von 15 Unternehmen. Demgegenüber konnte nur in zwei Fällen ohne weiteres von einer wirksamen Einbeziehung ausgegangen werden. Bei zwei weiteren Fällen war die Wirksamkeit der Einbeziehung zumindest zweifelhaft – wobei Zweifel laut Gesetz grundsätzlich zu Lasten des Verwenders der AGB gehen, so dass auch hier die Einbeziehung ernsthaft in Frage zu stellen ist. Ein Fall war letztlich nicht nachprüfbar, da eine Bestellung aufgrund von Störungen nicht vorgenommen werden konnte. Der tatsächliche Prozentsatz von AGB, die mangels Einbeziehung gegenüber den Kunden gar nicht erst wirksam wurden, dürfte damit tatsächlich noch um einiges über der 2/3-Marke liegen.

Besonders häufig fehlt es dabei an einem ausdrücklichen Hinweis auf die Geltung der AGB an geeigneter Stelle. Wird erst unter dem Button zur endgültigen Absendung der Bestellung auf die AGB hingewiesen, ist dies zu spät. Aber auch an der Zumutbarkeit der Kenntnisnahme mangelt es nicht selten beim virtuellen Kauf. Sie fehlt etwa da, wo seitenlange AGB nur online – mit dem tickenden Gebührenzähler im Hintergrund –

---

13 In der Fassung vom 29. Juni 2000, BGBl. I S. 946.

eingesehen werden können aber auch dort, wo die AGB nur mit Mühe und bei gezielter Suche – teils unter Links wie „Hilfe" aufgefunden werden können.

Wurden die AGB als Ganzes wirksam in den Vertrag einbezogen, muss sich auch noch jede einzelne Klausel an den inhaltlichen Vorgaben des BGB messen lassen.

c) VerbrKrG/§§ 491 ff. BGB

Eine weitere verbraucherschützende Bestimmungen, die auch im Online-Handel wesentlich werden kann, ist das Verbraucherkreditgesetz (VerbrKrG), jetzt §§ 491 ff. BGB[14]. Es ist einschlägig, wenn Onlinekäufe durch Kredite finanziert werden oder in Raten gezahlt werden kann.

§ 8 VerbrKrG, jetzt § 502 Abs. 2 BGB, wurde jetzt, speziell für den Fernabsatzhandel, neu gefasst. Angepasst an die spezifische Situation dieses Handelssegments, verzichtet das Verbraucherkreditgesetz bei finanzierten Fernabsatzverträgen auf das Schriftformerfordernis, sofern die in § 4 VerbrKrG aufgelisteten erforderlichen Angaben dem Verbraucher so rechtzeitig auf einem dauerhaften Datenträger, also z.B. auch E-Mail, zur Verfügung stehen, dass er die Angaben vor dem Abschluss des Vertrages eingehend zur Kenntnis nehmen kann. Dies gilt allerdings nur für solche Verträge, die von dem jeweiligen Unternehmer selbst kreditfinanziert werden. Für Kreditverträge, die mit einem Dritten abgeschlossen werden, verbleibt es hingegen beim Schriftformerfordernis. Begründet wird das damit, dass der Schriftform in diesen Fällen nicht nur eine Beweis-, sondern auch eine Warnfunktion zukommt.[15]

d) Datenschutzgesetze

Nicht zu vergessen aber sind die Datenschutzgesetze. Hier sind hervorzuheben das Bundesdatenschutzgesetz (BDSG)[16], sowie, speziell für den hier interessierenden Bereich, das Teledienstedatenschutzgesetz (TDDSG)[17]. Beide Gesetze bestimmen recht detailliert, welche Daten für welchen Zweck erhoben werden, wie lange sie gespeichert und wie und an wen sie weitergegeben werden dürfen. Sie normieren auch einen Auskunftsanspruch für den Betroffenen und regeln die Kontrollmöglichkeiten des Datenschutzbeauftragten.

Leider haben sie sich dennoch in der Vergangenheit als recht stumpfes Schwert erwiesen. Dies hängt nicht zuletzt damit zusammen, dass wirksame Sanktionsmöglichkeiten fehlen oder in der Praxis nicht adäquat umgesetzt werden können. Bezeichnend hierfür ist, dass im TDDSG ein Abschnitt über Straf- und Bußgeldvorschriften völlig fehlt. Dieses Versäumnis bedarf im Rahmen der angekündigten umfassenden Revision dringender Abhilfe.

---

14 In der Fassung vom 29.6.2000, BGBl. I S. 940.
15 BT-Drucksache 14/2658, S. 59 re. Sp.
16 Gesetz vom 20. Dezember 1990 (BGBl. I, S. 2954), zuletzt geändert durch Art. 2, Abs. 5 des Begleitgesetzes zum Telekommunikationsgesetz (BegleitG) vom 17. Dezember 1997 [Fundstelle BGBl.I S. 3108].
17 Gesetz vom 22.07.1997, BGBl. I S. 1870.

e) Verbraucherschützende Normen des Verfahrensrechts

Im Bereich des Verfahrensrechtes sind vor allem die verbraucherschützenden Regelungen zum anwendbaren Recht und zur Gerichtszuständigkeit bei Auslandskäufen von Bedeutung.

Regelungen zum anzuwendenden Recht finden sich im deutschen Recht in den Art. 27 ff. EGBGB. Danach unterliegt ein Vertrag grundsätzlich dem von den Parteien gewählten Recht. Haben die Vertragspartner keine Vereinbarung getroffen, gilt das Recht desjenigen Staates, mit dem der Vertrag die engsten Verbindungen aufweist, wobei vermutet wird, dass dies der Staat derjenigen Partei ist, die die charakteristische Vertragsleistung zu erbringen hat. Das ist beim Kaufvertrag die Lieferung der Kaufsache, so dass in beiden Fällen – sowohl bei getroffener Vereinbarung als auch bei ihrem Fehlen –, grundsätzlich das Recht des Staates des Verkäufers zum Zuge kommen würde.

Damit würde in der klassischen Situation Unternehmer – Verbraucher in der Regel dem Verbraucher als dem schwächeren Teil der Vorteil genommen, vor dem heimischen Gericht und unter Anwendung des Rechtes des eigenen Staates klagen zu können, die Rechtsverfolgung würde teurer und komplizierter.

Um dies zu verhindern, bestimmt Art. 29 EGBGB für den Spezialfall der Verbraucherverträge, dass unter bestimmten Voraussetzungen dem Verbraucher zwingende verbraucherschützende Bestimmungen seines eigenen Wohnsitzstaates nicht entzogen werden dürfen. Soweit im Vertrag keine Aussagen zur Rechtswahl getroffen wurden, gilt sogar das gesamte Heimatrecht des Verbrauchers.

Von den drei genannten Fallgruppen kommt im internationalen B2C-Handel in der Regel nur die erste Möglichkeit in Betracht. Danach bleiben dem Verbraucher die schützenden Bestimmungen seines Staates dann erhalten, wenn dem Vertragsabschluss ein ausdrückliches Angebot oder eine Werbung in diesem Staat vorausgegangen ist und wenn der Verbraucher in diesem Staat die zum Abschluss des Vertrages erforderlichen Rechtshandlungen vorgenommen hat. Letzteres liegt beim Online-Handel für den Regelfall, dass Bestellungen vom heimischen PC aus getätigt werden, unproblematisch vor. Bleibt allein die Frage zu diskutieren, ob das Einspeisen einer Website ins Internet – von einem im Ausland stehenden Server aus – als Werbung oder Angebot im Staate des Verbrauchers gewertet werden kann. Diese Frage wurde von den Gerichten bislang noch nicht geklärt, in Fachkreisen wird sie inzwischen wohl überwiegend bejaht, teilweise allerdings nur mit Einschränkungen.[18]

Damit kann sich – zumindest nach der in der Fachliteratur vorherrschenden Meinung – bei den über das Internet geschlossenen internationalen Verbraucherverträgen der Verbraucher auf die spezifischen Schutzvorschriften seines eigenen Landes – zu denen im übrigen auch Art. 29 EGBGB selbst gehört – im Regelfall berufen. Dies ändert aber nichts daran, dass unter Umständen (bei vorgenommener Rechtswahl) im übrigen das Recht des Staates des Vertragspartners zur Anwendung kommen müsste – man sieht also, die Rechtslage wird äußerst kompliziert. Außerdem sagt dies auch noch nichts darüber aus, vor welchem Gericht geklagt werden muss.

---

18 *Mankowski,* MMR – Beilage 7/2000, S. 22, 23; *Gruber,* DB 99, S. 1437 f.; *Mehrings,* CR 98, 613, 619; einschränkend *Borges,* ZIP 99, 565, 569.

Für die Frage der Gerichtszuständigkeit enthält das europäische Übereinkommen über die gerichtliche Zuständigkeit und die Vollstreckung gerichtlicher Entscheidungen in Zivil- und Handelssachen (EuGVÜ) in Art. 13 ff. eine nahezu parallellautende Bestimmung. Bei Verbraucherverträgen hat der Verbraucher unter den genannten Voraussetzungen ein Wahlrecht, ob er vor dem Gericht seines Wohnsitzes klagen will oder vor dem Gericht am Hauptverwaltungssitz seines Vertragspartners. Der Unternehmer hingegen kann nur vor den Gerichten des Staates, in denen der Verbraucher seinen Wohnsitz hat, Klage erheben.

Das EuGVÜ wird ab dem 1. März 2002 durch die Verordnung über die gerichtliche Zuständigkeit und Anerkennung und Vollstreckung von Entscheidungen in Zivil- und Handelssachen (EuGGVO)[19] ersetzt werden, die diese Rechtslage zum Gerichtsstand klarer und weiter gefasst regeln wird.

Soweit allerdings die Zuständigkeit nicht nach dem EuGVÜ oder dem nahezu gleichlautenden Luganer Abkommen oder sonstigen bilateralen Verträgen bestimmt wird, wie z.B. bei Verträgen mit Anbietern, die ihren Sitz im amerikanischen Raum haben oder ihren Firmensitz beispielsweise in die Karibik verlegt haben, wird die Situation für die betroffenen Verbraucher schlecht. Sie werden dann ihre Ansprüche, soweit die Gerichtsstände der ZPO nicht anzunehmen sind, in den Wohnsitzstaat des betroffenen Anbieters erheben müssen.

4. Worauf man beim Online-Kauf achten sollte

In der Praxis kann sich der Verbraucher, wie die eingangs zitierten Untersuchungen zeigen, indes keineswegs darauf verlassen, dass gesetzliche Bestimmungen, die zu seinem Schutz erlassen wurden, auch eingehalten werden. Er sollte es sich daher angewöhnen, beim Einkauf im Internet auf bestimmte Punkte zu achten und virtuelle Shops, die die nachfolgend beschriebenen Mindeststandards nicht einhalten, strikt meiden. Teilweise kann er sich hierbei auf Gütesiegel und Zertifikate stützen, deren Herausgeber die Prüfung für ihn übernommen haben.

a) Anbietertransparenz

Eines der wichtigsten Zeichen dafür, dass der Anbieter sich bemüht, die Verbraucherschutzvorschriften einzuhalten, ist die Anbietertransparenz. Man sollte ausnahmslos nur bei Anbietern bestellen, die sich auch dahingehend erklären, wer sie denn überhaupt sind.

Dabei kommt es nicht nur allein auf die Angabe des Namens an. Anbieter müssen in ihren gewerblichen Angeboten nennen
1. Namen und Anschrift,
2. bei Firmen (Personenvereinigungen und -gruppen) auch den Namen und Anschrift des Vertretungsberechtigten.

---

19 Verordnung vom 22. Dezember 2000.

Dabei sollte darauf geachtet werden, dass die Anschrift vollständig ist und nicht nur die Angabe eines Postfaches enthält. Zusätzlich sollte eine Telefonnummer und die Handelsregisternummer – soweit vorhanden – angegeben wird.

Die Anbieterkennzeichnung gehört zu den Informationspflichten des FernAbsG und ist zudem im Teledienstegesetz (TDG)[20] geregelt. Eindeutige Namens- und Adressangabe sind spätestens dann erforderlich, wenn Kunden nach Vertragsabschluß ihre Rechten gegen einen Anbieter geltend machen müssen. Spätestens für den Fall einer Klage reichen eine E-Mail-Adresse, aber auch ein Postfach, nicht mehr aus.

Es sollte auch nicht nur auf die Anbieterangaben selbst, sondern auch auf deren Platzierung geachtet werden. Auf der Homepage und beim Bestellvorgang sollte deutlich durch eine eindeutige Kurzbezeichnung direkt auf die vollständige Anbieterkennzeichnung verwiesen werden. Aber auch von den übrigen Seiten sollte ein Zugang zur Anbieterkennzeichnung einfach und schnell möglich sein. Die Links sollten nachvollziehbar gekennzeichnet sein.

Ist die Kennzeichnung erst nach langem Suchen oder unter abwegigen Stichwörtern zu finden, stellt sich die Frage, weshalb eigentlich ein Anbieter seine Identität geradezu zu verstecken versucht. Zumindest ist in diesen Fällen eine genauere Prüfung der weiteren Kriterien angesagt. Will man sichergehen, sollte man auf einen Kauf in diesem Shop lieber verzichten.

➔ Anbieter müssen ihren Namen, Adresse, Telefonnummer und einen Verantwortlichen an deutlich gekennzeichneter Stelle nennen.

b) Preistransparenz

Zur Preistransparenz gehören nach dem Fernabsatzgesetz Informationen über
1. den Preis der Ware,
2. sämtliche Nebenkosten wie Versandkosten,
3. Folgekosten wie Zoll und Einfuhrumsatzsteuer.

Da im Internet bestellte Waren in der Regel versandt werden, muss immer mit zusätzlichen Kosten gerechnet werden. Daher sollten nicht nur der Preis der Ware, sondern auch die Versand- und Lieferkosten beachtet werden. Anbieter müssen deutlich machen, ob solche Neben – und Versandkosten neben dem Endpreis gesondert anfallen. Hierbei sind die Kosten entweder konkret zu benennen oder sie können – gerade bei den Versandkosten – gestaffelt nach Warenumsatz oder Versandgewicht angegeben werden. Besondere Obacht ist auch auf den Warenkorb zu legen, wo Versand- und Lieferkosten meist ausgewiesen werden.

In der Praxis sind die Preisangaben der deutschen Anbieter in der Regel korrekt. Die Preise enthalten insbesondere die gesetzliche Umsatzsteuer und sie werden neben den einzelnen Waren ausgewiesen. Bei ausländischen Anbietern wird häufig versucht, Wechselkursschwankungen zwischen dem Zeitpunkt der Bestellung auf den Käufer abzuwälzen, so dass es hier an einer klaren Endpreisangabe fehlen kann. Bei Zöllen beschränken sich die Angaben ausnahmslos auf den Hinweis, dass diese anfallen können und dies in der Verantwortung des Kunden liege.

---

20 Gesetz vom 22.7.1997, BGBl. I S. 1870.

➜ Preisangaben sollten vollständig sein, sämtliche Nebenkosten wie Lieferkosten, Nachnahmegebühren, Einfuhrumsatzsteuer und Zoll müssen ausgewiesen sein. Anbieter sollten hierüber vor Vertragsabschluß deutlich lesbar, gut wahrnehmbar und eindeutig informieren.

Nur so ist man sich vor unangenehmen Überraschungen geschützt.

c) Weitere wichtige Informationen

Auch das Vorhandensein der weiteren, nach dem FernAbsG vorgeschriebenen Informationen sollte überprüft werden. Insbesondere denjenigen Angaben, die für die konkrete Bestellung von besonderer Bedeutung sind, wie die Warenbeschreibung oder der Lieferzeitpunkt, sollte Aufmerksamkeit gewidmet werden. Und auch hier gilt wieder: es kommt nicht allein auf die Information selbst, sondern auch auf deren Präsentation an. Ein seriöser Anbieter informiert klar und verständlich und rechtzeitig vor Vertragsschluss.

Rechtzeitig bis zur Erfüllung des Vertrages, bei Warenkauf also spätestens bei Lieferung, müssen die Informationen zudem zusätzlich auf einem dauerhaften Datenträger vorliegen (z.B. per E-Mail, mit der Rechnung, per Fax).

Daten im Internet sind nachträglich veränderbar, Änderungen im Nachhinein nicht mehr nachzuvollziehen. Nur wenn die Informationen auf einem dauerhaften Datenträger zur Verfügung gestellt werden, kann später der genaue Inhalt der Vereinbarung mit dem Verkäufer nachgewiesen werden.

➜ Bestellformular, Warenbeschreibung sowie sämtliche gewechselten E-Mails immer ausdrucken und aufheben.

d) Allgemeine Geschäftsbedingungen

Praktisch alle Unternehmer regeln wesentliche Rechte und Pflichten in ihren vorformulierten Versand- oder Geschäftsbedingungen (AGB). Dazu gehören insbesondere
1. Gewährleistungsrechte und Garantiebestimmungen,
2. Fristenregelungen,
3. Liefer-, Preis- und Änderungsvorbehalte.

In den AGB wird häufig auch über die zusätzlich anfallenden Kosten von Zahlung und Versand informiert.

Die AGB gelten aber nur, wenn sie wirksam in den Vertrag einbezogen wurden – was man hierunter versteht und welche Voraussetzungen dafür vorliegen müssen, wurde bereits unter dem Punkt 3.2 behandelt. Erforderlich ist ein ausdrücklicher Hinweis auf die Geltung der AGB, der so gestaltet und angeordnet sein muss, dass er auch bei flüchtiger Betrachtung nicht übersehen werden kann. Es reicht also nicht aus, den Hinweis auf irgendeiner Internetseite „zu verstecken". Ein Hinweis allein auf der Homepage reicht nicht aus, er muss in das elektronische Bestellformular eingebunden sein.

Die AGB müssen weiterhin in zumutbarer Weise zur Kenntnis genommen werden können. Sie müssen also mühelos lesbar sein und den Anforderungen an ein Mindestmaß an Übersichtlichkeit und Verständlichkeit genügen. Die Grenzen der zumutbaren

Kenntnisnahme sind aufgrund der Verbindungskostenkosten dann erreicht, wenn die AGB ausschließlich online auf dem Bildschirm angezeigt werden können. Es ist daher erforderlich, dass die AGB unentgeltlich auf einem dauerhaften Datenträger, wie zum Beispiel der Festplatte, gespeichert werden können. Dann kann der Verbraucher diese später ausdrucken, was ihm auch zu raten ist, da sich AGB im Laufe der Zeit ändern können und im Streitfall dann nicht die im Internet eingestellten, sondern die bei Vertragsabschluss vereinbarten AGB gelten.

Bei ausländischen AGB können zudem Sprachprobleme auftreten. Sind AGB in einer fremden Sprache formuliert, heißt dies aber nicht automatisch, dass sie damit unverständlich, und damit unwirksam werden. Hier kommt es vielmehr darauf an, welche Sprache Vertragssprache war, d.h., in welcher Sprache die Website verfasst und die Bestellung abgegeben wurde. Mit anderen Worten: wer eine italienische Website besucht, sich dort Waren aussucht und das italienische Bestellformular ausfüllt, kann sich hinterher nicht damit herausreden, er hätte die – ebenfalls italienisch abgefassten – AGB nicht verstehen können.

Festzuhalten bleibt:

➔ AGB sind nur wirksam, wenn vor Vertragsabschluss ausdrücklich auf ihre Geltung hingewiesen wurde und sie in zumutbarer Weise zur Kenntnis genommen werden können.

➔ AGB und sonstige Bedingungen sollten zu Beweiszwecken ausgedruckt werden.

e) Auftragsbestätigung

Die Erteilung einer Auftragsbestätigung seitens des Händlers ist keine zwingende gesetzliche Vorgabe, denn der Vertrag kommt in der Regel bereits dann zustande, wenn die Bestellung beim Unternehmer eingegangen ist und er beginnt, sie auszuführen. Dennoch sollte auf eine detaillierte Auftragsbestätigung Wert gelegt und diese ausgedruckt werden. Falls der Anbieter von sich aus keine Auftragsbestätigung erteilt, sollte man ihn ausdrücklich hierzu auffordern, um später im Streitfall beweisen zu können, was man zu welchem Preis bestellt hatte.

➔ Auf eine detaillierte Auftragsbestätigung achten. Auch die Auftragsbestätigung sollte ausgedruckt werden.

f) Bezahlung

Grundsätzlich vermieden werden sollten Zahlungsmöglichkeiten, bei denen bereits vor Erhalt der Ware unabhängig von der erfolgten Lieferung zur Kasse gebeten wird. Zahlung per Rechnung ist daher zu bevorzugen, denn dann kann die Ware vor ihrer Bezahlung überprüft werden. Dies ist das wirksamste Mittel, um Käuferrechte durchzusetzen.

Mit der Zahlung per Einzugsermächtigung ist der Kunden ebenfalls gesichert, auch wenn sie in der Regel zur Vorkasse führt. Bei diesem Zahlungsverfahren kann der Kunde innerhalb von sechs Wochen und auch noch länger gegenüber der Bank verlangen, den Zahlungseinzug wieder rückgängig zu machen.

Auch die Kreditkarte bewirkt in der Regel die Vorauszahlung des Kunden. Üblicherweise wird bereits mit der Bonitätsüberprüfung die Kontobelastung veranlasst. Wurde die Kreditkartennummer angegeben und bucht der Unternehmer einen höheren Betrag ab oder liefert die Ware nicht, kann im Gegensatz zur Einzugsermächtigung die Abbuchung nicht gegenüber der Bank widerrufen werden. Die Auseinandersetzung muss in der Regel dann mit dem Unternehmer erfolgen, da die Kreditkartengesellschaften sich darauf zurückziehen, dass die Kreditkarte vom Kunden zur Zahlung benutzt worden sei. Auseinandersetzungen über die Höhe der Zahlung, die nicht erfolgte Lieferung oder die Qualität der gelieferten Ware seien allein mit dem Unternehmer zu führen.

In diesem Zusammenhang sei davor gewarnt, die PIN-Nummer der Kreditkarte anzugeben. Dies ist im Internet absolut unüblich und ihre geforderte Abfrage eine Indiz für einen unseriösen Unternehmer.

Keinesfalls sollten Zahlungsdaten unverschlüsselt durchs Netz geschickt werden, um das Abfangen der Daten zu verhindern. Zwar ist im Falle eines Missbrauches der Kreditkarte durch unbefugt Dritte der Kunde nicht ungeschützt. Denn die Beweislast für den Karteneinsatz des Kunden liegt bei der Kreditkartenorganisation. Das bedeutet, dass diese und nicht der Karteninhaber nachweisen muss, die Kreditkarte eingesetzt zu haben. Ein solcher Nachweis kann – soweit nicht elektronisch signiert wurde – bei Bestellungen über das Internet nicht erbracht werden.

Der Schutz vor missbräuchlicher Nutzung der Kreditkarte durch Dritte ist auch in § 676h BGB gesetzlich normiert. Schadensfälle wegen leichtfertigen Umganges mit den Kreditkartendaten bleiben hiervon aber unberührt.[21]

1. Vorkasse vermeiden und am besten per Rechnung bezahlen!
2. Bei Einzugsermächtigungen kann gegenüber der Bank der Abbuchung widersprochen werden.
3. Vertrauliche Zahlungsdaten wie die Kreditkartendaten oder Bankverbindung nie unverschlüsselt versenden.
4. Niemals die Kreditkarten-Pin angeben.

g) Widerruf und Rückgabe

Bei Bestellungen im Internet besteht – wie bereits im Kapitel 3.1 dargestellt – grundsätzlich das Recht, den Vertrag zu widerrufen und die Ware zurückzugeben. Dieses gesetzliche Widerrufsrecht kann innerhalb von zwei Wochen ausgeübt werden. Fristbeginn ist bei Waren der Erhalt der Ware, bei Dienstleistungen der Zeitpunkt des Vertragsschlusses. Zur Fristwahrung genügt die rechtzeitige Absendung. Wird nicht ordnungsgemäß über das Widerrufsrecht belehrt oder werden die Informationspflichten nicht erfüllt, kann sich die Frist auf bis auf vier Monate verlängern.

Alternativ hierzu hat der Gesetzgeber Händlern die Möglichkeit eingeräumt, dem Kunden anstelle des Widerrufsrechtes ein Rückgaberecht zu gewähren. Voraussetzung ist, dass in einem Verkaufsprospekt, den der Verbraucher in Abwesenheit des Unternehmers eingehend zur Kenntnis nehmen konnte, eine deutlich gestaltete Belehrung enthalten ist. Da der Kunde im Online-Handel den – virtuellen – Verkaufsprospekt stets in Abwesenheit des Unternehmers vom PC aus in aller Ruhe einsehen kann, ist die Einräumung des Rückgaberechtes hier stets möglich. Entscheidet sich der Anbieter

---

21 *Palandt-Sprau*, § 676h BGB, Rn 16, 17.

dazu, dem Kunden ein Rückgaberecht einzuräumen, wird das Widerrufsrecht hierdurch ersetzt. Die (mindestens einzuräumende) Rückgabefrist beträgt ebenfalls zwei Wochen, hinsichtlich Fristbeginn und -ende gilt dasselbe wie bei der Widerrufsfrist.

Der Widerruf kann durch schriftliche Erklärung gegenüber dem Vertragspartner, aber auch durch kommentarlose Rücksendung der Ware ausgeübt werden. Das Rückgaberecht, das dem Kunden anstelle des Widerrufes vom Anbieter eingeräumt werden kann, kann dagegen lediglich durch Rücksendung der Ware, nicht aber durch einfache Erklärung gegenüber dem Anbieter, ausgeübt werden. Sowohl Widerruf als auch Rückgabe brauchen nicht begründet zu werden.

Nach fristgerecht ausgeübtem Widerruf ist der Kunde an seine auf den Abschluss eines Vertrages gerichtete Willenserklärung nicht mehr gebunden. Soweit der Vertrag ganz oder teilweise bereits erfüllt wurde, ist er rückabzuwickeln, d.h. die Ware muss zurückgegeben und der Kaufpreis zurückgezahlt werden. Wird der Kaufpreis nicht innerhalb einer Frist von 30 Tagen seit Zugang der Widerrufserklärung zurückgewährt, gerät der Unternehmer ohne weitere Mahnung in Verzug.

Das Transportrisiko für die Rücksendung hat der Unternehmer zu tragen. Hinsichtlich der Rücksendekosten unterscheidet der Gesetzgeber zwischen Widerrufs- und Rückgaberecht:

Im Falle des Widerrufs sind die Rücksendekosten bis zu einem Bestellwert von 40 € (78,23 DM) vom Kunden zu zahlen, wenn dies vorher vertraglich (zum Beispiel in AGB) vereinbart wurde. Bei Bestellwerten über 40 € hat der Unternehmer die Kosten zu tragen. Im Falle des Rückgaberechtes sind die Kosten hingegen immer vom Unternehmer zu übernehmen. Eine Abwälzung auf den Kunden ist hier nicht möglich.

→ Über das Widerrufs-/Rückgaberecht ist spätestens mit Zusendung der Waren deutlich gestaltet zu informieren. Nur beim Widerruf und bei Bestellwerten bis 40 € können die Kosten der Rücksendung dem Verbraucher vertraglich auferlegt werden. Das Transportrisiko liegt immer beim Unternehmer.

h) Datensicherheit

Im weltweitem Netz ist das Abfangen und Umleiten von Daten relativ einfach möglich. Deshalb wurden verschiedene Verschlüsselungstechniken entwickelt. Am gebräuchlichsten ist das sogenannte SSL-Protokoll, das in verschiedenen Versionen existiert. Seine Sicherheit richtet sich nicht zuletzt nach der Länge des zur Codierung verwendeten Schlüssels. Mit anderen Worten: die Schlüssellänge lässt Aussagen über die Sicherheit der Übertragung zu. Daher sollte man Informationen des Anbieters über die verwendete Schlüssellänge nicht unbeachtet lassen und im Zweifel versuchen, sich hierüber Informationen zu verschaffen. Das Bundesamt für Sicherheit in der Informationstechnik empfiehlt eine Schlüssellänge von mindestens 768 bit. Stand der Technik ist heute aber 1024 bit, darunter sollte eigentlich kein Anbieter bleiben.

Auf der Homepage der Stiftung Warentest (www.stiftung-warentest.de) kann ein sogenannter SSL-Check vorgenommen werden, der Aufschluss darüber gibt, wie sicher die Datenübermittlung mit dem jeweiligen Partner ist. Voraussetzung ist natürlich, dass der Anbieter zur Verschlüsselung die SSL-Technik einsetzt. Dies wird allerdings in der Regel der Fall sein. Ob diese Technik eingesetzt wird, wird meist auf der Webseite angezeigt. Eine Verschlüsselung ist zudem daran zu erkennen, dass die Adresse der Webseite, sobald sie einsetzt, nicht mehr mit „http://", sondern mit „https://" beginnt.

Zudem ist das auf dem unteren Fensterrand des Browsers eingeblendete Vorhänge-schloss geschlossen.

Aber auch sichere Übertragung schützt nicht unbedingt vor Missbrauch, wenn der Partner unseriös arbeitet. Gegen die bereits unter 2.1 beschriebenen Fälle von Web-seiten nicht existierender Geschäfte bietet SSL keine Sicherheit. Sicherer ist beispiels-weise der Standard SET (Secure Electronic Transaction); bei dem der Unternehmer keine unverschlüsselten Kartendaten des Kunden erhält und der Kunde sicher ist, es mit einem zertifizierten Händler zu tun zu haben. Der Unternehmer kann also die Kreditkartendaten nicht einsehen, die Bank aber auch nicht feststellen, was gekauft wurde. Dieses wie auch andere nach heutigem Standard als sicher einzustufende Zah-lungsverfahren sind aber noch nicht sehr verbreitet.

→ Die eingesetzte Verschlüsselungstechnik sollte dem Stand der Technik entsprechen. Einen sogenannten SSL-Check bietet die Stiftung Warentest an.

i) Datenschutz

In Deutschland ist die Verarbeitung und Nutzung der Kundenbestandsdaten zu Werbe- und Marketingzwecken gemäß § 5 Abs. 2 TDDSG nur mit ausdrücklicher Einwilligung des Kunden erlaubt. Vor der Erhebung jeglicher personenbezogener Daten muss er über Art, Umfang, Ort und Zweck der Speicherung und beabsichtigten Nutzung unter-richtet werden. Er hat das Recht auf Berichtigung. Eine einmal erteilte Einwilligung kann er jederzeit widerrufen. Hierauf muss der Anbieter vor Abgabe der Einwilligung ausdrücklich hinweisen. Zudem darf er die Erbringung von Diensten – beim Online-Kauf also die Belieferung des Kunden – nicht von dessen Einwilligung in eine Nutzung seiner Daten für andere Zwecke abhängig machen.

Es dürfen weiterhin nur so wenig personenbezogene Daten wie möglich erhoben, ver-arbeitet und genutzt werden (Gebot der Datensparsamkeit). Ausnahme: wenn der Kunde es anders wünscht, weil er z.B. öfter bei einem Unternehmen bestellt und seine Daten nicht jedes Mal neu eingeben möchte.

Daneben hat der Anbieter sicherzustellen, dass der Kunde seine Verbindung mit ihm jederzeit abbrechen kann. Alle Daten müssen gelöscht werden, wenn sie nicht mehr zum Zwecke der Ausführung des Bestellung benötigt werden. Und personenbezoge-nen Daten über die Inanspruchnahme verschiedener Teledienste durch einen Nutzer müssen getrennt verarbeitet werden – eine Zusammenführung dieser Daten ist unzu-lässig, soweit dies nicht für Abrechnungszwecke erforderlich ist.

Für viele Anbieter existieren diese Schutzvorschriften allerdings faktisch nur auf dem Papier. Dies wird aus der eingangs erwähnten Studie von Consumers International[22] deutlich.

1. Um Datenmissbrauch zu verhindern, sollten nur die nötigsten Angaben gemacht werden.
2. Anbieter, die obligatorisch persönliche Daten, die für die Ausführung der Bestel-lung nicht erforderlich sind, sollten gemieden werden.
3. Anbieter, die keine Hinweise zum Datenschutz und zur Datensicherheit geben, sollten gemieden werden.

---

22 Vgl. Fußnote Consumers International. Privacy@net, s.o.

5. Vorteile von Zertifikaten

Die Vorteile von Gütesiegeln/Zertifikaten im Bereich des E-Commerce liegen auf der Hand. Für den Verbraucher vereinfachen sie die Suche nach seriösen Anbietern. Mit einem Blick und ohne mühsame eigene Prüfung kann er feststellen, ob das Unternehmen, bei dem er eine bestimmte Ware zu kaufen beabsichtigt, seriös ist – angefangen bei der Frage, ob es überhaupt real existiert bis hin zu technischen und rechtlichen Detailfragen, die zu überprüfen er mit seinen begrenzten Möglichkeiten nicht in der Lage wäre. Sie gewähren den Verbrauchern damit die dringend benötigte Orientierungshilfe im Wildwuchs des Internets. Für den Unternehmer dienen sie als effektive Marketinginstrumente, da mit der Steigerung von Sicherheit und Vertrauen auf Seiten des Verbrauchers auch eine Steigerung der Akzeptanz des neuen Mediums – und damit letztlich auch des Absatzes des Unternehmers – einhergeht. Wählt er ein hochwertiges Gütesiegel mit turnusmäßigen, gründlichen Überprüfungen, kann er zudem sicher sein, stets sowohl in technischer als auch in rechtlicher Hinsicht auf dem zeitgemäßen Stand zu sein.

Um diese Wirkungen auf Dauer zu erzielen und insbesondere wirksamen Verbraucherschutz zu garantieren, müssen die Gütesiegel selbst von hoher Qualität sein. Die Qualität von Gütesiegel hängt dabei zum einen von der Qualität der aufgestellten Kriterien ab und zum anderen aber auch davon, wie umfangreich die Einhaltung dieser Kriterien während des Zertifizierungsverfahrens überprüft und auch später regelmäßig überwacht wird. Nur durch eine umfassende Zertifizierung, die neben einer Überprüfung der Website und einer rechtlichen Überprüfung auch Testbestellungen sowie die Überprüfung des Datenschutzes und der Datensicherheit im Unternehmen vor Ort vorsehen muss, festgestellt werden, ob ein Internet-Shop das Vertrauen Wert sein kann, das ihm Verbraucher aufgrund des Gütesiegels entgegenbringen sollen.

Weiterhin ist für jedes Gütesiegel unerlässlich, dass ein geeignetes Verfahren für die außergerichtliche Streitbeilegung integriert ist. Hier muss das Motto lauten: Für Verbraucher freiwillig und kostenlos bzw. kostengünstig, für Anbieter jedoch auf Wunsch des Kunden verpflichtend. Solche Verfahren sind zum einen für die Gütesiegelanbieter ein Kontrollinstrument für die Einhaltung der Kriterien. Zum anderen – und dies ist weitaus wichtiger – bieten sie Verbrauchern die Möglichkeit, bei rechtlichen Auseinandersetzungen ohne die Einschaltung von Gerichten zu einem schnellen Ergebnis zu gelangen. Dies ist umso wichtiger, je mehr grenzüberschreitende Geschäfte im Bereich des E-Commerce abgewickelt werden.

Nicht alle zur Zeit angebotenen Gütesiegel erfüllen die vorgenannten Anforderungen. Die Qualitätskriterien werden zwar in der Regel ausreichend transparent gemacht und orientieren sich an denjenigen, die im Rahmen der Initiative D21[23] in Zusammenarbeit mit dem Bundeswirtschaftsministerium und unter Mitwirkung der Verbraucherverbände entwickelt wurden. Dennoch lassen die gewählten Zertifizierungsverfahren jedenfalls dann zu wünschen übrig, wenn die Vergabe des Gütesiegels allein aufgrund von Selbstauskünften erfolgt und auf eine umfangreiche Prüfung, die neben einer Überprüfung der Website und einer rechtlichen Überprüfung auch Testbestellungen sowie die Überprüfung des Datenschutzes und der Datensicherheit vor Ort vorsehen muss, verzichtet wird. Nur durch eine solche Überprüfung kann aber erst festgestellt werden,

---

23 „http://www.initiatived21.de".

ob die Vergabe eines Gütesiegels gerechtfertigt ist und ein Internet-Shop das Vertrauen Wert sein kann, das ihm Verbraucher aufgrund des Gütesiegels entgegenbringen sollen. Um zu verhindern, dass hier erneut Verunsicherung bei Verbrauchern entsteht und die beabsichtigten Wirkungen von Gütesiegeln gerade nicht eintreten, muss aber neben den Qualitätskriterien besonderer Wert auf das Zertifizierungsverfahren gelegt werden.

Aus dem Blickpunkt des Verbraucherschutzes sind an ein gutes E-Commerce-Zertifikat daher folgende Anforderungen zu stellen:

1. Zunächst einmal müssen sowohl die Qualitätskriterien als auch das Prüfverfahren transparent gemacht werden. Verbraucher sowie Unternehmer müssen nachvollziehen können, in welchen Punkten sie mit Vergabe des Siegels Sicherheit erwarten können.

2. In einem ernstzunehmenden und gründlichen Verfahren muss überprüft werden, ob der jeweilige Online-Shop seine Vertragsgestaltung und -abwicklung verbraucherfreundlich gestaltet, und zwar dort, wo dies erforderlich ist, auch über das gesetzliche Mindestmaß hinaus. Nur dann ist das Gütesiegel geeignet, wirklich das Vertrauen des Verbrauchers zu steigern – und in der Folge dann den Absatz des Unternehmers.

3. Die Prüfung muss insbesondere dort ansetzen, wo der Verbraucher die meisten Befürchtungen hegt – bei der Datensicherheit und dem Datenschutz. Hinzukommen muss eine Überprüfung derjenigen Elemente, die entweder zum Schutz des Verbrauchers besonders wichtig sind, wie etwa die vollständige Anbieterkennzeichnung und bei denen erfahrungsgemäß die meisten Probleme auftreten, wie etwa bei der Handhabung von Reklamationen und Widerruf.

4. Die Zertifizierung sollte nur bei Erfüllung aller aufgestellten Qualitätskriterien erfolgen dürfen (sogenannte K.O.-Kriterien).

5. Zertifiziert werden sollte nicht allein aufgrund von Selbstauskünften interessierter Shops, sondern anhand von Testbestellungen, Website-Kontrolle und Vor-Ort-Überprüfung.

6. Das Gütesiegel muss zeitlich limitiert sein – möglichst nicht länger als ½ Jahr –, um zu gewährleisten, dass die Qualitätsanforderungen auch nach Siegelvergabe weiter eingehalten und an die jeweils aktuelle Gesetzeslage angepasst werden. Nach Ablauf dieser Zeit kann dann eine kurze Nachkontrolle jeweils klären, ob das Siegel verlängert werden kann.

7. Es muss eine Infrastruktur für ein Beschwerdeverfahren vorgesehen sein für den Fall des Auftretens von Unstimmigkeiten zwischen den Parteien.

8. Und nicht zuletzt sollte der Zertifizierer bzw. Kriteriengeber als vertrauenswürdige und neutrale Stelle legitimiert sein.

6. Verbraucherverbände und Gütesiegel

Es gehört zu den traditionellen Aufgaben der Verbraucherorganisationen, auf Risiken bei Geschäften hinzuweisen, mit Beratungen in Konfliktfällen zu helfen und gegen unseriöse Anbieter mit Abmahnungen vorzugehen. Für das schnelllebige und internationale Medium Internet bedarf es aber für einen effizienten Verbraucherschutz eines weiteren Ansatzes. Checklisten oder andere Hinweise zum sicheren Einkauf können nur eine erste Orientierung geben. Sie können aber nicht die Seriosität und Sicherheit eines konkreten Online-Shops abschließend beurteilen und leisten daher nur einen begrenzten Beitrag zur Schaffung von Vertrauen und Akzeptanz. Hierzu bedarf es vielmehr eines Instruments, das dem Verbraucher diese Prüfung abnimmt und ihm zeigen kann, bei welchem Anbieter ein fairer und sicherer Einkauf gewährleistet ist. In diesem Sinne hat die Verbraucher-Zentrale NRW einen neuen Weg in der Verbraucherarbeit beschritten und neben der klassischen Vorkaufsberatung ein weiteres Instrument des vorbeugenden Verbraucherschutzes eröffnet.

Um Verbrauchern die Sicherheit zu verschaffen, tatsächlich an einen fairen Geschäftspartner geraten zu sein, wurden Qualitätskriterien (VZ-OK) für den Wareneinkauf im Internet[24] entwickelt. Der Rheinisch-Westfälische TÜV übernimmt mit dem TÜV-ONLINE-CHECK[25] die Durchführung von Beurteilungen nach Maßgabe dieser Kriterien und vergibt das Siegel. Im Rahmen der Zertifizierung werden vor Ort in den Firmen die Einhaltung derjenigen Qualitätskriterien, die sich bei einem bloßen Besuch auf der Website und durch Testbestellungen nicht erschließen, überprüft. Zudem werden die Allgemeinen Geschäftsbedingungen einer rechtlichen Bewertung unterzogen.

Inhaltlich sind in die Kriterien die Erfahrungen der Verbraucher-Zentrale mit den Missständen des Online-Kaufes eingeflossen. Es werden selbstverständlich auch sämtliche bereits angesprochene Risiken einbezogen. Zusammen mit der technischen Kompetenz des RWTÜV ist daher gewährleistet, dass dieses Gütesiegel geeignet ist, dem Kunden größtmögliche Sicherheit zu geben. Dies spiegelt sich auch darin wider, dass die Initiative D21 den TÜV-ONLINE-CHECK, basierend auf den VZ-OK-Kriterien, sowohl Verbrauchern als auch Anbietern als Gütesiegel[26] empfiehlt.

---

24 Die Qualitätskriterien der Verbraucher-Zentrale NRW stehen im Internet (http://www.vz-nrw.de) zum Download bereit.
25 Informationen zum Zertifizierungsverfahren des RWTÜV sind unter http://www.sicher-einkaufen-im-internet.de veröffentlicht.
26 Insgesamt werden zur Zeit nur acht Gütesiegelanbieter als empfehlenswert eingestuft, „http://www.initiatived21.de".

IV. Zertifizierung und Steuern

Gregor Nöcker

1. Einleitung

Schaut man durch die Zertifizierungskataloge der verschiedenen Prüfer, so fällt auf, dass das Thema Steuern keine Rolle spielt.

Interessant für Anbieter von Waren und Dienstleistungen via Internet (im folgenden auch anbietende Unternehmer) ist aber, zu wissen, welche steuerrechtlichen Gefahren lauern. Dabei hat ihn zu allererst zu interessieren, wie seine Geschäfte per Internet umsatzsteuerlich zu behandeln sind. Besteht die Gefahr, dass er Umsatzsteuer letztlich selbst tragen muss, weil sein Kunde schwer fassbar ist?

Aus diesem Grunde ist es geboten, den derzeitigen Stand der Diskussion hinsichtlich der Umsatzsteuer aufzuzeigen. Man wird sehen, dass in diesem Zusammenhang eine beachtliche Komplexität vorherrscht, die von dem Unternehmer eine enorme Aufzeichnungspflicht verlangt. Fehlt es daran, kann es zu Fehlern kommen, die den Anbieter Umsatzsteuer kosten. In der Behandlung des Umsatzsteuerrechts soll aber auch auf den Fall eingegangen werden, dass der Unternehmer in diesem Bereich einen Schaden dadurch erleidet, dass er liefert ohne Entgelt zu erhalten. Ein kurzer Exkurs ins Einfuhrumsatzsteuerrecht und das Zollrecht soll dieses erste Kapitel abschließen.

Anschließend soll sich ein Kapitel mit der Fragestellung befassen, wann und wie der Unternehmer, der Waren bzw. Dienstleistungen via Internet anbietet, für fremde Steuern haftet.

Danach soll das Problem digitaler Belege betrachtet werden. Hierbei geht es auch um die wichtige Frage, wann digitale Belege vorsteuerabzugsberechtigt sind.

Schließlich soll geprüft werden, wie die Kosten des Internetauftritts einschließlich Zertifizierung ertragssteuerlich, also bei Einkommensteuer und Körperschaftsteuer, zu behandeln sind.

Abschließen soll diesen Beitrag eine Zusammenfassung unter dem Aspekt, wie die aufgezeigten Probleme bei der Zertifizierung beachtet werden können.

2. Umsatzsteuer

a) Einleitung

Soweit Waren bzw. Dienstleistungen via Internet angeboten werden und folglich Verträge zustande kommen, ist zunächst zu prüfen, ob Umsatzsteuer vom leistenden Unternehmer abzuführen ist. Hier ist danach zu unterscheiden, welche Arten von Leistungen erfolgen und an wen in welchem Land. Sich hierüber Klarheit zu verschaffen, ist meist das erste große Problem für den anbietenden Unternehmer. Häufig hat der Unternehmer kaum Daten zur Hand, um dies beurteilen zu können. Ist seine Homepage zertifiziert, so kann dies anders sein, wenn der Kunde im Rahmen des Verfahrens freiwillig Daten von sich preisgeben muss. Ansonsten besteht ein noch näher zu beschreibendes Risiko für den Unternehmer, dass er ggf. Umsatzsteuern abführen muss, die er selbst nicht in Rechnung gestellt hat und auch später nicht mehr in Rechnung stellen kann.

b) Lieferung oder sonstige Leistung

Der Umsatzsteuer unterliegen grundsätzlich Lieferungen und sonstigen Leistungen, die ein Unternehmer im Inland gegen Entgelt im Rahmen seines Unternehmens ausführt (§ 1 Abs. 1 Satz 1 Nr. 1 UStG). Es muss sich folglich bei den getätigten Geschäften um solche im Inland handeln. Wann dies der Fall ist, bestimmt sich im Umsatzsteuerrecht nach dem Ort der Lieferung oder sonstigen Leistung. Hier hält das Umsatzsteuerrecht in §§ 3ff. UStG eine erschreckende Vielfältigkeit von Möglichkeiten bereit.

Vorab ist dabei zu klären, wann eine Lieferung vorliegt und wann eine sonstige Leistung. Dabei ist im E-Commerce zwischen sog. Offline-Geschäften und sog. Online-Geschäften zu unterscheiden.[1]

aa) Offline-Lieferung

Offline-Lieferungen liegen vor, wenn die Auswahl und die Auftragserteilung zur Lieferung über Internet erfolgen, die eigentliche Lieferung der Waren aber in herkömmlicher Art und Weise durch Speditionen bzw. die Post[2]. Umsatzsteuerlich liegt in diesen Fällen eine Lieferung i.S.d. § 3 Abs. 1 UStG vor[3], die dort ausgeführt wird, wo die Beförderung oder Versendung beginnt. Dies ist bei inländischen Anbietern in der Regel irgendwo im Inland. Somit ist diese Lieferung steuerbar. Erfolgt die Lieferung an einen Abnehmer im Inland, so ist sie auch steuerpflichtig. Der anbietende Unternehmer hat die Umsatzsteuer zu berechnen und an das Finanzamt abzuführen.

Erfolgt die Lieferung in das Ausland, worunter zunächst das Nicht-EU-Ausland zu verstehen ist, so ist die Lieferung gemäß § 4 Nr. 1a UStG i.V.m. § 6 UStG in der Regel umsatzsteuerfrei. Dies gilt unabhängig davon, ob der Abnehmer Unternehmer ist oder nicht[4]. Entscheidend ist, dass der Anbieter die in §§ 8 ff. UStDV genannten Ausfuhrnachweise vorlegen kann. Soweit der Anbieter an einen Unternehmer in einem anderen EU-Mitgliedsland liefert, ist der Ort der Lieferung ebenfalls grundsätzlich im Inland. Die Lieferung ist als sog. innergemeinschaftliche Lieferung steuerfrei. Etwas anderes gilt hier jedoch, wenn die Lieferung an einen Kleinunternehmer, einen Nichtunternehmer oder andere in § 3c Abs. 2 UStG näher genannte Personen erfolgt[5]. In diesem Fall befindet sich der Ort der Lieferung im Bestimmungsland der auszuliefernden Ware[6], also im EU-Ausland. Dort ist die Lieferung steuerbar und grundsätzlich

---

1 Vgl. *Bornheim*, Lieferungen und Leistungen via Internet, in: UStB 2000, S. 250 (250 f.); *Grawe*, E-Commerce, in: UStB 2000, S. 106 (107); *Huschens*, Die Umsatzbesteuerung elektronisch erbrachter Dienstleistungen nach geltendem Recht und dem Richtlinienvorschlag der EU-Kommission, in: Inf 2000, S. 737 (737).

2 Vgl. *Bornheim* (Fn. 1), S. 250 (250); *Grawe* (Fn. 1), S. 106 (107); *Huschens* (Fn. 1), S. 737 (737).

3 Vgl. *Bornheim* (Fn. 1), S. 250 (251); *Grawe* (Fn.1), S. 106 (107).

4 Vgl. *Bornheim* (Fn. 1), S. 250 (251).

5 Vgl. *Bornheim* (Fn. 1), S. 250 (251).

6 Vgl. *Bornheim* (Fn. 1), S. 250 (251).

auch steuerpflichtig. Der anbietende Unternehmer hat dort eine Umsatzsteuererklärung abzugeben. Allerdings gilt dies nur, wenn er mit seinen Lieferungen in dieses EU-Mitgliedsland die sogenannte Lieferschwelle im laufenden wie im vorangegangenen Kalenderjahr überschreitet[7]. Die Höhe dieser Lieferschwelle wird vom jeweiligen EU-Mitgliedsland festgelegt. Für Lieferungen nach Deutschland beträgt sie beispielsweise gemäß § 3c Abs. 3 Satz 2 Nr. 1 UStG € 100 000,00. Soweit somit nur gelegentliche Kleinsendungen in das entsprechende EU-Mitgliedsland erfolgen, wird diese Lieferschwelle nicht überschritten. Folge ist, dass die Lieferung auch weiterhin in Deutschland steuerbar ist. Gemäß § 4 Nr. 1b UStG i.V.m. § 6a UStG ist allerdings eine Steuerfreiheit der innergemeinschaftlichen Lieferung nur gegeben, wenn der Abnehmer ein Unternehmer oder eine andere dort genannte Person ist. Dies gilt in der Regel nicht bei Endverbrauchern.

bb) Offline-Dienstleistungen

Neben den Offline-Lieferungen sind auch Offline-Dienstleistungen denkbar.[8] Es handelt sich hierbei um die Fälle, bei denen eine Dienstleistung (z.B. Reise, Theater, Mietwagen) zwar über Internet angeboten wird, die eigentliche Dienstleistung selbst aber in konventioneller Art und Weise – ohne Internet – ausgeführt wird[9]. In diesen Fällen liegt eine sog. sonstige Leistung i.S.d. § 3 Abs. 9 UStG vor. Ort der sonstigen Leistung ist grundsätzlich gemäß § 3a Abs. 1 UStG der Ort, von dem aus der anbietende Unternehmer sein Unternehmen betreibt, also bei anbietenden inländischen Unternehmen das Inland. Allerdings stellt § 3a Abs. 1 UStG nur eine Auffangnorm dar. Ohne auf die Einzelheiten eingehen zu können, sind etwa folgende Leistungsorte zu nennen[10]:

1. Für Reiseleistungen ist der Leistungsort gemäß § 3b UStG dort, wo die Beförderungsleistung ausgeführt wird.

2. Für kulturelle Leistungen ist der Leistungsort gemäß § 3a Abs. 2 Nr. 3 lit. a UStG der Ort der Darbietung der Leistung.

3. Für gutachterliche Leistungen ist der Leistungsort gemäß § 3a Abs. 2 Nr. 3 lit. c UStG bei Nichtunternehmern als Abnehmern der Ort der Begutachtung, gegenüber Unternehmern, die eine USt-Id-Nr. verwenden, der Ort des empfangenden Unternehmens.

4. Für Vermittlungsleistungen (ohne Reiseleistungen) ist der Leistungsort gemäß § 3a Abs. 2 Nr. 4 UStG der Ort der vermittelnden Leistung, gegenüber Unternehmern bei Verwendung der USt-ID-Nr. der Ort des empfangenden Unternehmens.

Selbst bei anbietenden inländischen Unternehmern kann folglich der Leistungsort je nach Art der Leistung im Inland wie im Ausland liegen. Soweit der Ort der sonstigen Leistung im Ausland liegt, scheidet eine Umsatzsteuerbarkeit in Deutschland aus. Anders als im Fall der Offline-Lieferungen muss der anbietende Unternehmer Klarheit über den Sitz der Geschäftsleitung des empfangenden Unternehmers haben. Daneben muss er sicher sein können, dass es sich um einen Unternehmer handelt. Andernfalls ist grundsätzlich – unabhängig von der Art der Leistung – der Ort der Leistung im Inland und folglich Steuerbarkeit gegeben. Die USt-ID-Nr. ist dabei ledig-

---

7 § 3c Abs. 3 Satz 1 UStG.
8 Vgl. *Bornheim* (Fn. 1), S. 250 (251).
9 Vgl. *Bornheim* (Fn. 1), S. 250 (251).
10 Vgl. *Bornheim* (Fn. 1), S. 250 (252); *Grawe* (Fn. 1), S. 106 (107).

lich ein Indiz[11]. Sollte der anbietende Unternehmer beispielsweise für einen Nicht-unternehmer ein Gutachten erstellen, so ist der Leistungsort der Ort der Begutach-tung, damit häufig im Inland[12], nämlich im Büro des anbietenden Unternehmers. In diesem Fall ist die Begutachtung umsatzsteuerbar und umsatzsteuerpflichtig in Deutschland und die USt vom anbietenden Unternehmer an sein Finanzamt in Deutschland abzuführen. Das gilt selbst dann, wenn er diese USt nicht eingefordert hat. Wird das gleiche Gutachten dagegen für ein ausländisches Unternehmen gefertigt, ist der Leistungsort am Sitz des ausländischen Unternehmens[13].

cc) Online-Lieferungen und Online-Dienstleistung

Erfolgt die Bereitstellung des Produktes, nämlich der digitalen Informationen, über Internet, so spricht man von Online-Lieferungen[14]. Hierunter fallen etwa das Down-loaden von Software, MP-3 Musikfiles, Napsterdateien oder Internet-Filmen[15]. Die Online-Lieferungen werden umsatzsteuerlich als sonstige Leistungen und gerade nicht als Lieferungen qualifiziert[16]. Grund hierfür ist Art. 5 Abs. 1 der 6. EG-Richtlinie zur Harmonisierung der USt, welche bei einer Lieferung per definitione die Möglichkeit der Eigentumsübertragung verlangt. Bei Online-Lieferungen erfolgt nur die Einräu-mung eines Nutzungsrechts. Es fehlt damit an der für die Eigentumsübertragung not-wendigen Gegenständlichkeit[17]. Am deutlichsten wird dies bei der Überlassung von Standard-Software. Wird diese mittels Datenträger übergeben, so liegt eine Lieferung vor, beim Downloaden wird dagegen von einer sonstigen Leistung ausgegangen. Zu beachten ist, dass im Fall der Überlassung von Individualsoftware immer von einer sonstigen Leistung auszugehen ist, da hier – anders als bei Standardsoftware – die geleistete Dienstleistung im Vordergrund steht[18]. Ebenfalls von einer sonstigen Leis-tung ist auszugehen, wenn Online-Dienstleistungen wie Beratungen via Internet, Datenbankrecherchen, Internet-Werbung oder Webcams angeboten und abgefragt werden.[19]

Der Ort der sonstigen Leistung bestimmt sich somit nach § 3a UStG. Damit ist es grundsätzlich der Ort, an dem das anbietende Unternehmen sein Unternehmen be-treibt.

Hier ist der Grund für die Qualifizierung dieser Online-Lieferungen als sonstige Leis-tung im Sinne des Umsatzsteuerrechts zu sehen. Während es bei Lieferungen i.S.d. § 3 Abs. 1 UStG hinsichtlich des Lieferortes darauf ankommt, wo die Versendung oder Beförderung beginnt, kommt es bei der sonstigen Leistung allein darauf an, wo der anbietende Unternehmer sein Unternehmen besitzt. Dies wird in der Regel im Inland sein. Problematisch ist aber auch hier, dass § 3a Abs. 1 UStG nur der Grundsatz ist und in diesem Paragraphen eine Fülle von Ausnahmen geregelt sind, die es für den anbie-

---

11 *von Wallis* in Bunges/Geist, Umsatzsteuergesetz, 6. Auflage, München 2000, § 181, Rz 2.
12 § 3a Abs. 2 Nr. 3 lit. c UStG.
13 § 3a Abs. 3 Satz 1 UStG.
14 Vgl. *Bornheim* (Fn. 1), S. 250 (251); *Grawe* (Fn. 1), S. 106 (107); *Huschens* (Fn. 1), S. 737 (737).
15 Vgl. *Bornheim* (Fn. 1), S. 250 (251); *Grawe* (Fn. 1), S. 106 (107); *Huschens* (Fn. 1), S. 737 (737).
16 Vgl. *Bornheim* (Fn. 1), S. 250 (252).
17 Vgl. *Bornheim* (Fn. 1), S. 250 (252).
18 Vgl. *Grawe* (Fn. 1), S. 106 (107).
19 Vgl. *Bornheim* (Fn. 1), S. 250 (253); *Grawe* (Fn. 207), S. 106 (107 f.).

tenden Unternehmer schwer machen, die richtige umsatzsteuerrechtliche Qualifizierung zu wählen. Die wichtigsten Fälle sollen kurz dargestellt werden[20]:

dd) Downloaden von Softwareüberlassung und Datenbankrecherchen

Der Ort der sonstigen Leistung bestimmt sich hier nach § 3a Abs. 4 Nr. 5 UStG mit der Folge, dass der Leistungsort bei Unternehmern als Empfängern der Leistung der Sitzort des empfangenden Unternehmens oder der Ort seiner Betriebsstätte ist. Das anbietende Unternehmen muss folglich bei Unternehmern aus anderen EU-Mitgliedsländern wie auch dem sonstigen Ausland die Leistung dort versteuern, soweit diese Länder eine entsprechende Umsatzsteuerpflicht kennen. Bei Nichtunternehmern kommt es dagegen darauf an, ob diese im Nicht-EU-Ausland ansässig sind oder nicht. Sind die Nichtunternehmer im Nicht-EU-Ausland ansässig, so ist der Leistungsort im Drittlandsgebiet gelegen mit der Folge der ggf. dort vorliegenden Umsatzsteuerpflicht. Bei Leistungen an inländische Nichtunternehmer oder Nichtunternehmer aus EU-Mitgliedsländern erfolgt die Besteuerung aufgrund des Leistungsortes am Sitzort des leistenden Unternehmens im Inland.

ee) Werbung und Öffentlichkeitsarbeit

Die Bereitstellung von Werbebanner wie auch die Erstellung von Homepages wird unter den Begriff der Werbung und Öffentlichkeitsarbeit i.S.d. § 3a Abs. 4 Nr. 2 UStG fallen. Dieser verweist auf § 3a Abs. 3 UStG, so dass das zum Downloaden von Software Gesagte gilt.

ff) Beratungsleistungen

Die Beratungsleistungen i.S.d. § 3a Abs. 4 Nr. 3 UStG, und um solche handelt es sich in der Regel bei den Leistungen über sog. Hotlines wie auch in den Fällen der elektronischen Übersetzung, unterliegen den gleichen Regeln wie beim Downloaden von Software.

gg) Vermittlung von Immobilien

Soweit Immobilien via Internet vermittelt werden, ist die Vermittlungsleistung eine sog. Online-Dienstleistung und somit umsatzsteuerrechtlich eine sonstige Leistung i.S.d. § 3 Abs. 9 UStG. Der Leistungsort liegt am Ort der vermittelten Leistung/Lieferung. Da dieser hier im Zusammenhang mit einem Grundstück steht, ist der Leistungsort gemäß § 3a Abs. 2 Nr. 1c UStG dort, wo das Grundstück belegen ist. Somit ist eine Steuerbarkeit nur gegeben, wenn ein inländisches Grundstück betroffen ist. Die Vermittlungsleistung ist dann nicht steuerfrei i.S.d. § 4 Nr. 9a UStG, da die Vermittlung selbst nicht unter das Grunderwerbssteuergesetz fällt. Unter das Grunderwerbssteuergesetz fällt lediglich das vermittelte Grundstückgeschäft.

---

20 Vgl. *Bornheim* (Fn. 1), S. 250 (253); *Grawe* (Fn. 1), S. 106 (107 f.).

hh) Vermittlung von gebrauchten Kfz

Der Leistungsort bei der Vermittlung von gebrauchten Kfz ist gemäß § 3a Abs. 2 Nr. 4 UStG dort, wo der Kauf ausgeübt wird. Dies ist im Fall der Vermittlung von Kfz im Inland folglich ein inländischer Ort. Steuerpflicht liegt mangels Befreitungstatbestand vor.

ii) Preisagenturen

Bei Preisagenturen steht die Beratungsleistung des Preisvergleiches im Vordergrund. Dieser ist als Fall der Überlassung von Informationen i.S.d. § 3a Abs. 2 Nr. 4 UStG zu fassen, so dass der Leistungsort nach den Grundsätzen für die Softwareüberlassung zu ermitteln ist.

jj) Drohende Kostentragungsgefahr

Zusammenfassend ist festzuhalten, dass der anbietende Unternehmer angesichts der Komplexität der Bestimmung des Leistungsorts den Leistungsempfänger identifizieren muss und sich Klarheit über den Sitz des empfangenden Unternehmers und seine Unternehmereigenschaft verschaffen muss.[21]

Macht er dies nicht, so kann er nicht sicher sein, dass er die Steuerbarkeit richtig beurteilt hat und folglich die Umsatzsteuer[22] korrekt erhoben bzw. nicht erhoben hat. Relevant ist dies dann, wenn er Steuerschuldner dieser USt ist. In diesem Fall hat er die USt an das für ihn zuständige Finanzamt abzuführen.

c) Steuerschuldnerschaft

aa) Offline-Lieferungen

Gemäß § 13a UStG ist der Unternehmer, der eine Lieferung oder sonstige Leistung ausführt, Steuerschuldner. Dies gilt unabhängig davon, ob er die Umsatzsteuer vom Empfänger der Lieferung oder sonstigen Leistung erhalten hat. Voraussetzung ist unter anderem die Steuerbarkeit und Steuerpflichtigkeit des Umsatzes. Behandelt der Unternehmer eine Lieferung ins Ausland als steuerfrei und stellt keine Umsatzsteuer in Rechnung, so setzt dies u.a. voraus, dass diese Lieferung auch tatsächlich ins Ausland gelangt ist. Dies wird in der Regel bei Offline-Lieferungen kein Problem sein, da die Lieferungen ins Nicht-EU-Ausland durch Beförderung oder Versendung der Waren erfolgen und ein Nachweis über den Grenzübertritt vorliegen wird. Erfolgt eine Offline-Lieferung als innergemeinschaftliche Lieferung ins EU-Ausland, so fehlt es an diesem Grenzübertritt. Der EU-Binnenmarkt kennt keine Grenzen mehr. Der Unternehmer ist gemäß § 14a Abs. 2 Satz 1 UStG verpflichtet, eine Rechnung auszustellen, in der er auf die Steuerfreiheit der innergemeinschaftlichen Lieferung hinweist. Wird diese innergemeinschaftliche Lieferung irrtümlich als steuerfrei behandelt, etwa weil der Abnehmer kein Unternehmer ist, so ist dies dennoch unschädlich, soweit der liefernde Unternehmer den Angaben des Abnehmers vertraut hat und die Unrichtigkeit

---

21 Vgl. *Bornheim* (Fn. 1), S. 250 (252).
22 Zur Höhe vgl. unter Nr. 2 d).

unter Beachtung der Sorgfalt eines ordentlichen Kaufmanns nicht erkennen konnte. Ein besonderes Risiko hinsichtlich der Steuerschuld ist also bei Offline-Lieferungen nicht zu sehen.

bb) Online-Geschäfte

Problematisch wird die Frage nach der Steuerschuldnerschaft in den Fällen der Online-Geschäfte, bei denen der Ort der sonstigen Leistung fälschlicherweise als im Ausland belegen angesehen worden ist. Dies ist etwa der Fall, wenn aus dem Ausland heraus auf den inländischen Server zugegriffen wird und ein bestimmtes Programm heruntergeladen wird. Der Leistungsort liegt nur dann im Ausland, wenn ein anderes Unternehmen das Programm herunterlädt. Nur in diesem Fall ist eine Steuerbarkeit in Deutschland nicht gegeben. Es bedarf dann eines Nachweises hinsichtlich des ausländischen Sitzes des empfangenden Unternehmens wie auch der Unternehmereigenschaft. Stellt sich im Nachhinein heraus, dass der Empfänger des Programms kein ausländisches Unternehmen ist, so fehlt es grundsätzlich an der Steuerbarkeit, es sei denn der Empfänger ist ein Nicht-EU-Ausländer mit dortigem Wohnort. Andernfalls, also wenn es sich um ein inländisches oder EU-ansässiges Nichtunternehmen handelt, ist Steuerbarkeit und Steuerpflicht in Deutschland gegeben mit der Folge, dass das leistende Unternehmen die Umsatzsteuer schuldet und an das zuständige Finanzamt abzuführen hat. Anders als bei innergemeinschaftlichen Offline-Lieferungen gibt es keine Vermutung für die Richtigkeit der Angaben des Empfängers. Zwar besteht in diesen Fällen ein zivilrechtlicher Anspruch auf Weiterbelastung der nachträglich abgeführten Umsatzsteuer, doch stellt sich dieser Anspruch häufig als schwer eintreibbar heraus. Kennt man den Geschäftspartner und kann man grundsätzlich auch vollstrecken, bleibt doch die Frage, ob tatsächlich eine solche Nachforderung wirtschaftlich sinnvoll oder möglich ist. Bei Online-Leistungen ist also stets sicherzustellen, dass man Nachweise über Sitz des Empfängers wie auch über seine Unternehmereigenschaft besitzt. Andernfalls besteht die tatsächliche Gefahr, dass der anbietende Unternehmer die Umsatzsteuer ohne Gegenleistung tragen muss.

cc) Exkurs: Änderung bei erhaltener Online-Leistung

Seit 1.1.2002 ist nun eine weitere Steuerschuld des inländischen Unternehmens denkbar. § 13b Abs. 1 Nr. 1 Alt. 2 UStG sieht eine solche Steuerschuld inländischer Unternehmen vor, wenn diese sonstige Leistungen von im Ausland ansässigen Unternehmern erhalten. Bislang regelte § 51 Abs. 1 Nr. 1 UStDV diesen Fall. Die sog. Nullregelung des § 52 Abs. 2 UStDV, wonach diese Steuerabführungspflicht entfiel, wenn in gleicher Höhe Vorsteuer gezogen werden konnte bzw. der Leistungsempfänger keine Rechnung mit gesondertem Nachweis erhielt, ist entfallen.

d) Steuersatz

aa) Offline-Geschäfte

Besonderheiten hinsichtlich des Steuersatzes gibt es bei Offline-Geschäften nicht. Gemäß § 12 Abs. 1 UStG beträgt die Umsatzsteuer grundsätzlich 16 %, soweit Steuerpflicht in Deutschland gegeben ist. Der ermäßigte Steuersatz von 7 % gilt gemäß § 12

Abs. 2 Nr. 1 UStG i.V.m. Anlage lfd. Nr. 49 beispielsweise für die Lieferung von Büchern und anderen Druckerzeugnissen.

bb) Online Geschäfte

Auch hinsichtlich des Steuersatzes bei Online-Geschäften ergeben sich keine Besonderheiten. Soweit nicht die Ausnahmeregeln des § 12 Abs. 2 UStG in Frage kommen, gilt der allgemeine USt-Satz von 16 %.

(1) Downloaden von virtuellen Druckerzeugnissen

Anders als bei der Lieferung von Büchern und anderen Druckerzeugnissen unterliegt das Downloaden von virtuellen Druckerzeugnissen nicht dem ermäßigten Steuersatz von 7 %. Das Downloaden ist als Online-Geschäft eine sonstige Leistung und damit gerade keine Lieferung im umsatzsteuerlichen Sinne. Nur Lieferungen von Druckerzeugnissen unterliegen aber dem ermäßigten Steuersatz nach den geltenden Voraussetzungen.

(2) Individualsoftware

Vereinbaren die Parteien bei der Erstellung eines Computerprogramms, dass der Hersteller dem Abnehmer den Source-Code aushändigt und ist gerade die Erstellung als Erfolg und nicht das reine Programmieren als Dienstleistung vereinbart worden, so liegen die Voraussetzungen des § 12 Abs. 2 Nr. 7c UStG vor[23]. In diesem Fall wird nämlich die Einräumung von Rechten an diesem Programm vereinbart.

e) Schadensfall

Hat der im Internet anbietende Unternehmer geliefert oder geleistet, erhält aber kein Entgelt, so stellt sich für ihn die Frage, ob er nun auch weiterhin Umsatzsteuer – soweit dies überhaupt der Fall war – schuldet. § 17 Abs. 2 Nr. 1 UStG stellt für den Fall der endgültigen Uneinbringlichkeit fest, dass die Berichtigungsvorschrift aus § 17 Abs. 1 UStG zum Tragen kommt. Hiernach ist die Umsatzsteuer auf Null zu reduzieren. Es bedarf in diesem Fall keiner Stornierung der Rechnung[24]. Die Umsatzsteuer wird allein gegenüber dem zuständigen Finanzamt korrigiert. Kein Fall der Uneinbringlichkeit des Entgelts liegt aber vor, wenn allein die geschuldete Umsatzsteuer vom Empfänger nicht gezahlt wird.

f) Zusammenfassung des heutigen Rechts

Man unterscheidet Offline-Lieferungen bzw. –Dienstleistungen von Online-Lieferungen bzw. –Dienstleistungen. Offline-Lieferungen unterliegen hinsichtlich des Ortes der Lieferung und damit hinsichtlich der Steuerbarkeit den allgemeinen Regeln für den

---

23 Vgl. *Lange*, Umsatzsteuerrechtliche Aspekte des E-Commerce, in: UR 2000, S. 409 (414) mit Verweis auf FG München, UVR 2000, S. 185; anders im Fall der Überlagerung durch sonstige Arbeiten, die nicht den urheberrechtlichen Teil betreffen (vgl. *FG Köln*, EFG 2001, S. 713).
24 Belegmäßig sind nur Änderungen der Bemessungsgrundlage in den in § 17 Abs. 4 UStG genannten Fällen (Jahresboni, Jahresrückvergütung etc.) vorzunehmen.

Leistungsort. In der Regel ist der Ort der Lieferung der Beginn der Beförderung oder Versendung – meist im Inland. Die Steuerfreiheit bei Lieferungen ins Nicht-EU-Ausland bzw. EU-Ausland unterliegt den üblichen Regeln einschließlich der bei Unternehmern von innergemeinschaftlichen Lieferungen geltenden Vermutungsregeln. Online-Lieferungen gelten dagegen als sonstige Leistungen und unterliegen somit den komplizierten Regeln über den Leistungsort. Dieser ist nur anhand von Nachweisen, die der Unternehmer sicherstellen muss, klar bestimmbar. Bei Fehlern hinsichtlich der Zuordnung des Leistungsortes gibt es keine Vermutung der Richtigkeit zugunsten des Unternehmers. Gegebenenfalls hat der anbietende Unternehmer nicht in Rechnung gestellte Umsatzsteuer als Steuerschuldner zu leisten. Der Steuersatz unterliegt den üblichen Regeln. Allerdings ist das Downloaden von virtuellen Druckschriften anders als im Fall von Büchern und sonstigen Druckschriften nicht mit dem ermäßigten Steuersatz begünstigt. Im Schadensfall kann die Umsatzsteuer nach den üblichen Regeln berichtigt werden. Ein Schadensfall ist nicht die fehlgeschlagene Weiterbelastung von an das Finanzamt abzuführender USt.

g) EG-Richtlinie zur Umsatzbesteuerung des E-Commerce

Der EG-Richtlinienentwurf zur Umsatzbesteuerung des E-Commerce[25] sieht vor, dass der Vertrauensschutz ausgeweitet wird. Demnach soll bei Leistungen an einen Unternehmer im EU-Ausland eine Befreiung von der Umsatzsteuerschuldnerschaft stets möglich sein, wenn man nachweist, dass man die Unternehmereigenschaft mit Hilfe einer unabhängigen Quelle überprüft hat[26]. Dies soll der Fall sein, wenn man die USt-ID-Nr. bei den Finanzbehörden kontrolliert hat[27]. Wer als Privatperson durch Verwendung einer USt-ID-Nr. sich fälschlicherweise als Unternehmer geriert, wird also in Zukunft die entsprechende Umsatzsteuer schulden. Eine daneben bestehende Gesamtschuldnerschaft des auf die USt-ID-Nr. vertrauenden Unternehmers soll wegfallen[28]. Daneben soll der Steuersatz für Online-Lieferungen wie auch -Dienstleistungen nicht mehr ermäßigt gewährt werden können[29]. Erwähnt sei in diesem Zusammenhang noch, dass in Zukunft Online-Leistungen an Privatpersonen stets im EU-Binnenraum steuerbar sein sollen[30]. Dies betrifft die Nicht-EU-Ausländer, die im EU-Binnenraum an Nichtunternehmer, vor allem Privatpersonen, Online-Leistungen erbringen. Bislang konnte dies nichtsteuerbar erfolgen, da der Ort der Leistung im Nicht-EU-Ausland liegt[31]. Hier will man Besteuerungsgleichheit und damit letztlich Wettbewerbsgleichheit schaffen. Bleibt abzuwarten, wie diese Steuerpflicht tatsächlich sichergestellt wird, ist die Welt des E-Commerce doch flüchtig und schnelllebig.

---

25 Vorschlag der Kommission für eine Richtlinie des Rates zur Änderung der Richtlinie 77/388/ EWG bezüglich der mehrwertsteuerlichen Behandlung bestimmter elektronisch erbrachter Dienstleistungen v. 7.6.2000, KOM (2000) 349 endg.
26 Art. 21 Abs. 1 lit a 6. RLEWG n.F.
27 Vgl. *Lange* (Fn. 23), S. 409 (418); *Huschens* (Fn. 23), S. 737 (741).
28 Vgl. *Lange* (Fn. 23), S. 409 (418).
29 Art. 12 Abs. 3 lit. a Uabs. 4 6.RLEWG n.F.
30 Art. 9 Abs. 2 lit. f Uabs. 1 Spiegelstrich 3 6. RLEWG n.F.
31 § 3a Abs. 1 Satz 1 UStG.

h) Exkurs: Zoll und Einfuhrumsatzsteuer

Vgl. Merkblatt zu Warenbestellungen über das Internet (E-Commerce) unter http://www. zoll.de

Hinsichtlich der Offline-Lieferungen ins Nicht-EU-Ausland gelten die üblichen zollrechtlichen Vorschriften der Empfängerländer. Sowie bei Lieferungen aus dem Nicht-EU-Ausland Zoll anfällt, wenn die Waren in den sog. freien Verkehr überführt werden, gilt dies in der Regel für Ausfuhren ins Nicht-EU-Ausland nach den jeweils dort geltenden Zollvorschriften. Ein Unterschied zu den per Post oder Telefon bestellten Sendungen gibt es nicht. Neben Zoll fällt bei Einfuhren im Fall der Überführung der Waren in den freien Verkehr Einfuhrumsatzsteuer an. Online-Lieferungen wie auch -Dienstleistungen unterliegen, da sie in der Regel keine Waren im Sinne des Zollrechts sind, weder dem Zoll noch der Einfuhrumsatzsteuer. Hier fällt in der Regel lediglich Umsatzsteuer nach den beschriebenen Regeln – in Verbindung mit den dort geltenden nationalen Vorschriften – an.

3. Haftung für fremde Steuern

Das Steuerrecht kennt auch die Haftung für fremde Steuern. So haftet beispielsweise der Betriebsübernehmer nach den Voraussetzungen des § 75 AO für die vor der Übernahme angefallenen, aber noch nicht bezahlten betrieblichen Steuern mit. Dabei bezeichnet der Begriff der Haftung im Steuerrecht immer das Einstehenmüssen für eine fremde Schuld[32]. Kein Fall der Haftung liegt allerdings in Zukunft vor, wenn Online-Leistungen von einem nicht im Gemeinschaftsgebiet registrierten Nicht-EU-Unternehmer abgenommen würden. Für die nach den dann geltenden Vorschriften einzubehaltende Steuer wird der Leistungsempfänger Steuerschuldner[33].

Kein Fall der Haftung ist der schon heute wichtige Fall der Steuerschuld aufgrund der Ausstellung einer Rechnung. In diesen Fällen liegt eine eigene Steuerschuld des die Rechnung ausstellenden Unternehmers vor. Wer nämlich in einer Rechnung einen Umsatzsteuerbetrag ausweist, ohne dazu berechtigt zu sein, etwa weil er kein Unternehmer i.S.d. § 2 UStG ist, der schuldet den ausgewiesenen Steuerbetrag. Geht man davon aus, dass die über Internet anbietenden Unternehmer auch Unternehmer i.S.d. § 2 UStG sind, also eine gewerbliche oder berufliche Tätigkeit selbständig ausüben, so ist die Steuerschuldnerschaft aufgrund der unberechtigten Ausweisung von Umsatzsteuer als Scheinunternehmer allerdings kein hier darzustellendes Problem.

Problematisch sind aber die Fälle, in denen irrtümlich Umsatzsteuer für eine nicht steuerbare Leistung berechnet wird und der Empfänger der Leistung ein anderer Unternehmer ist. Es liegt dann zwar kein Fall des § 14 Abs. 3 UStG vor, da in der Regel die Umsatzsteuer von einem Unternehmer ausgewiesen wird. Dieser Unternehmer weist „nur" zuviel USt aus. Statt der geschuldeten EUR 0,00 wird etwa ein bestimmter anderer Betrag in der Rechnung genannt. § 14 Abs. 2 Satz 1 UStG sieht in diesen Fällen vor, dass der Unternehmer, der den Umsatzsteuermehrbetrag ausweist, diesen Betrag auch gegenüber dem Finanzamt schuldet und abzuführen hat. § 14 Abs. 2 Satz 2 UStG

---

32 Vgl. *Lang* in Tipke/Lang, Steuerrecht, 16. Auflage, Köln 1998, § 7 Rz 49.
33 Art. 21 Abs. 1 Nr. 1 lit. b 6. RLEWG; § 13a UStG.

gibt in diesem Fall die Möglichkeit zur nachträglichen Berichtigung. Allerdings setzt dies die Stornierung der ursprünglichen Rechnung und die Ausstellung einer neuen Rechnung voraus[34]. Dies setzt voraus, dass eine solche Stornierung von dem Leistungsempfänger möglich gemacht wird. Problematisch erscheint dieser Fall allerdings nicht, da in der Regel die zuviel ausgewiesene Umsatzsteuer auch vereinnahmt wurde und deshalb von dem anbietenden Unternehmer an das Finanzamt abgeführt werden kann, ohne dass er diese letztlich selbst tragen muss.

4. Ertragssteuern

a) Kosten für die Erstellung einer Homepage

Die Ausgaben für die Erstellung einer Homepage unterliegen den allgemeinen Bilanzierungsregeln. Die Kosten sind bei den über das Internet anbietenden Unternehmern durch den Betrieb veranlasst und damit grundsätzlich als Betriebsausgaben anzusehen. Damit wären diese Kosten im laufenden Wirtschaftsjahr in voller Höhe gewinnmindernd bei der Einkommensteuer, Körperschaftsteuer und Gewerbesteuer zu berücksichtigen. Dies gilt jedoch nicht, wenn die Kosten aktivierungspflichtig wären. Dies ist dann der Fall, wenn durch diese Kosten ein eigenständiges Wirtschaftsgut erworben wird. Unter einem Wirtschaftsgut versteht man Sachen, Tiere und nichtkörperliche Gegenstände, auch bloße vermögenswerte Vorteile einschließlich „tatsächlicher Zustände" und „konkreter Möglichkeiten", die derart sind, dass sich ein Kaufmann ihre Erlangung etwas kosten lässt. Weiter müssen Wirtschaftsgüter nach der Verkehrsauffassung einer selbständigen Bewertung zugänglich sein und idR einen Nutzen für mehrere Wirtschaftsjahre erbringen[35]. Ein solches eigenständiges Wirtschaftsgut ist im Falle der Homepage gegeben, da diese einen eigenen Wert für das Unternehmen darstellt, den sich der Unternehmer etwas kosten lässt und deren Nutzung auch über mehrere Wirtschaftsjahre möglich ist[36]. Eine Homepage wird wegen der Nichtkörperlichkeit als immaterielles Wirtschaftsgut bezeichnet. Die Kosten für die Erstellung einer Homepage sind zu aktivieren und können nur entsprechend der Nutzungsdauer der Homepage abgeschrieben werden. Hierunter sind neben den Kosten für Hard- und Software auch Kosten für das Webdesign zu verstehen[37].

b) Kosten für die Betreuung und Änderung der Homepage

Die Kosten für die laufende Betreuung der Homepage sind nur dann zu aktivieren. wenn sie die Homepage wesentlich verändern. Dann liegt letztlich eine Art Neuanschaffung bzw. -herstellung der Homepage vor. Dies kann bei einer Generalerneuerung der Homepage oder einer Erweiterung der Nutzungsmöglichkeiten der Fall sein. In diesen Fällen liegen nachträgliche Anschaffungskosten vor, die die Nutzungsdauer

---

34 Vgl. Abschn. 189 Abs. 5 Satz 3 UStR.
35 Vgl. statt aller: *Weber-Grellet,* in: Schmidt, EStG, § 5, Rz. 94.
36 Vgl. *Leidig/Herzog,* Bilanzierungsfragen von Internetauftritten und Websites, in: StuB 2001, S. 800 (804).
37 Vgl. hinsichtlich der Aktivierung von Software als immateriellem Wirtschaftsgut: *Weber-Grellet*, in: Schmidt (Fn. 35), § 5, Rz. 172.

der Homepage verlängern. Andernfalls sind die Kosten für die Betreuung und Änderung der Homepage als Betriebsausgaben sofort gewinnmindernd zu berücksichtigen.

c) Herstellungskosten bei selbstentwickelter Homepage

Eine Homepage ist wie Software insgesamt als immaterielles Wirtschaftsgut zu qualifizieren. § 5 Abs. 2 EStG lässt eine Aktivierung nur zu, wenn immaterielle Wirtschaftsgüter des Anlagevermögens entgeltlich erworben worden sind. Dies ist bei selbstentwickelten Homepages nicht der Fall. Aus diesem Grunde sind die im Betrieb anfallenden Herstellungskosten nicht zu aktivieren. Unabhängig davon bleiben aber andere immaterielle Wirtschaftsgüter, die zur Herstellung der Homepage angeschafft worden sind, grundsätzlich aktivierungspflichtig. Zu nennen sind hier die für die Erstellung angeschafften Softwareprogramme.

d) Kosten für die Zertifizierung einer Homepage

Die Zertifizierung einer Homepage schafft kein selbständiges Wirtschaftsgut. Vielmehr wird ein Wirtschaftsgut hinsichtlich der Qualität überprüft. Die Nutzungsmöglichkeiten der Homepage werden durch die Zertifizierung nicht erweitert. Folglich ist eine Aktivierung der Zertifizierungskosten nicht nötig. Diese Kosten für die Zertifizierung sind, da betrieblich veranlasst, als Betriebsausgaben sofort gewinnbringend zu berücksichtigen.

e) Schadensfall

Abschließend sei noch kurz dargestellt, was ertragsteuerlich zu beachten ist, wenn die Leistung des anbietenden Unternehmers nicht vergütet wird. Soweit dieser Unternehmer bilanziert, hat er bereits mit Erbringung der Leistung eine Forderung gegen den Empfänger zu aktivieren und gleichzeitig die Umsatzerlöse zu erhöhen. Ggf. ist bei bestehender Umsatzsteuerpflicht auch die Umsatzsteuerverbindlichkeit zu erhöhen. Wird die Forderung allerdings von vornherein bestritten, so ist erst nach einer Bestätigung bzw. einer rechtskräftigen Entscheidung die Aktivierung dieser Forderung vorzunehmen[38]. Bis dahin erfolgt auch keine Erhöhung des Umsatzes. Ergibt sich später, dass eine Forderung uneinbringlich ist, so ist die Forderung abzuschreiben. Es entsteht ein Aufwand in Höhe der abzuschreibenden Forderung. Der Gewinn reduziert sich entsprechend. Bilanziert der Unternehmer nicht sondern führt er eine Einnahmen-Ausgabenrechnung durch, so hat er erst bei Vereinnahmung der vereinbarten Entgelte diese als Betriebseinnahmen anzusetzen. Mangels Einnahmen liegen im Fall der fehlenden Vergütung natürlich keine Betriebseinnahmen vor. Eine nachträglich Abschreibung erübrigt sich folglich.

---

38 Vgl. *Glanegger,* in: Schmidt, (Fn. 38), § 6, Rz 361.

5. Verfahrensrecht

Ein Hauptvorteil digitaler Geschäfte ist, dass keine Papierbelege mehr anfallen. Dennoch sind die allgemeinen Aufbewahrungs- und Prüfungspflichten für E-Commerce-Vorgänge nicht abgeschafft worden. Die Aufbewahrungsfrist von Büchern und Belegen beträgt regelmäßig gemäß § 147 Abs. 3 Satz 1 AO i.V.m. § 147 Abs. 4 AO zehn Jahre. In dieser Zeit sind die digitalen Belege, insbesondere die Bestellungen wie auch die Lieferscheine und Rechnung für eine Prüfung durch das Finanzamt verfügbar zu halten. Problematisch ist dies dann, wenn der verwendete Speicher eine solche zehnjährige Aufbewahrungsfrist nicht garantieren kann. So haben Disketten nur eine Mindesthaltbarkeit von drei Jahren, Magnetbänder sogar nur von zwei Jahren. Ein CD-ROM-Speicher garantiert dagegen eine Mindesthaltbarkeit von zwanzig Jahren.[39]

Zu diesen aufzubewahrenden Unterlagen gehört auch eine digitale Rechnung, die ab 1. Januar 2002 umsatzsteuerrechtlich die Wirkungen einer Papierrechnung erfüllen soll. Eine solche digitale Rechnung i.S.d. § 14 Abs. 4 UStG ist eine mit einer elektronischen Signatur versehene Rechnungsdatei. Hierunter versteht man eine Datei, die die Voraussetzungen des § 14 Abs. 1 UStG erfüllt:
1. Name und Anschrift des leistenden Unternehmers
2. Name und Anschrift des Leistungsempfängers
3. Menge und handelsübliche Bezeichnung des Gegenstandes der Lieferung oder die Art und der Umfang der sonstigen Leistung
4. Zeitpunkt der Lieferung oder der sonstigen Leistung
5. Entgelt für die Lieferung oder sonstigen Leistung
6. den auf das Entgelt (Nummer 5) entfallenden Steuerbetrag, der gesondert auszuweisen ist, oder einen Hinweis auf die Steuerbefreiung

Diese digital signierte Rechnung berechtigt zum Vorsteuerabzug. Es ist deshalb wichtig für die Kunden des anbietenden Unternehmers, dass dieser, soweit er digitale Rechnungen ausfertigt, die umsatzsteuerrechtlichen Anforderungen, insbesondere hinsichtlich der elektronischen Signierung, erfüllt.

Ab 1. Januar 2002 ist schließlich auch mit digitalen Außenprüfungen seitens des Finanzamtes zu rechnen. § 147 Abs. 6 AO gibt dem Finanzamt dann die Möglichkeit, auf das EDV-System des Steuerpflichtigen zuzugreifen.

6. Steuerrechtliche Anforderungen an die Zertifizierungsstellen

Betrachtet man das bisher Gesagte, so fällt auf, dass aus steuerrechtlichen Gründen ein Zertifikat nicht nötig erscheint. Soweit der Kunde die Leistungen nicht bezahlt, kann die Umsatzsteuer berichtigt werden. Auch ertragsteuerlich wird diese Leistung dann im Abschreibungswege „storniert". Problematisch bleibt die umständliche Prüfung, ob die Leistung überhaupt umsatzsteuerbar ist. Hierzu bedarf es verschiedenster Daten über den Kunden, insbesondere hinsichtlich seines Wohnortes/Sitzes der Geschäftsleitung und seiner Unternehmereigenschaft. Fehler, die hier passieren, führen bei den

---

39 Vgl. *Burchert,* Einführung eines Zugriffsrechts auf DV-gestützte Buchführungssysteme – Teil II, in: Inf 2001, S. 263 (265).

über Internet anbietenden Unternehmer zu einer Berichtigungsmöglichkeit. Allerdings besteht hier die tatsächliche Gefahr, dass der Leistungsempfänger nicht bereit ist, etwa irrtümlich nicht in Rechnung gestellte Umsatzsteuer in der Folgezeit noch nachzuentrichten. Im Interesse des anbietenden Unternehmers müssen die relevanten Daten über den Kunden abgefragt werden, um so steuerliche Mehrbelastungen zu vermeiden. Weiter muss daran gedacht werden, dass Daten aus steuerrechtlichen Gründen aufbewahrt werden und auch geprüft werden können.

Für die Zertifizierung bedeutet dies, dass folgendes abzufragen und dann zu testieren ist:

1. Werden Namen, Wohnort/Sitz der Geschäftsleitung so abgefragt und aufbewahrt, dass man sicher die Umsatzsteuerbarkeit und -pflichtigkeit bestimmen kann?

2. Werden Rechnungen so ausgestellt, dass sie den umsatzsteuerrechtlichen Anforderungen entsprechen und dem Kunden den Vorsteuerabzug ermöglichen?

3. Ist die Aufbewahrung und Prüfbarkeit der digitalen Daten sichergestellt?

Nur wenn diese Fragen im Rahmen der Zertifizierung abgefragt werden, kann der anbietende Unternehmer davon ausgehen, dass seine über Homepage angebotenen Leistungen steuerrechtlich Sicherheit garantieren. So wie der Kunde Sicherheit hinsichtlich der vorsteuerabzugsfähigen digitalen Rechnung haben will, verlangt der anbietende Unternehmer vom Zertifizierer, dass dieser steuerrechtliche Unsicherheiten schließt und die entsprechenden Gefahrenpunkte mitprüft.

D. Technische Sicherheit

I. Mathematische Grundlagen für die Sicherheit im Internet

Michael Nöcker

1. Einleitung

Wir befinden uns im Jahre 50 v. Chr. Ganz Gallien ist von den Römern besetzt. Ganz Gallien? So schreibt es zumindest der aus dem Lateinunterricht bekannte Gaius Julius Caesar an den Senat und das Volk von Rom. Was aber wirklich im Gallischen Krieg geschah, sollte Caesars Geheimnis bleiben. Daher verschlüsselte er die Briefe, in denen er seinem Freund Cicero Intima zu berichten hatte. Sicherlich hatte Caesar anfangs überlegt, die Botschaften nicht zu verschlüsseln, sondern einfach darauf zu vertrauen, das die Boten vertrauenswürdig sind und Diebe, die seine Briefe eher zufällig erbeuten, des Lesens unkundig sind. Aber schon der bekannte Stratege erkannte, dass die Sicherheit der Botschaft letztlich nur dadurch gewährleistet werden kann, dass die Botschaft selbst gesichert ist. Caesar wurde so zu einem der Urväter einer Technik, die man heute Kryptographie (vom Griechischen „krypto" – geheim und „graphos" – schreiben) nennt.

Szenenwechsel: Mehr als 2000 Jahre später hat sich das Internet seinen festen Platz als Kommunikationsmedium erobert. War das Netz der 90er Jahre geprägt durch Werbeauftritte und als unterstützendes Marketing-Instrument, hat mit Beginn des neuen Milleniums die Zeit des Dialogs begonnen. Kunden können online Bankgeschäfte tätigen und Bestellungen aufgeben, Unternehmen suchen weltweit nach Lieferanten und Kunden. Die Daten werden dabei zunehmend intimer. Aber kaum jemand denkt daran, dass das Internet selbst öffentlich ist; jede Nachricht, jedes Datenpaket kann prinzipiell von Dritten mitgelesen werden. Doch anders als Caesar bauen viele Nutzer darauf, dass nichts passieren kann. Viele brisante Daten werden gutgläubig im Klartext übertragen. Dabei steht heute jedem ein breites Spektrum an kryptographischen Techniken zur Verfügung, um seine Daten wirkungsvoll zu schützen. Wie diese Techniken im Prinzip funktionieren und wie man sie im Geschäftsalltag am PC und beim Arbeiten mit dem Internet einsetzen kann, soll in diesem und den folgenden Artikeln dieses Kapitels erläutert werden.

2. Am Anfang war der Buchstabendreh

Wenden wir uns den Grundlagen der Sicherheit durch Kryptographie im Internet zu. Kehren wir dazu in die Antike zurück. Schon die Spartaner hatten den Dreh raus, Befehle unlesbar zu machen. Als Urvater der Kryptographie gilt hingegen der schon erwähnte Gaius Julius Caesar. Ihm wird eine Idee zugeschrieben, an der wir einige Ideen, aber auch Gefahren der Verschlüsselung erläutern werden.

Caesar ersetzte zum Verschlüsseln einfach einen Buchstaben im Alphabet durch den Nachnachnachfolger (drei Buchstaben weiter nach hinten), also für „a" schrieb er „D", für „b" notierte er „E" und so weiter. Die Buchstaben „x", „y", und „z" bekamen einfach die noch unbenutzten drei Buchstaben „A", „B" und „C" zugewiesen.[1] Somit ergab sich eine Ersetzung, die buchstabenweise geschieht. Aus dem berühmten Ausspruch

ich kam sah und siegte

wird dann

LFK NDP VDK XQG VLHJWH

Den unverschlüsselten Text nennt man auch Klartext, den verschlüsselten Text Chiffrat.

Caesars vertrauenswürdiger Brieffreund konnte diesen Chiffretext leicht wieder in die Originalnachricht zurückübersetzen. Er oder sie musste die Ersetzung einfach rückwärts vornehmen: jeder Buchstabe des Chiffrats wird einfach durch den Vorvorvorgänger (drei Buchstaben weiter nach vorn) ersetzt. Also „A" wird übersetzt durch „x", „B" durch „y" bis hin zu „Z" durch „w". So wird der Redner Cicero als Adressat von Caesars geheimen Botschaften wohl gewusst haben, was damals wirklich in Gallien geschah. Aber wie wir wissen, hat er darüber geschwiegen.

Analysiert man das Verfahren genauer, stellt man fest, dass Caesar und Cicero eigentlich vor der Abreise nur festlegen mussten, welcher Chiffrebuchstabe für das ursprüngliche „a" eingesetzt wurde. Alle anderen Buchstaben folgten dann automatisch durch das gewählte System. Diese Vereinbarung, im konkreten Fall die Ersetzung von „a" durch „D", nennt man auch Schlüssel. Allgemein bekannte Beispiele für Schlüssel sind das Passwort bei Computernetzen oder die PIN der EC-Karte. Insgesamt hat man die Wahl zwischen 26 möglichen Ersetzungen für „a", nämlich entweder „A" oder „B" oder „C" bis hin zu „Z". Die Anzahl möglicher Schlüssel nennt man auch Schlüsselraum. Und wie man sich denken kann, sind 26 Möglichkeiten viel zu wenig. Schließlich kann jeder, der den Chiffretext in die Hände bekommt, nacheinander alle Möglichkeiten für den Schlüssel durchprobieren, bis er eine sinnvolle Nachricht bekommt. Diese Methode, einem Chiffretext zuleibe zu rücken, ist auch heute noch eine gängige Methode, die unter dem englischen Begriff „brute force" bekannt ist.

Diese Schwäche war schon im Mittelalter bekannt. Und zudem ist den damaligen Experten schon ein wichtiger Grundsatz der modernen Kryptographie bekannt gewesen: „Den Algorithmus, also die Art, wie man verschlüsselt, kann man nicht geheim halten. Lediglich, welchen Schlüssel man einsetzt, kann man auf Dauer verbergen.[2]" Oder, wie es einst ein großer Staatsmann ausdrückte: „Three people may share a secret if two of them are dead!" Daher ist die Wahl des Schlüssels zu Recht die Archillesferse jeder Sicherheitsfrage im IT-Zeitalter.

---

1 Zur besseren Unterscheidbarkeit werden wir den Originaltext immer in Kleinbuchstaben schreiben, der verschlüsselte Text wird ausschließlich aus Großbuchstaben bestehen.
2 Das lässt sich auch anhand der Geldautomaten verdeutlichen. Die Daten auf der Karte sind standardisiert, schon um das Geldabheben von Kunden fremder Banken zu ermöglichen. Somit müssen alle Geldautomaten wissen, wie nach Eingabe der PIN die Autorisierung überprüft wird. Das einzig fehlende Glied in der Kette ist die PIN selbst.

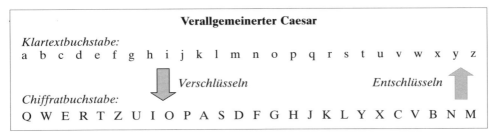

Aber wie kann man Caesars Grundidee retten? Eine Möglichkeit besteht darin, die Anzahl möglicher Schlüssel deutlich zu erhöhen. Man kann z.B. die Buchstaben beliebig vertauschen! Warum muß „b" auf „E" abgebildet werden, nur weil „a" bereits mit „D" übersetzt wird? Einzige Bedingung bei dieser Wahl: die Abbildung vom Klartextbuchstaben zum Chiffrebuchstaben muss eindeutig sein. Keine zwei unterschiedlichen Klartextbuchstaben dürfen denselben Chiffrebuchstaben haben. Mathematiker nennen diese Eigenschaft übrigens bijektiv. Eine mögliche Verschlüsselung ist oben dargestellt. Caesars oben zitierter Ausspruch liest sich dann nach der Verschlüsselung wie folgt:

ich kam sah und siegte

wird dann zu

OEI AQD LQI XFR LOTUYT

Der Empfänger muss jetzt als Schlüssel eine solche Tabelle mit den 26 Klartextbuchstaben und den zugeordneten 26 Chiffrebuchstaben bekommen. Die Verschlüsselung erfolgt durch Ersetzen der Buchstaben der oberen Zeile durch die entsprechenden Buchstaben der unteren Zeile. Die Entschlüsselung läuft wiederum umgekehrt: die Buchstaben der unteren Zeile werden durch die Buchstaben der oberen Zeile ersetzt.

Es bleibt zu fragen, ob dieses System sicher ist. Jetzt gibt es 26 Möglichkeiten, dem „a" einen Chiffrebuchstaben zuzuordnen. Für „b" bleiben dann noch 25 Buchstaben in der unteren Zeile als Möglichkeiten; ein Buchstabe gehört ja schon zu „a". Fährt man so fort, bekommt man als Anzahl möglicher Schlüssel die riesige Zahl

$$26 \times 25 \times 24 \times 23 \times \ldots \times 3 \times 2 \times 1 = 403291461126605535584000000$$

heraus. Durch Ausprobieren aller Möglichkeiten hat man bei dieser Anzahl kaum mehr eine Chance, den Schlüssel zu „erraten". Aus dieser Perspektive ist das System sicher. Und auch im Internetzeitalter werben einige Anbieter kryptographischer Produkte mit dem Argument unvorstellbar vieler möglicher Schlüssel, um die Sicherheit ihres Produkts zu untermauern. Leider ist die reine Anzahl möglicher Schlüssel alleine noch kein wirkliches Argument. Man muss zudem garantieren können, dass Brute force, d. h. das schrittweise Durchsuchen des gesamten Schlüsselraums, wirklich der einzige Weg ist, den Schlüssel zu finden, wenn man ihn denn nicht kennt.

Häufigkeitsanalyse

Die folgenden Werte zeigen die hypothetische Zeichenwahrscheinlichkeit im Englischen und im Deutschen. Sie sind entnommen aus dem Buch Friedrich L. Bauer: Entzifferte Geheimnisse, Springer Verlag.

Zeichen	Englisch	Deutsch	Zeichen	Englisch	Deutsch
A	8.04 %	6.47 %	N	7.09 %	9.84 %
B	1.54 %	1.93 %	O	7.60 %	2.98 %
C	3.06 %	2.68 %	P	2.00 %	2.98 %
D	3.99 %	4.83 %	Q	0.11 %	0.02 %
E	12.51 %	17.48 %	R	6.12 %	7.54 %
F	2.30 %	1.65 %	S	6.54 %	6.83 %
G	1.96 %	3.06 %	T	9.25 %	6.13 %
H	5.49 %	4.23 %	U	2.71 %	4.17 %
I	7.26 %	7.73 %	V	0.99 %	0.94 %
J	0.16 %	0.27 %	W	1.92 %	1.48 %
K	0.67 %	1.46 %	X	0.19 %	0.04 %
L	4.14 %	3.49 %	Y	1.73 %	0.08 %
M	2.53 %	2.58 %	Z	0.09 %	1.14 %

Und das ist auch bei dem verallgemeinerten Cäsar, also dem beliebigen Vertauschen der Buchstaben, nicht gegeben! Aber warum? Nun, weil unsere Sprache selbst zu regelmäßig ist. Nimmt man sich nämlich einen beliebigen deutschen Text, der mehrere Seiten füllt (z. B. diesen hier), so stellt man fest, dass die Buchstaben nicht gleichmäßig verteilt sind. Vielmehr kommt das „e" am häufigsten vor, und die Verteilung der Buchstaben ist – mit leichten Variationen von Sprache zu Sprache – textunabhängig. Die Verteilung im Deutschen ist oben angegeben. Und mit diesem Wissen, dieser Analyse, kann man nun jeden Text knacken, der buchstabenweise verschlüsselt ist. Man zählt im Prinzip einfach[3] die Häufigkeit der Buchstaben „A" bis „Z" im Geheimtext. Dann ordnet man die so sortierten Buchstaben der bekannten Verteilung eines beliebigen Klartextes zu. Schon „weiß" man dank der Häufigkeitsanalyse mit hoher Wahrscheinlichkeit, welcher Buchstabe für das „e" im Klartext steht; nämlich der Buchstabe im Chiffrat, der am häufigsten vorkommt. Eine wichtige Konsequenz für heutige Designer kryptographischer Verfahren ist damit illustriert: man darf einem Angreifer[4] „vorschreiben", wie er das Knacken versucht. Vielmehr muss man mathematisch beweisen, dass ein Angriff nur auf bestimmte Arten möglich ist. Und da das bei praktisch allen heute verwendeten Verfahren nicht vollständig möglich ist, verwendet man heute folgendes Prinzip: Ein Kryptodesigner veröffentlicht sein Verfahren, d.h. den Algorithmus, und macht ihn der Fachwelt zugänglich. Wissenschaftler, Forscher und Entwickler sind dann aufgerufen, Schwächen des Verfahrens aufzudecken. Im schlimmsten Fall wird so das System relativ schnell geknackt. Als zusätzlicher Anreiz werden oft sog. Challenges, das sind spezielle Aufgaben im Zusammenhang mit der Sicherheit eines

---

3 Für heutige Computer ist das Zählen der Buchstabenhäufigkeit in einem Text in Sekundenbruchteilen möglich.

4 Der Begriff des Angreifers ist ein Relikt aus der Zeit, als Kryptographie noch eine exklusive Sache der Schlapphüte und Feldherrn war. Er bezeichnet jemanden, der versucht, Informationen über den Klartext zu erhalten. Ein Erfolg ist dabei im üblichen Sinne schon erzielt, wenn wesentliche Informationen berechnet werden können. Die Entschlüsselung des ganzen Chiffrats ist nur der schlimmste Fall für den Kryptographen.

Kryptosystems, ausgelobt[5]. Die bekannten Standardsysteme trotzen seit vielen Jahren solchen Bemühungen und werden daher als „allgemein sicher" eingestuft.

3. Buchstabenblöcke und Schlüsselworte

Jeder Text besteht im Prinzip aus Buchstaben. Für einen Computer gibt es z.B. den sog. ASCII-Standard, der den Zahlwerten 0 bis 255 Buchstaben zuordnet; neben den 26 Groß- und 26 Kleinbuchstaben, 10 Ziffern und den üblichen Satzzeichen gibt es noch Sonderzeichen wie z. B. „(" oder „$". Vereinfacht kann man sich vorstellen, dass jedes Zeichen der Computertastatur computerintern ein Buchstabe ist. Im Computer werden diese Buchstaben als Zahlen, genauer als Kombination von 8 aufeinanderfolgenden „0" und „1" dargestellt. Informatiker sprechen in diesem Zusammenhang von 8 Bit, oder auch einem Byte. Um das Zählen der Häufigkeiten zu verhindern, werden Buchstaben nicht einzeln in Geheimbuchstaben „übersetzt". Vielmehr werden je nach Verfahren aufeinanderfolgende Buchstaben eines Textes zusammengefasst. Solche Blöcke umfassen je nach Verfahren 8 bis 32 Buchstaben resp. Bytes.

Verfahren	Bytes/Buchstaben	Bits
Data Encryption Standard (DES)	8 Bytes	64 Bit
IDEA	16 Bytes	128 Bit
Advances Encryption Standard (AES)	16 Bytes oder 32 Bytes	128 bzw. 256 Bits

Und wie verschlüsselt man jetzt? Im Prinzip könnte man beim alten Gaius Julius Caesar abschreiben. Man würde einfach jeden Block in einen Chiffrat-Block gleicher Länge übersetzen. Bei 8 Bytes ist auch die Häufigkeitsanalyse nicht mehr sinnvoll, da es keine so deutliche Häufigkeitsverteilung für Blöcke mit 8 Buchstaben mehr gibt. Insbesondere gibt es nämlich so viele verschiedene Blöcke, dass man riesige Tabellen austauschen müsste. Das ist aber kaum praktikabel.

Die Idee ist, ein Schlüsselwort zu vereinbaren und „geschickt" zu nutzen. Schon Giacomo della Porta hatte eine solche Idee. Er schlug vor, einen Block von fester Länge zu vereinbaren. Jeder Textblock des Klartextes wird nun mit diesem Schlüssel addiert (das geht, da Buchstaben für den Computer ja Zahlen darstellen). Ein Beispiel mit dem Schlüsselwort „GEHEIM" ist dann:

Klartext: e i n b e s s e r e s s y s t e m

Schlüssel: GEHEIMGEHEIMGEHEIM

Chiffrat: KMUFMEYIYAE EWAIU

Leider ist auf das Originalverfahren eine Häufigkeitsanalyse erneut anwendbar. Moderne Systeme enthalten daher eine wesentliche Verbesserung. Sie nutzen das Schlüsselwort nicht direkt, sondern „rechnen" für jede „Runde" eine neue Variante aus. Was das bedeutet, soll am Beispiel des Data Encryption Standards (DES) skizziert werden. Dieses Standardverfahren wurde von IBM entwickelt und am 17.03.1975 erstmals vollständig veröffentlicht. Am 15.01.1977 wurde das Verfahren durch die amerikanische

---

5 Eine solche Challenge findet sich für das im weiteren Verlauf vorgestellte RSA-System unter „http://www.rsa.com".

Standardisierungsbehörde als offizielles Kryptoverfahren vorgestellt. Bei DES vereinbart man einen Schlüssel, der 8 Buchstaben, also 64 Bit, lang ist. Vereinbart werden eigentlich nur 56 Bit, weitere 8 Bits werden als eine Art Prüfbits hinzugefügt, sind aber bei Kenntnis der 56 ursprünglichen Bits bekannt. Somit ergeben sich $2^{56} = 7,2*10^{16}$ Schlüssel. Das Verfahren besteht jetzt aus 16 gleich ablaufenden Runden, um aus dem Klartext das Chiffrat zu bestimmen. In jeder Runde wird dabei aus dem Schlüsselwort ein sog. Blockschlüssel generiert. Zum Verschlüsseln braucht man also einen Schlüssel mit 56 Bit, dieser wird aber in 16 verschiedenen Versionen benutzt. Das Verfahren ist so angelegt, dass das Entschlüsseln mit demselben Schlüssel und demselben Algorithmus funktioniert. Einziger Unterschied: statt des Klartextes wird das Chiffrat in handlichen 64 Bit-Blöcken als Eingabe benutzt.

4. Symmetrische Verfahren

DES ist das wohl bekannteste Verfahren einer Familie von Verschlüsselungssystemen, die dadurch beschrieben sind, daß das Ver- und Entschlüsseln mit Hilfe eines Schlüssels erfolgt.

Solche Verfahren werden symmetrische Verfahren genannt. Beide beteiligten Parteien benötigen zum Ver- und Entschlüsseln nämlich dasselbe geheime Wissen. Die Rollen sind austauschbar, was der Mathematiker mit symmetrisch beschreibt. Heutige symmetrische Verfahren arbeiten mit 64 bis 256 Bit. Als „sicher" gelten zur Zeit Verfahren mit mindestens 128 Bit. Symmetrische Verfahren sind meist bitorientiert, d.h. auf die Darstellung innerhalb des Computers genau abgestimmt und daher sehr schnell. Und da auch im IT-Zeitalter Zeit und Geld zueinander in Beziehung stehen, werden solche Verfahren in verschiedenster Abwandlung von Browsern, Chipkarten und beim Datenaustausch zwischen Unternehmen (B2B) oder zwischen Unternehmen und Kunden (B2C) benutzt. Ein Nachteil von symmetrischen Verfahren ist aber zu betonen. Die Verfahren funktionieren nur, wenn vor der Verschlüsselung der Schlüssel bereits vereinbart ist. Das wirft allerdings eine wesentliche Frage auf.

5. Wie kann man ein Geheimnis öffentlich vereinbaren?

Symmetrische Verfahren setzen also voraus, dass Personen, die ein symmetrisches Verfahren benutzen möchten, vorher einen geheimen Schlüssel vereinbaren. Eine Situation, die in jedem James Bond Film natürlich gegeben ist. Schließlich besprechen der Geheimagent Ihrer Majestät und seine Vorgesetzte M vor jedem Einsatz alles wesentliche, also auch geheime Codeworte.

Im Internet aber wird man den potentiellen Kunden nicht vor dem Kauf im Internet bitten können, sich mit einem Vertreter der Firma außerhalb des Netzes zu treffen oder mit ihm zu telefonieren, um einen geheimen Schlüssel zu vereinbaren. Schließlich würden so Spontanität und Neugier, wesentliche Aspekte beim ersten Kontakt des Kunden mit dem Angebot einer Unternehmung im Internet, nicht zum Tragen kommen. Aber wie kann man dann einen geheimen Schlüssel vereinbaren? Schließlich bräuchte man ja einen anderen geheimen Schlüssel, um diesen geheimen Schlüssel zu ver- bzw. entschlüsseln. Ein scheinbar unauflösbarer Widerspruch ...

An dieser Stelle hilft die Mathematik weiter. Zwei Mathematiker namens Diffie und Hellman stellten 1976 eine Idee vor, die die Kryptographie grundlegend verändern sollte. Sie gaben ein Verfahren an, mit dem zwei Personen einen gemeinsamen geheimen Schlüssel vereinbaren können, obwohl beliebig viele andere Personen zuhören können. Genau dieses Szenario ist beim Datenaustausch über das Internet vorzufinden. Die bahnbrechende Idee von Diffie und Hellman war eigentlich noch nicht einmal dieses Verfahren, sondern die Beschreibung einer Idee, die man heute als asymmetrische Kryptographie oder Kryptographie mit öffentlichem Schlüssel kennt. Der Idee mit einem konkreten Verfahren Leben eingehaucht haben übrigens drei andere Forscher namens Rivest, Shamir und Adleman. Das von ihnen patentierte Verfahren namens RSA (nach den Initialen) ist das heute wohl bekannteste asymmetrische Kryptoverfahren im Internet.

Allen gebräuchlichen asymmetrischen Verfahren ist gemein, daß sie auf mathematische Techniken zurückgreifen. Daher findet man kryptographische Forschung meist an Lehrstühlen der Mathematik und der Informatik. Diese Anwendung der Mathematik, genauer der Zahlentheorie, ist noch in den 30er Jahren des letzten Jahrhunderts nicht für möglich gehalten worden. So ist von dem Göttinger Mathematiker Hilbert der Ausspruch überliefert, die Zahlentheorie sei „... dasjenige Gebiet der Mathematik, das bisher noch keine Anwendung gefunden hat." Knapp 70 Jahre später wäre Sicherheit im Internet ohne die Grundlagen der Zahlentheorie nur sehr schwer vorstellbar.

6. Die Grundidee asymmetrischer Verfahren

Doch lassen wir die Mathematik noch für einen kurzen Augenblick außen vor und konzentrieren uns auf die Idee. Dazu bietet sich ein erneuter Besuch bei Caesar und seinem Weggefährten und Vertrauten Cicero an. Wie oben bereits festgestellt, basierte ihr System darauf, dass beide sich vor der Abreise von Caesar einen gemeinsamen Schlüssel ausgedacht hatten. Was wäre nun passiert, wenn sie durch ein Mißgeschick keinen gemeinsamen Schlüssel hätten vereinbaren können? Wie hätte Caesar dann doch eine sichere Botschaft schicken können?

Da nun beide kein gemeinsames Geheimnis kennen (und Diffie und Hellman mit ihrer Idee noch ferne Zukunftsmusik sind), bleibt nur eine pragmatische Lösung. Cicero könnte Caesar eine verschlossene Kiste schicken, die lediglich einen Einwurfschlitz für eine Nachricht enthält. Der Schlüssel zum Öffnen dieser Schatulle bliebe bei Cicero, da Caesar zum „Verschlüsseln" ja lediglich den Brief einwerfen müßte. Der Bote könnte durch den (zugegebenermaßen idealisierten Schlitz) nicht an den Brief kommen. Er, Cicero, wäre in Rom in der Lage, seinen persönlichen Schlüssel zu nutzen und die Schatulle zu öffnen. Wir verwenden auch heute noch Briefkästen mit Einwurfschlitzen und Schlössern, um das Postgeheimnis zu wahren.

Wie aber sähe ein Briefkasten im Internet aus? Ein wesentlicher Unterschied zu dem bekannten symmetrischen Verfahren wäre jetzt die Funktion des Schlüssels. Beim symmetrischen Verfahren haben beide Gesprächspartner denselben Schlüssel. Diesen gibt es somit genau zwei Mal. Bei der oben beschriebenen Idee mit der Schatulle hingegen sind die Rollen nicht mehr gleich; Caesar nutzt jetzt eine Schatulle, während Cicero einen dazu passenden Schlüssel besitzt. In diesem asymmetrischen Verfahren bekommen also Verschlüsselungsschlüssel und Entschlüsselungsschlüssel verschiedene Rollen zugewiesen!

7. Einbahnstraßen in der Mathematik

Wie kann man nun einen Briefkasten ins Internet bringen? Nur, um keine Missverständnisse aufkommen zu lassen. Es geht nicht um die E-Mail im PC. Diese ist ohne weiteres Zutun unsicher und eher einer Postkarte vergleichbar. Unser Bild von der Schatulle ist eben nur ein Bild. Um das ins Internet zu übertragen, braucht es Mathematik. Und zwar trickreiche. Wir brauchen eine Vorschrift, mit der ein Klartext leicht in einen Geheimtext umgewandelt werden kann. Aber ohne zusätzliches Wissen darf man nicht in der Lage sein, das Chiffrat zu entschlüsseln. Nur wenn man etwas besonderes weiß, eine Hintertür gewissermaßen, soll sich dieser gordische Knoten wie von Geisterhand lösen. Gibt es nicht, meinen Sie? Eine Illustration bietet das Telefonbuch. Es ist kinderleicht, einem Namen eine Nummer zuzuordnen, also den Namen mittels Telefonbuch zu verschlüsseln. Aber wer nur das handelsübliche, nach Namen sortierte Telefonbuch sein eigen nennt, kann nur mit sehr viel Mühe, nämlich durch Durchsuchen aller Nummern-Namen-Paare (d.h. Brute force) den Namen finden, respektive entschlüsseln. Wenn aber jemand das Telefonbuch nach Zahlen sortiert vorliegen hat, ist es natürlich kinderleicht, auf den Namen zu schließen. Das nach Zahlen sortierte Telefonbuch wäre also die Hintertür.

Die Mathematik bietet einige Kandidaten für solche „Telefonbücher", auch Einwegoder Einbahnstraßenfunktionen genannt. Zwei davon werden intensiv in der Kryptographie eingesetzt. Das eine nennt man diskreten Logarithmus, das andere hängt eng mit dem Zerlegen einer natürlichen Zahl in sog. Primzahlen, kurz Faktorisieren genannt, zusammen. Diffie und Hellman hatten die großartige Idee, die Fachwelt zur Suche nach solchen Einwegfunktionen zu animieren. Sie selbst haben den nach ihnen benannten Schlüsselaustausch auf dem Verfahren des diskreten Logarithmus aufgebaut.

Wie geht das nun? Die Division mit Rest ist aus der Schule noch geläufig. So ist $12 = 3*4$. Manchmal hingegen geht so eine Division nicht auf: $14 = 3*4 + 2$. Mathematiker interessieren sich in bestimmten Fällen nur für den sog. Rest, also im zweiten Beispiel 2. Die schreiben dann $14 = 2 \mod 3$, was man lesen kann als „bei Division von 14 durch 3 bleibt ein Rest von 2". Mathematiker sehen diese alte Rechenregel mit anderen Augen und leiten daraus Strukturen ab. Und Strukturen sind der Schlüssel zum Enthüllen und Verbergen in der Kryptographie. Diffie und Hellman nutzten das zum Verbergen. Dazu denken sich beide Gesprächspartner je eine geheime Zahl. Alice also a, und Bob b. Dann vereinbaren sie noch öffentlich eine Zahl c und ein m. Sie rechnen[6] $A = c^a \mod m$ (Alice) bzw. $B = c^b \mod m$ (Bob). Dann tauschen sie ihre Zahlen A und B aus, wobei die Geheimnisse a und b durch das Potenzieren verborgen sind. Jetzt kann Bob den gemeinsamen Schlüssel K berechen durch $A^b = (c^a)^b \mod m$, und Alice erhält unter Verwendung ihrer geheimen Zahl c und der öffentlichen Zahl B von Bob gerade $K = B^a = (c^b)^a \mod m$, also denselben Schlüssel. Dann können beide diesen Schlüssel als geheimen Schlüssel für ein symmetrisches Verfahren nutzen, z.B. DES. Ein konkretes Beispiel ist im Artikel „Sicheres Surfen im WWW" illustriert.

---

6 Das Potenzieren ist einfach das mehrfache Malnehmen einer Zahl a mit sich selbst. Es ist also α^5 gerade $\alpha*\alpha*\alpha*\alpha*\alpha$. Allgemein gibt der Exponent an, wie oft die Zahl mit sich selbst multipliziert wird. Mit dem richtigen Know-how geht das sehr schnell.

Schlüsselaustausch nach Diffie & Hellman

Alice	*Bob*

0. Alice vereinbart mit Bob öffentlich eine ca. 512 Bit große Primzahl m und ein Element α, so dass alle Zahlen zwischen 1 und m-1 als Potenz von α geschrieben werden

1. Alice denkt sich eine ca. 512 Bit große Zahl a aus und hält diese geheim. | Bob denkt sich eine ca. 512 Bit große Zahl b aus und hält diese geheim.

2. Alice berechnet nun A = α^a mod m und schickt A auf öffentlichem Weg zu Bob. Bob berechnet nun B = α^b mod m und schickt B auf öffentlichem Weg zu Alice.

3. Alice berechnet K = B^a mod m. | Bob berechnet K = A^b mod m.

4. Alice und Bob können den gemeinsam vereinbarten geheimen Schlüssel K jetzt zur Verschlüsselung in symmetrischen Kryptosystemen nutzen.

Warum ist das aber sicher, wo doch ein Zuhörer alles mithört? Na ja, er hört nicht alles mit. Er kennt c und m, und A und B. Er kennt aber nicht die Exponenten, also weder a noch b. Und gerade das Berechnen des Exponenten gilt als sehr schwierig, wenn man nur A, c und m kennt. Ein idealer Kandidat für eine Einwegfunktion also. Und die meisten Mathematiker sind heutzutage der Auffassung, dass diese Schwierigkeit, den diskreten Logarithmus zu berechnen, auch bedeutet, dass Diffie und Hellmans Schlüsselaustausch sicher ist.

8. Kryptographie mit öffentlichen Schlüsseln, z.B. RSA

Wenn Sie jetzt einwenden, dass ein Schlüsselaustausch noch kein neues Kryptoprinzip ist, dann haben Sie nicht Unrecht. Erst 1985 hat ElGamal gezeigt, dass man diesen Schlüsselaustausch auch leicht umschreiben kann, um beliebige Nachrichten zu ver- und wieder zu entschlüsseln. Zu diesem Zeitpunkt war aber der Urvater der Kryptographie mit öffentlichen Schlüsseln, oder public key kryptography im englischen Originalton, längst in der Fachwelt verbreitet: RSA. Das Verfahren hat seinen Namen von seinen drei Vätern, nämlich den Herren Rivest, Shamir und Adleman. Jene drei haben bereits 1978, also gerade mal zwei Jahre nach der Vorstellung der Idee von Diffie und Hellman, ein Verschlüsselungsverfahren entwickelt, dass der Idee mit der Schatulle zwischen Caesar und Cicero ein Abbild im Internet schaffen kann. Ihr Ansatz war dabei nicht der diskrete Logarithmus, auch wenn es im aller ersten Augenblick so aussehen mag. Sie haben ihr System vielmehr der Schwierigkeit anvertraut, eine Zahl in Primzahlen zu zerlegen. Doch bevor das vollständige System kurz erläutert wird, sollten wir ein paar Begriffe klären.

Das RSA-Verschlüsselungsverfahren

Schlüsselgenerierung (einmalig)

1. Alice wählt zufällig zwei Primzahlen p und q mit je ca. 150 Dezimalstellen, d.h. ca. 512 Bit.
2. Sie berechnet N) p * q und M = (p-1) * (q-1).
3. Sie wählt zufällig ein e zwischen 2 und M-2, das teilerfremd zu M ist. Mit Hilfe des Euklidischen Algorithmus berechnet sie dann ein d, so dass e * d = 1 mod M ist.
4. Sie vernichtet M, p und q.
5. Sie veröffentlicht ihren öffentlichen Schlüssel (e, N) und hält ihren geheimen Schlüssel (d, N) geheim.

Austausch von Nachrichten

Alice   *Bob*

0. Alice veröffentlicht ihren
   öffentlichen Schlüssel (e, N),
   so dass Bob ihn bekommen kann.

1.   Bob verschlüsselt seine Nachricht x
                                                                      mit dem öffentlichen Schlüssel von
                                                                      Alice, indem er Y = x^e mod N
                                                                      rechnet.

2.   Bob schickt Y öffentlich zu Alice.

3. Alice entschlüsselt Bobs Nachricht
   Y, indem sie x = Y^d mod N
   rechnet mit Hilfe ihres geheimen
   Schlüssels (d, N).

Eine Primzahl ist eine natürliche Zahl größer als 1, die nur durch zwei Zahlen teilbar ist, nämlich durch 1 und durch sich selbst. Jede Nichtprimzahl (und das sind die meisten Zahlen), lassen sich jetzt als ein eindeutig festgelegtes Produkt von Primzahlen schreiben. So ist z.B. 15=3*5 oder 242=2*11^2. Zahlen zu multiplizieren geht leicht. Schon in der Schule lernt man das Verfahren, mit Stift und Papier zu multiplizieren. Und wenn man die Rechenfehler mal übersieht, geht das schnell und einfach, selbst für Zahlen mit vielen Stellen. Die Umkehrung, also das Zerlegen einer Zahl in ein Produkt von Primzahlen, kann aber erstaunliche Kopfschmerzen bereiten. Man sieht noch, dass 91 das Produkt von 7 und 13 ist. Aber bei Zahlen mit 10 Stellen oder mehr sieht man als Mensch nicht mehr viel. Und bei geschickter Wahl der Zahl müssen auch heutige Computer, ja ganze Computernetze, bei mehr als 200 Dezimalstellen kapitulieren. Man geht in der Fachwelt heute davon aus, dass das Faktorisieren von Zahlen schwer ist. Und landläufig verbindet man diese Schwierigkeit mit der Sicherheit von RSA. Womit wir dazu kommen, das System kurz zu skizzieren.

Bei RSA gibt es zwei Phasen: eine Vorbereitungsphase, die man nur einmal macht (vergleichbar dem Bau der Schatulle), und eine Ver- bzw. Entschlüsselungsphase (vergleichbar dem Schicken der Schatulle). Wer die erste Phase durchlaufen hat, ist im Besitz eines Schlüsselpaares; man besitzt dann einen sog. öffentlichen Schlüssel und einen privaten Schlüssel. Dazu wählt man zwei große Primzahlen p und q, beide ca. 150 Dezimalstellen lang. Diese werden multipliziert zu N=p*q, das somit ca. 300 Stellen hat. Wer p und q nicht kennt, sollte sie also aus N nicht ermitteln können. Zudem rechnet man M=(p-1)*(q-1) aus. Dann sucht man zufällig eine Zahl e, die zu M teilerfremd ist[7]. Mit Hilfe eines 2500 Jahre alten Rechenschemas, des sog. Algorithmus von Euklid, findet man dann leicht eine Zahl d, so dass e*d=1 mod M ist. Dann vernichtet man p, q und M. Als öffentlichen Schlüssel kann man nun das Paar (e,N) der Welt mitteilen (was man auch tun sollte, so man verschlüsselte Post erhalten möchte). Das Paar (d,N) hingegen sollte man wie den eigenen Augapfel hüten. Am besten geeignet ist dazu eine Chipkarte; die Speicherung auf der Festplatte kann manchmal problematisch sein, falls andere dort zugreifen können.

In der zweiten Phase nun kann der moderne Caesar seinen Brief wie folgt in Ciceros Schatulle werfen: Er schlägt in einem Verzeichnis das Paar (e,N) von Cicero nach. Oder lässt es sich von diesem schicken. Daher ist (e,N) ein öffentlicher Schlüssel. Dann verschlüsselt er die Nachricht x, indem er $Y = x^e$ mod N rechnet. Der Empfänger hat nun den Schlüssel zur Schatulle verborgen gehalten, daher privater Schlüssel. Cicero rechnet zum Entschlüsseln nun $z = Y^d$ mod N. Durch mathematische Regeln, die seit dem 17. Jahrhundert durch die berühmten Mathematiker Fermat, Euler und Lagrange bekannt sind, kann man nun nachrechnen, dass z=x ist. Für alle, die eine Idee des Beweises haben möchten: Falls die Nachricht x und die Zahl N teilerfremd sind (was praktisch immer der Fall ist), gilt nach Fermat gerade $x^M = 1$ mod N. Nun ist e*d=M*t+1 für eine Zahl t. Dann gilt doch

$$Y^d = (x^e)^d = x^{(e*d)} = x^{(M*t)} * x = 1 * x = x \text{ mod } N.$$

Somit ist die Rechnung von Cicero gerade das Entschlüsseln, da x herauskommt. Und da Zahlen und Buchstaben für den Computer dasselbe sind, kann man natürlich beliebige Texte verschlüsseln.

Warum aber diese Euphorie wegen eines Kryptoverfahrens? Nun, es gibt zwei große Vorteile:

1. Jeder kann den öffentlichen Schlüssel (e,N) einer Person nutzen, um dieser verschlüsselte Nachrichten zu senden. Und dazu braucht man keine Vorababsprache über geheime Schlüssel. So hätte selbst Brutus dem honoren Cicero eine verschlüsselte Botschaft schicken können. Er hätte nur die Schatulle anfordern müssen, d.h. den öffentlichen Schlüssel nachschlagen müssen.

2. Der private Schlüssel (d,N) ist das Geheimnis genau einer Person. Damit kann also nur ein einziger etwas mit diesem Schlüssel berechnen. Man kann damit eine digitale Unterschrift keieren. Bildlich gesprochen, kann Cicero jedem zeigen, dass er im Besitz des richtigen Schlüssels ist, wenn er die Schatulle vor aller Augen aufschließt. Indem er den Schlüssel dann wieder einsteckt, bleibt er der einzige Schlüsselwärter.

Diese beiden Eigenschaften nutzt man heutzutage, um im Internet rechtsverbindliche Willenserklärungen abgeben zu können.

---

7 Teilerfremd heißt, dass es keine natürliche Zahl außer 1 und -1 gibt, die sowohl M als auch e ohne Rest teilt. Wie wir heute wissen, eine durchaus totsichere Annahme.

9. Unterschreiben per E-Mail

Wer einen privaten Schlüssel im RSA-System sein eigen nennt, ist auch in der Lage, eine elektronische Unterschrift zu geben. Mit demselben Schlüssel kann man sich auch ausweisen. Die sog. Digitale Signatur ist – stark vereinfacht – nichts anderes als der private Schlüssel in einem public key Kryptosystem. Der Vollständigkeit halber sei aber erwähnt, dass es auch Verfahren gibt, die speziell für das Unterschreiben im Internet entwickelt wurden. Diese sind im Allgemeinen nicht zum Verschlüsseln gedacht. Das bekannteste „Nur-Unterschrift-Verfahren" ist unter dem Kürzel DSS (Digital Signature Standard) bekannt. Es ist dies eine Modifikation eines Verfahrens von ElGamal, das durch die amerikanischen Behörden am 1.12.1994 standardisiert wurde.

In diesem Text geht es aber nur um die Prinzipien der digitalen Signatur. Daher konzentrieren wir uns auf RSA. Wie nun kann man unterschreiben? Dazu ein genauerer Blick auf die Eigenschaften einer „normalen" Unterschrift per Hand:

1. Eine Unterschrift ist immer mit dem Text verbunden, zu dem es gehört. In der Regel übernimmt dabei das Papier diese Rolle. Manchmal werden auch zusätzlich Heftungen, Bindungen oder Siegelungen verwendet, um Unterschrift und Dokument zu verbinden.
2. Nie sind zwei Unterschriften einer Person genau gleich. In Nuancen unterscheiden sich zwei Unterschriften einer Person immer. Das verhindert das einfache Fälschen durch das Kopieren einer einmal gegebenen Unterschrift.
3. Eine Unterschrift gehört eindeutig zu einer Person und kann von dieser natürlich mehrfach (eigentlich: beliebig oft) gegeben werden.

Wie bildet man nun im Computer solche Eigenschaften nach? Offensichtlich kann man nicht einfach einen privaten Schlüssel veröffentlichen, um zu unterschreiben. Und man darf auch sonst nicht das eigentliche Geheimnis, als den privaten Schlüssel, verraten. Zu guter Letzt muss eine Unterschrift kurz und prägnant sein, damit man sie schnell prüfen kann. Im Wesentlichen geht man daher wie folgt vor:

1. Um einen Text zu unterschreiben, dreht man das Verschlüsselungsverfahren einfach um. Der wesentliche Trick: Damit Alice einen Text unterschreiben kann, verschlüsselt sie diesen mit seinem privaten Schlüssel. Dadurch wird dieser Schlüssel nicht verraten. Und Bob kann die Unterschrift prüfen, indem er mit dem öffentlichen Schlüssel von Alice den von ihr angeblich unterschriebenen Text, als das Chiffrat, entschlüsselt. Er vergleicht diesen entschlüsselten Text mit dem Original, dass Alice mitschickt. Bei Übereinstimmung glaubt er an die Echtheit der Unterschrift. Denn nur Alice kennt das Gegenstück zu ihrem privaten Schlüssel; nur Alices geheimer Schlüssel kann das Chiffrat erzeugt haben, aus dem Bob mit dem öffentlichen Schlüssel von Alice den Originaltext zurückerhält.
2. Würde man nun ein und denselben Text zweimal vorlegen und unterschreiben, kämen zwei identische Unterschriften heraus. Das ist nicht erwünscht. Wie könnte man sonst feststellen, ob die zweite, korrekt unterschriebene Zahlungsanweisung nicht einfach eine digitale Kopie der ersten ist. Und vom Unterschriftgeber nie veranlasst wurde? Daher werden bei digitalen Signaturen die Texte noch erweitert um z.B. eine Zufallszahl oder eine sekundengenaue Uhrzeit. So können zwei Texte nie vollkommen identisch sein.
3. Der private Schlüssel gehört nun eindeutig zu einer Person. Der Fall, dass zwei Leute durch Zufall dieselbe Unterschrift generieren, ist faktisch ausgeschlossen, da

die Zahlen sehr groß sind. Und da Alice ihren privaten Schlüssel nie preisgibt, sondern nur eine mathematische Eigenschaft ausnutzt, kann sie beliebig häufig mit diesem Schlüssel unterschreiben. Wie man selbst zu seiner digitalen Signatur kommt, wird in einem nachfolgenden Artikel dieses Kapitels beschrieben.

In der Praxis unterschreibt man übrigens nicht den gesamten Text durch Verschlüsseln mit dem privaten Schlüssel. Der Grund ist, dass dieses relativ lange dauern würde. Daher „faltet" man den Text zuerst mit Hilfe sog. Hashfunktionen geschickt zusammen. Auch dort muss man mathematisches Köpfchen beweisen, um eine gute Hashfunktion zu finden. Falsche Faltungen könnten nämlich Hackern Tür und Tor öffnen. Auch Standards sind nicht immer die sicherste Nummer. So konnte die Hashfunktion MD4 von dem deutschen Informatiker Dobbertin geknackt werden. Die dabei gewonnenen Erkenntnisse sind in verbesserte Versionen geflossen, die unter dem Kürzel MD5 aktuell gebräuchlich sind. Ziel der Hashfunktionen ist es, zu einem Text einen 160 Bit langen charakteristischen Fingerabdruck zu generieren, der dann unterschrieben wird. Zusätzlich haben diese Fingerabdrücke übrigens eine weitere nette Eigenschaft. Man kann sie nämlich von jedem Text erzeugen und dann getrennt schicken (sogar per Telefonat, da es nur ein paar Buchstaben sind). Dann kann man den Fingerabdruck des geschickten mit dem empfangenen Text vergleichen. Stimmen beide nicht mehr überein, wurde die Datei auf dem Weg durch das Internet verändert. Oftmals ist schon diese Information ein wichtiger Baustein, um die Sicherheit im Netz der Netze zu erhöhen.

Und wie weist man sich aus? Eigentlich durch seine Unterschrift: man lässt von der Person, die sich ausweisen soll, einen vorgegebenen Text mit dessen privatem Schlüssel verschlüsseln. Dann entschlüsselt man diesen Text mit dem öffentlich verfügbaren Schlüssel dieser Person. Stimmen entschlüsselter Text und Vorlage überein, weiß man, wen man am anderen Ende vor sich hat.

10. Vertrauen ist gut, Kontrolle ist besser

Falls Sie jetzt das Gefühl haben, dass da irgendwo noch eine Lücke in der Sicherheit der neuen, digitalen Welt ist, dann haben Sie recht. Diese Lücke ist der Grund, warum heute Schlagworte wie TrustCenter und Schlüsselinfrastruktur die öffentliche Diskussion mit der Sicherheit prägen. Warum das so ist, soll ein letztes Mal in diesem Artikel durch einen Rückgriff auf die Antike erleuchten werden.

Nehmen wir an, Brutus will Caesar hintergehen.[8] Dann kann er das Verschlüsseln mit der Schatulle von Cicero wie folgt unterlaufen: Er bastelt sich selbst eine zweite Kiste und natürlich einen zugehörigen Schlüssel. Dann fängt er Ciceros Schatulle ab und schickt seine eigene weiter an Caesar. Falls Caesar die Schatulle zum ersten Mal sieht, hat er keinen Grund, sie nicht für Ciceros Schatulle zu halten. Schließlich erwartet er nur irgendeine Schatulle des Redners. Der Rückbote liefert die Schatulle dann bei Brutus ab, der ja für seine eigene Schatulle auch den passenden Schlüssel hat. Damit kann er Caesars Nachricht lesen. Um keinen Verdacht zu erregen, wird er Caesars Brief nach dem Lesen sogar in Ciceros Schatulle stecken und an den großen Redner weiterleiten. Geschickt gemacht, werden so Caesar und Cicero jahrelang Botschaften

---

8 Wie wir heute wissen, eine durchaus todsichere Annahme.

austauschen, die Brutus mitlesen kann, ohne das die beiden Staatsmänner jemals eine Ahnung davon bekommen. Dieser ernstzunehmende Angriff wird in der Kryptographie Man-in-the-middle-attack (Angriff durch den Mann in der Mitte der Verbindung) genannt.

Ist also Kryptographie mit öffentlichen Schlüsseln unsicher? Die Antwort lautet: ja, wenn man nicht weiß, wem die Schatulle wirklich gehört. Und wie soll man das im Internet wissen?

Die Lösung ist bekannt, und zwar aus dem Alltag. Schließlich weisen wir uns fremden Personen mit Hilfe des Ausweises aus. Und das die Angaben im Personalausweis wirklich zu der Person gehören, garantiert ein Dritter, nämlich Vater Staat. Und diesem trauen wir. Ähnlich funktioniert das Prinzip der Referenzunterschrift, die in der Schalterhalle von Banken ausliegt. Und dann kann man natürlich einer Person trauen, wenn ein guter Freund diesen Unbekannten persönlich vorgestellt hat. Tausend Wege also, die alle auf dem Vertrauen zu Dritten aufbauen.

Im Internetzeitalter wird dieses Vertrauen dadurch gewährleistet, dass Zertifikate ausgestellt werden. Einige Zertifikate werden in diesem Buch im Detail erläutert. Die eigene Unterschrift wird dann dadurch beglaubigt, dass man sie von einem Inhaber eines solchen Zertifikats beglaubigen lässt. Das geschieht in der Regel dadurch, dass dieser die Personalien des Unterschreibenden einmal außerhalb der Internetwelt prüft und dessen digitale Signatur mit dem Zertifikat (im wesentlichen auch ein privater Schlüssel, nur von einer allgemein bekannten Person oder Institution) unterschreibt.

Und damit soll dieser kleine Rundgang durch die mathematischen Grundlagen der Kryptographie enden. Aber nicht, ohne zu bemerken, dass zur Sicherheit immer zwei Sachen gehören: neben den richtigen Grundlagen (Mathematik) auch der verantwortungsbewusste Umgang mit der Technik. Das beste Verschlüsselungssystem hat eben keine Chance, wenn man den Schlüssel dazu offen (z.B. ungeschützt auf seiner Festplatte) „rumliegen" lässt. Dann haben nämlich selbst 16jährige Computerkids eine Chance, die Nutzer zu necken. Aber das ist, wie in diesem Artikel angedeutet werden sollte, nur dann möglich, wenn Sorglosigkeit vor Sorgfalt geht.

II. Sicherheit bei Browsern

Christoph Löser

1. Einleitung

In den vergangenen Jahren unterlagen das Internet und die Zahl seiner Nutzer einem nicht vergleichbaren Wachstum. Es handelt sich bei den heutzutage angebotenen Diensten schon lange nicht mehr um ein Feld, das ausschließlich für Technik-Freaks bestimmt ist. Jeder, vom Vorschulkind bis zum Senioren, kann das Internet für seine Zwecke nutzen.

Und viele Organisationen und Institutionen haben ein mächtiges Potential entdeckt, um diese Dienste anbieten zu können: Von der Bestellung von Mülltonnen bei den Stadtwerken über Bankgeschäfte bis hin zu eCommerce und Online-Shopping. Doch überall, wo Geld gemacht wird oder wichtige bzw. vertrauliche Informationen fließen, gibt es auch „böse Buben". Vor diesen gilt es sich zu schützen.

Um auf die einzelnen Angriffe und Schutzmechanismen eingehen zu können, bedarf es aber einer „kurzen" Einführung über die Internet-Techniken. Darauf aufbauend werden die einzelnen Verschlüsselungsprotokolle im Internet genauer betrachtet. Zuletzt wird dann noch kurz auf Gefahren durch Viren und Trojaner eingegangen.

2. Techniken des Internet

Das Internet ist nicht „aus einem Guss" entstanden. In den 50er Jahren entstand der Vorgänger als ein Netzwerkexperiment in den USA. Das U.S.-Verteidigungsministerium veranlasste, ein Rechnernetz aufzubauen, das Daten zwischen verschiedenen Lokationen mit einer sehr hohen Zuverlässigkeit überträgt. Desweiteren sollte es die Eigenschaft besitzen, in einem heterogenen Netz (d.h. die einzelnen Rechner besitzen nicht die gleichen Eigenschaften; so unterscheiden sich z.B. die Betriebssysteme und/ oder die Hardware) zu funktionieren. Der Name war ARPA-Net (die Abkürzung steht für: Advanced Research Project Agency). Ein besonderer Wert wurde auf die Übertragungssicherheit bzw. Ausfalltoleranz gelegt. D.h., das Gesamtsystem sollte möglichst ohne Einschränkungen funktionieren, falls einzelne Rechner und/oder ganze Subnetze ausfallen. Dies war notwendig, um im Falle eines gegnerischen Atomschlages über alternative Wege (Routen) im Netzwerk immer noch die Daten an den gewünschten Zielort zu bekommen. Diese Eigenschaft war so grundlegend, dass sie auch heute (und mit Sicherheit auch in Zukunft) die Struktur des Internet bestimmt.

Wenn Daten von Punkt A (sagen wir Alice) zu Punkt B (Bob) übertragen werden sollen, so werden diese in „handliche" Pakete zerstückelt. Diese Pakete werden dann auf ihre Reise durch das Internet geschickt. Sobald sie bei Punkt B angekommen sind, werden sie wieder in die richtige Reihenfolge gebracht und zusammengesetzt. Die Reise eines Paketes findet völlig unabhängig von den anderen Paketen statt. Dies bedeutet insbesondere, dass die Pakete unterschiedliche Wege über unterschiedliche Rechner, sog. Router, nehmen können.

Router sind Rechner, die ein Paket lediglich zum nächsten Knotenpunkt weiterleiten.

Damit aber alle Beteiligten – sprich: alle Router – wissen, wo das Paket seinen Zielrechner hat, gibt es IPs (IP steht für: Internet Protokoll). Eine IP ist eine Adresse und entspricht einer Strasse-und-Hausnummern-Angabe. Eine IP besteht aus 4 Byte und hat folgende Form: 131.234.22.29. In dieser, zugegeben auf den ersten Blick wilden Zahl findet sich in 131.234 die „Strasse" wieder. Alle Rechner, deren IP-Nummer mit 131.234. anfangen, sind Rechner der Universität Paderborn. Um welchen Rechner es sich dann genau handelt, beschreiben die restlichen beiden Byte. In unserem Beispiel: 22.29. (Um den o.g. Rechner handelt es sich genau um den, den man unter http://www.uni-paderborn.de erreicht. Alternativ kann man in seinem Browser auch die Nummer http://131.234.22.29/ eintragen und gelangt zu derselben Seite).

Auch jemand, der sich per Modem, ISDN oder DSL ins Internet einwählt, erhält für den Zeitraum, während dem er online ist, eine sogenannte dynamische IP. Darunter versteht man eine IP, die nicht fest vergeben ist: Wenn man sich zweimal hintereinander einwählt, ist die Wahrscheinlichkeit hoch, beim zweiten Mal eine andere Adresse (IP-Nummer) zu erhalten. Welche IP-Nummer man derzeit hat, kann man bei verschiedenen Seiten im Internet erfahren (z.B. www.ipnummer.de).

Folgende Grafik soll die möglichen Wege von IP-Paketen an einem Beispiel illustrieren:

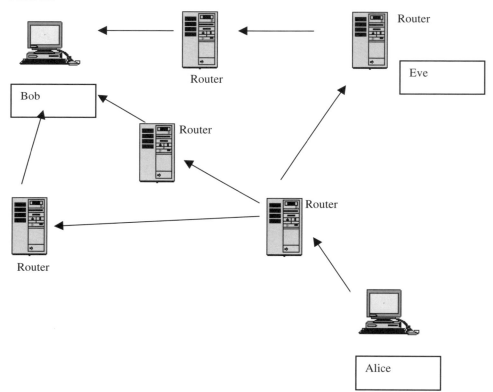

Das „Hallo Bob" wird hier in drei Pakete zerstückelt und jedes dieser Pakete über andere Router geschickt.

Auch jeder der Router besitzt eine IP-Nummer (oder kurz IP). Man kann sich anzeigen lassen, welchen Weg ein „Testpaket" von dem eigenen Computer zum Ziel nimmt. Für die Uni Paderborn unter dem Betriebssystem Linux tippt man folgendes ein:

```
traceroute www.uni-paderborn.de
```

bzw. unter Windows:

```
tracert www.uni-paderborn.de
```

Dies liefert am Testrechner EHRIS2::

Route-Verfolgung zu www.uni-paderborn.de [131.234.22.29]

über maximal 30 Abschnitte:

```
 1   1 ms     1 ms     1 ms  CHRIS2 [192.168.0.1]
 2  43 ms    47 ms    47 ms  62.155.254.137
 3  43 ms    47 ms    48 ms  193.158.141.254
 4  45 ms    47 ms    48 ms  PB-gw1.PB.net.DTAG.DE [193.158.121.209]
 5  68 ms   124 ms   220 ms  PB-gw1.PB.net.DTAG.DE [194.25.121.241]
 6  48 ms    47 ms    48 ms  H-gw13.H.net.DTAG.DE [212.185.9.67]
 7  41 ms    50 ms    48 ms  ir-hannover1.g-win.dfn.de [188.1.62.1]
 8  46 ms    48 ms    47 ms  cr-hannover1.g-win.dfn.de [188.1.29.10]
 9  49 ms    47 ms    47 ms  zr-hannover1.win-ip.dfn.de [188.1.4.193]
10  49 ms    53 ms    53 ms  uni-paderborn1.win-ip.dfn.de [188.1.180.10]
11  51 ms    54 ms    54 ms  cisco.uni-paderborn.de [188.1.4.154]
12  49 ms    51 ms    53 ms  catnetz60.uni-paderborn.de [131.234.60.3]
13  57 ms    55 ms    56 ms  www.uni-paderborn.de [131.234.22.29]
```

Eine Übertragung von Daten im Internet lässt sich also (ganz grob) in folgendes Schema einordnen:

Anwendungsschicht (Browser, eMail, Dateiübertragung, etc.)
Netzwerkschicht (im Internet TCP/IP genannt)
Anschluss ans Netz (Modem, ISDN, DSL, etc.)

Alle Übertragungen basieren auf dem technischen Zugang zum Internet. Darauf aufbauend erfolgt der Paketversand, wie er oben beschrieben wurde. Was nun die versendeten bzw. empfangenen Paketen enthalten, hängt davon ab, welche Software für das Netz gerade benutzt wird: Das Surfen mit dem Browser, das Verschicken und Empfangen von E-Mails, das Übertragen oder Downloaden von Dateien (FTP genannt, steht für File Transfer Protokoll), uvm.

Einen Rechner, der einen Dienst zur Verfügung stellt, nennt man Server, einen Rechner, der einen Dienst in Anspruch nimmt, z.B. mittels Browser, Client.

3. Gefahren im Internet

Als Gefahr im Internet sind zuerst einmal die unseriösen Anbieter zu nennen, die z.B. nach Übermittlung der Kreditkartennummer keine Gegenleistung erbringen und gleichzeitig keine Firmenadresse auf ihrer Internetseite haben. Hierzu sei folgendes erwähnt: Wer der Besitzer einer DE-Internetdomäne ist, kann unter `www.denic.de/servlet/Whois` verifiziert werden.

Betrachten wir nun technische Angriffe.

Kryptographie muss dort eingesetzt werden, wo eine sichere Kommunikation von zwei Parteien durch Dritte gefährdet ist.

Dabei kann man die Angreifer in folgende Gruppen einteilen:

I. Der „Schnüffler": Diese Person versucht, Daten von einer bestehenden Verbindung mitzulesen und aus dem Inhalt einen persönlichen Vorteil zu erzielen. Es handelt sich hierbei um einen passiven Angriff.

II. Der „Fälscher": Diese Person greift aktiv in die Kommunikation ein. Er versucht, Daten zu manipulieren oder erschnüffelte Daten ein weiteres Mal an den ursprünglichen Empfänger zu senden.

III. Der „Störer": Er versucht, Partei A daran zu hindern, von Partei B Daten zu erhalten.

Diese Gefahren bestehen hauptsächlich dort, wo Geld fließt, also insbesondere bei:

1. Handel im Internet: ECommerce
2. Bankgeschäfte im Internet: Online-Banking
3. Übermittlung privater/vertraulicher Daten

Die letzte Art der Attacken ist technisch sehr schwierig zu realisieren und kommt daher äußerst selten vor. Anders ist es allerdings mit den Kategorien I. und II.

Bis jetzt sind wir davon ausgegangen, dass unsere Pakete über verschiedene Router geschickt werden. Router sind nicht besitzerlos. Sie gehören Privatpersonen oder -firmen, z.B. Providern. Die „Besitzer" haben weitgehende Eingriffsrechte auf ihren Routern. Ein Besitzer, der als Angreifer agiert und einen solchen Router unter seiner Kontrolle hat, hat die Möglichkeit, alle Pakete, die über seinen Rechner weitergeleitet werden, mitzulesen. Die Tatsache, dass evtl. nicht alle Pakete über diesen dubiosen Rechner gehen, macht die Sache für den Nutzer in keinster Weise sicherer. Denn immerhin könnte sich gerade in diesem Paket die Visa- oder MasterCard-Nummer befinden.

Daher ist Verschlüsselung bei kritischen Daten unerlässlich!

4. Verschlüsselung in Internet-Browsern via Secure Sockets Layer (SSL)

Wie verschlüsselt werden sollte, hängt im wesentlichen von der Vertraulichkeit der Daten ab, die verschlüsselt werden.

Hier betrachten wir zwei Möglichkeiten für den sicheren Datentransport:

1. Für E-Mails: Pretty Good Privacy (PGP)
2. Für das Nutzen eines Browsers wie z.B. Netscape oder Internet-Explorer, kurz „Surfen": Secure Sockets Layer (frei übersetzt: Sicherungsschicht)

Bei dem Programm PGP wird der Nutzer mit dem Thema Kryptographie direkt konfrontiert: Er muss sich darum kümmern, Schlüssel auszutauschen und verschlüsselte Daten selbst entschlüsseln.[1] Bei SSL läuft die Verschlüsselung im Hintergrund ab.

SSL wurde im Dezember 1994 von der Fa. Netscape Communications (in der Version 2.0) entwickelt. Es handelt sich dabei um ein eigenständiges Protokoll, welches auf dem TCP/IP- Protokoll aufsetzt. Unter einem Protokoll versteht man die Vereinbarung von zwei oder mehr Parteien (Rechnern) zu kommunizieren. SSL ist ein sog. „offenes Protokoll", d.h. es ist frei verfügbar.

Erst im April 1995 wurde die erste Umsetzung im Netscape Browser realisiert. Seit diesem Zeitpunkt erscheinen auch die ersten verschiedenen Distributionen für andere Internetanwendungen.

Im November 1995 entwickelte Netscape Communications die Version 3.0 von SSL. Damals schränkte die US-Regierung den Export ein, da kryptographische Programme in den Vereinigten Staaten unter das Kriegswaffenkontroll-Gesetz fallen. Es durfte außerhalb der USA nur mit 40 Bit verschlüsselt werden.

Diese Bedingung hat die Fa. Netscape Communications wie folgt umgesetzt: Es wurde außerhalb der USA auch mit einem 128 Bit-Schlüssel verschlüsselt, allerdings sind nur 40 Bit geheim gewesen. Die restlichen 88 Bit wurden unverschlüsselt übertragen.

Im Januar 2000 hat die US-Regierung die Exportbeschränkungen gelockert. Seitdem haben alle Browser, die SSL unterstützen, die starke 128-Bit Verschlüsselung.

Die Einbettung von SSL in das o.g. Schema sieht dann wie folgt aus:

Anwendungsschicht (Browser, eMail, Dateiübertragung, etc.)
Secure Socket Layer (SSL)
Netzwerkschicht /im Internet (TCP/IP genannt)
Anschluss ans Netz (Modem, ISDN, DSL, etc.)

Diese Darstellung ist nun wie folgt zu interpretieren:

Die Daten, die z.B. der Browser empfangen bzw. versenden möchte, werden zuerst verschlüsselt und dann in Pakete zerstückelt. Diese Pakete werden dann losgeschickt. Natürlich wird die Zieladresse (IP des Empfängers) nicht verschlüsselt, da die Router sonst nicht wissen würden, wohin sie das Paket schicken sollen. Beim Empfänger angekommen, werden die Pakete wieder geordnet, die Daten werden entschlüsselt und schließlich an den Browser weitergegeben.

Um zu gewährleisten, dass die mit SSL verschlüsselte Verbindung auch sicher ist, muss gewährleistet sein, dass niemand Daten mitlesen oder verfälschen kann:

Forderungen:

1. Verschlüsselung der Daten, so dass einfaches Mitlesen gar nicht mehr und das Brechen der Verschlüsselungsroutine sehr schwer bzw. gar nicht möglich ist.
2. Die Identität des Gegenübers (des Web-Servers) muss sichergestellt sein.
3. Eine Manipulation (Veränderung) der Daten darf nicht unbemerkt möglich sein.

---

1 PGP wird im IV. Artikel dieses Kapitels im Detail vorgestellt.

SSL verschlüsselt in der Version 3.0 mit einer Kombination aus

1. symmetrischen Verfahren: IDEA, DES, RC-2, RC-4, RC-5
2. asymmetrischen Verfahren/Schlüsselaustausch-Verfahren: RSA, Diffie-Hellmann, Fortezza key exchange
3. und Hashfunktionen: MD2, MD5, SHA-1

Welche von diesen Methoden eingesetzt werden, bestimmt der Rechner, auf dem die Seiten für den Browser liegen (Web-Server).

Der inoffizielle Standard ist:

1. RSA für die Bekanntgabe des symmetrischen Verfahrens,
2. RC-4 für die eigentliche schnelle Verschlüsselung und
3. MD5 als Hashfunktion.

Es ist bekannt, dass asymmetrische Verfahren sehr viel langsamer sind als symmetrische.

Um die Daten verschlüsselt über das Netz zu schicken, werden sie mit einem schnellen symmetrischen Verfahren wie RC4 verschlüsselt. Damit der Schlüssel für dieses Verfahren aber beiden Parteien bekannt ist, wird dieser Schlüssel vorher mittels eines asymmetrischen Verfahrens ausgetauscht.

Wie ein solcher Schlüsselaustausch vereinfacht stattfindet, zeigt folgende Grafik:

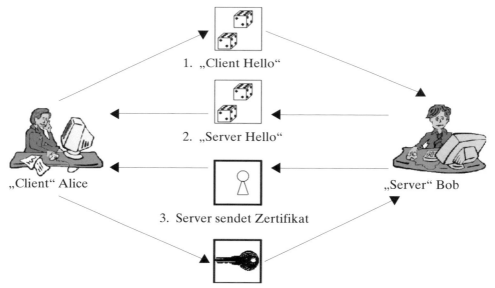

1. „Client Hello"

2. „Server Hello"

„Client" Alice　　　　　　　　　　　　　　　　„Server" Bob

3. Server sendet Zertifikat

4. Client schickt verschlüsselte Nachricht „Client Key Exchange"

1. Der Client schickt an den Server eine Zufallszahl.
2. Der Server schickt an den Client eine Zufallszahl und
3. sein Zertifikat. Dieses Zertifikat enthält den RSA-Public Key des Servers. Damit der Client sichergehen kann, dass das Zertifikat auch echt ist, ist es von einem Treuhänder (Certification Authority (CA)) digital unterschrieben worden. Der Client muss also eine Liste von CAs haben, um zu prüfen, ob das Bobs Zertifikat und damit sein Public-Key authentisch ist. Sollte diese digitale Signatur nicht verifi-

ziert werden können, weiß der Client, dass er eine verschlüsselte Verbindung erhält, er weiß aber nicht, wer am anderen Ende der Leitung ist.

4. Die beiden Zufallszahlen werden auf festgelegte Art, aber mit weiteren geheimen Zahlenwerten, verrechnet. Dies ist dann der geheime Schlüssel für das symmetrische Verfahren. Der Client schickt daraufhin diesen Schlüssel und den Algorithmus mittels RSA verschlüsselt zum Server.

5. In der Grafik nicht dargestellt: Der Server verrechnet mit dem übersandten Algorithmus die beiden Zufallszahlen und verifiziert so den übersandten Schlüssel.

Detaillierte Darstellung:

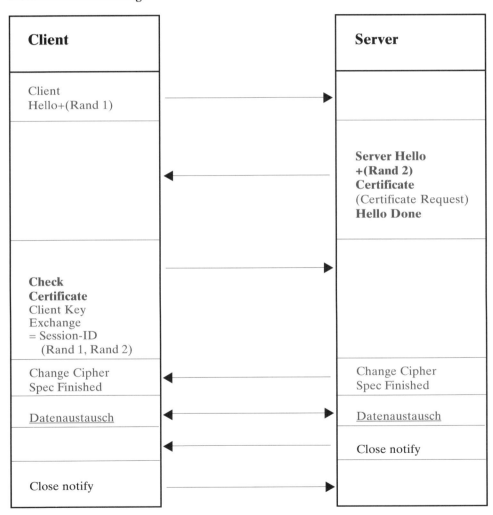

Schritte 1 – 4: das sogenannte Handshakeprotokoll dient zur Parameterabstimmung
Schritt   5: der sichere Datenaustausch
Schritte 6 – 7: Beenden der Verbindung: close notify

5. Attacken gegen SSL: Aufwand und Erfolgsaussichten

Betrachten wir zuerst „gängige" kryptographische Attacken

1. Brute Force: Ausprobieren vieler/aller Schlüssel.

a) Das Brute Force Verfahren wird eine SSL-Verbindung (ohne eine Menge Glück) mit 128Bit-Verschlüsselung wohl kaum brechen, da die Möglichkeit der Schlüssel zu groß ist. ($2128 = 3,4 * 1038$ Möglichkeiten)

b) Bei einer 40Bit-Verschlüsselung ist – aufgrund der heutigen Rechnergeschwindigkeit – schon eine nicht geringe Erfolgsaussicht gegeben. ($240 = 1,099$ Billionen) Dazu später mehr.

2. Known-Plaintext + Wörterbuch: Erraten der Schlüssel aus Klartextpaaren: Hier liegt die größte Gefahr, das System zu brechen. Denn diese Attacke ist sehr wirkungsvoll bei geringer Schlüssellänge.

3. Erneute Benutzung aufgezeichneter verschlüsselter Daten (Replay)

Nicht möglich, da ein zufälliger Sitzungs-Schlüssel (Session-ID) erzeugt wird.

4. Man-in-the-middle-Attack

Nur bei nicht-unterschriebenen/nicht zu verifizierenden Zertifikaten möglich. Dazu später mehr.

Klassischer Internet-Angriff (zumindest ein Teil davon):

1. Noch gefährlicher als das Abhören von Daten ist sogenanntes IP-Spoofing (spoofing = die Manipulation). Dabei fälscht ein Angreifer seine IP-Adresse beziehungsweise seinen Server- und Domain-Namen oder leitet alle Web-Anfragen über einen zwischengeschalteten Rechner um. Er gibt sich damit für den Server aus, an den der Client die Daten übertragen möchte. Diese Art von Angriff ist allerdings sehr aufwendig. Bisher sind aus der Praxis noch keine Fälle bekannt geworden, wodurch ein Nutzer geschädigt wurde.

2. Übernehmen einer bestehenden Verbindung: IP-Hijacking (hijacking = die Entführung). Diese Art von Angriff auf SSL ist nicht möglich, da jedes Datenpaket eine Sequenznummer enthält. Diese Nummern werden vom Client in Listen verwaltet, da die IP-Pakete nicht geordnet bei dem Client eintreffen müssen. Aufgrund der Tatsache, dass sich diese Sequenznummer in dem verschlüsselten Teil des Paketes befindet, ist ein Hijacking-Angriff ausgeschlossen.

6. SSL in der Praxis

Betrachten wir nun, wie die beiden am weitesten verbreiteten Internet-Browser (Netscape und der Internet Explorer von Microsoft) mit SSL arbeiten und wie der Nutzer darauf Einfluss hat.

Man kann eine gesicherte Verbindung u.a. daran erkennen, dass bei der Adressangabe anstelle von http ein https zu finden ist.

Ein Beispiel:

Aus `http://www.verwaltung.uni-mainz.de`
wird nun `https://www.verwaltung.uni-main.de`

Des weiteren schließt sich das Schloss in der Menüleiste (im folgenden wird nur Netscape genauer beschrieben):

Es gibt dabei zwei Möglichkeiten: Entweder wird man auf eine sichere Seite geleitet, dann ändert sich das http zu https automatisch, oder man versucht eigenhändig eine verschlüsselte Verbindung zu erstellen und fügt einfach ein „s" an das http an. Es ist zu beachten, dass dieses Verfahren nur bei sehr wenigen Web-Servern möglich ist.

Jetzt kann man auf das Schloss klicken und es erscheint ein Fenster mit dem Titel „Security Info". Unter dem Menüpunkt „Navigator" kann man sich nun mittels „Configure SSL v.3" die einzelnen kryptographischen Verfahren anzeigen lassen und bei Bedarf die entsprechenden deaktivieren. Standardmäßig sind alle Verfahren aktiviert.

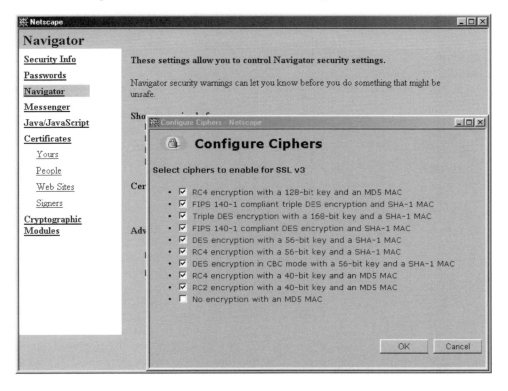

Bis jetzt können wir sicher sein, dass die Verbindung, die wir bei geschlossenem Schloss aufgebaut haben, verschlüsselt ist. D.h. der „Schnüffler" (vgl. oben: Gefahren im Internet) ist nicht mehr zu fürchten. Ebenso der „Fälscher": Er kann Daten jetzt nicht mehr kontrolliert manipulieren. Auch das wiederholte Einspielen von bereits aufgezeichneten Daten ist nicht möglich, weil sich Alice die Sequenznummern der einzelnen Pakete gemerkt hat und bei der Schlüsselgenerierung für den Sitzungsschlüssel durch die Zufallszahl Rand1 vehement beteiligt ist.

Jetzt sind noch die unseriösen Anbieter oder eine Man-in-the-middle-Attacke zu fürchten: Der Nutzer kann a priori nicht sicher sein, ob die Person bzw. der Server am anderen Ende der Verbindung tatsächlich derjenige ist , der er vorgibt zu sein.

Mit Hilfe von Zertifizierungsinstitutionen (CA = Certification Authority) kann er oft doch sicher sein: Beim regulären Aufbau einer SSL-Verbindung schickt der Server (= Alice) sein Zertifikat an den Client (= Bob). Dieses Zertifikat ist von einer CA unterschrieben. Bob hat in seinem Internetbrowser eine Liste von einigen CAs, die solche Zertifikate digital signieren dürfen. D.h., eine CA aus dieser Liste bürgt für die Echtheit des Zertifikates und somit für Alice, der das Zertifikat gehört.

Diese Liste kann man sich in Netscape durch Klicken auf das o.g. Schloss und dann auf „Certificates/Signers" anzeigen lassen:

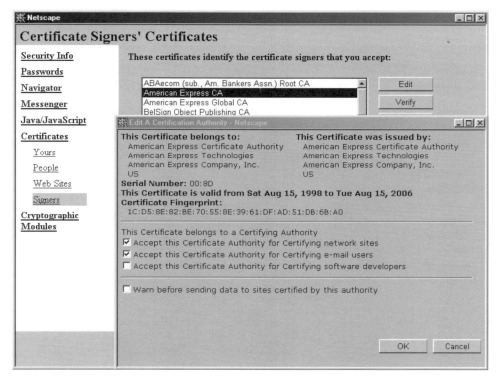

Bei diesem Beispiel handelt es sich um ein Zertifikat der Zertifizierungsstelle „American Express Certification Authority". Dieses Zertifikat wurde von American Express (AE) selbst signiert. Dies macht Sinn, da AE selbst als vertrauenswürdig gilt.

Folgendes Zertifikat, was von einer sich in der Liste befindlichen CA signiert wurde, wird als sicher eingestuft:

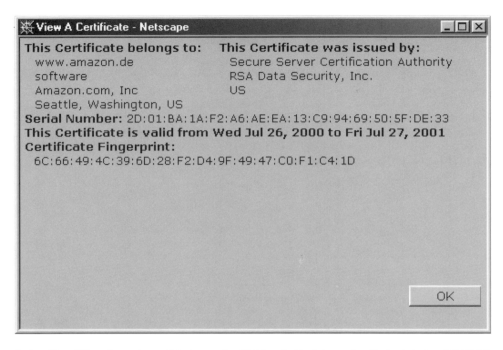

Jedes Zertifikat hat ein valid date, ein Haltbarkeitsdatum, im Beispiel der 15.08.00. Falls dieses Datum abgelaufen ist, so wird das dem Nutzer mitgeteilt.

Sich ein Zertifikat ausstellen zu lassen kostet derzeit um die 100 $(US). Dies kann für kleine Firmen bzw. Institutionen ein Luxus sein, den sie sich nicht leisten können (oder wollen).

Dann wird mit einem nicht-signierten Zertifikat gearbeitet. Natürlich wird der Nutzer darauf hingewiesen, dass die Leitung jetzt zwar verschlüsselt ist, aber keine CA in der Liste des Browsers sichergestellt hat, dass der Inhaber vertrauenswürdig ist.

Hier ist ein Beispiel für ein Zertifikat, was nicht von einer offiziellen CA unterschrieben wurde, sondern von der Institution selbst. Diese ist natürlich nicht in der Liste des Browsers:

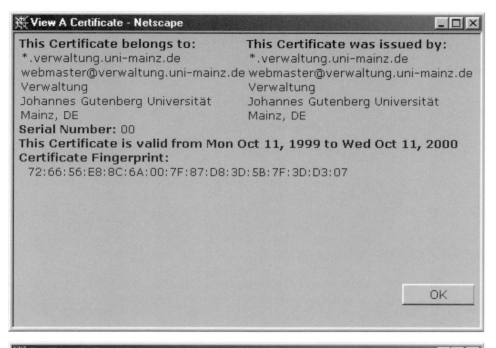

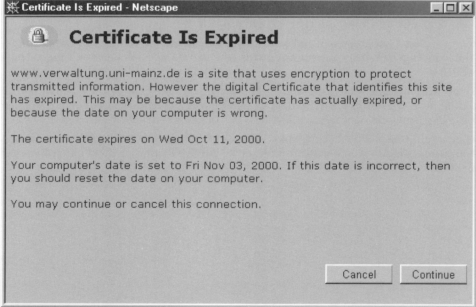

Beim „Ansurfen" von https://www.verwaltung.uni-mainz.de wird dann das obige Fenster erscheinen. Nun muss man sich durch eine Menge von Fenstern klicken, worin genau beschrieben wird, dass das Ziel nicht als vertrauensvoll eingestuft wird. Zuletzt muss man noch angeben, wie lange man das Zertifikat akzeptieren möchte:

1. akzeptieren für diese eine Sitzung,
2. nicht akzeptieren und daher nicht verbinden,
3. für immer akzeptieren.

Der letzte Punkt führt dazu, dass das Zertifikat auch in einer Liste gespeichert wird. In dem Security-Fenster unter „Certificates/Websites" sind alle Zertifikate, die nicht unterschrieben sind und denen man für immer vertraut (außer man entfernt sie).

Bisher haben wir nur die einseitige Authentifizierung betrachtet: Ein Server identifiziert sich, übermittelt sein Zertifikat und der Client kann verifizieren, ob das Zertifikat gültig ist. Es ist allerdings auch beidseitiger Zertifikataustausch möglich. Jeder Nutzer kann sich so ein Zertifikat (PKCS-Zertifikate) ausstellen lassen. Diese Möglichkeit bietet z.B web.de. Dort erhält man ein temporäres Zertifikat von 30 Tagen. Sobald man einen Freischaltcode (dieser wird per Post und nicht per E-Mail zugeschickt!) erhält, eingibt, gilt es permanent. Durch den Versand per Post kann web.de relativ sicher sein, dass es sich tatsächlich um die betreffende Person handelt. Um 100%ig sicher zu sein, müsste man persönlich mit web.de in Kontakt treten. Näheres über die Überprüfung von Personen im Zusammenhang mit Zertifikaten im nächsten Artikel dieses Kapitels.

Es gibt aber kaum Server, die Zertifikate von den Clients verlangen. Die Zertifikate werden in der Regel für das Verschlüsseln von E-Mails genutzt: S/MIME (Secure Multipurpose Internet Mail Extensions, eine Alternative zu PGP, hier nur der Vollständigkeit halber erwähnt).

Mittlerweile ist durch die Medien bekannt geworden, dass man niemals eine Kreditkartennummer über eine unverschlüsselte Leitung übermitteln sollte. Dennoch ist Vorsicht geboten: Es gibt immer noch Server, die mit der schwachen 40-Bit-Verschlüsselung arbeiten, obwohl die aktuellsten Browser die starke 128-Bit Verschlüsselung für symmetrische Verfahren beherrschen. Auch hier ist zwar noch kein Fall bekannt, dass eine 40-Bit SSL-Verschlüsselung gebrochen wurde, aber dies ist bei den zunehmenden Rechnergeschwindigkeiten zumindest theoretisch nicht mehr auszuschließen.

Die Verschlüsselungsstärke kann man durch Klicken auf das geschlossene Schloss aufrufen. Die Information steht dann unter „Security Info/Open Page Info".

Aber auch bei einer verschlüsselten Leitung und einem signierten Zertifikat besteht eine nicht zu unterschätzende Gefahr: Trojaner.

7. Gefahr durch trojanische Pferde

Bei trojanischen Pferden (kurz Trojaner genannt) handelt es sich um Programme, die vorgeben, etwas Nützliches zu leisten. Das tun sie auch meistens, doch enthalten sie noch eine „Erweiterung", von der der Nutzer weder etwas weiss noch etwas von ihr mitbekommt. Diese „Erweiterung" hat oft die Aufgabe, das System auszuspionieren und die gewonnenen Daten an den Entwickler dieses Trojaners zu schicken. Oder sie soll einfach Schaden im System anrichten. (Trojaner haben im Gegensatz zu Viren keine Möglichkeit zur Reproduktion.)

Wenn ein Nutzer sich ein Programm aus dem Internet heruntergeladen und installiert hat, so besteht die Gefahr, dass der in dem Programm enthaltene Spionageteil Kenntnis über vertrauliche Daten erlangt. Nun mag man sich fragen, warum das überhaupt geht, denn bei der Verschlüsselung handelt es sich doch um ein symmetrisches „starkes" 128-Bit Verfahren.

Den Trojaner interessiert diese Verschlüsselung auch gar nicht. Da er auf dem Rechner aktiv ist, wo die Verschlüsselung stattfindet, kann er ohne Probleme *vor* der Verschlüsselungsphase auf die vertraulichen Daten, wie z.B. den Tastatureingaben (beim Eintippen der Kreditkartennummer), zugreifen. Dieser Vorgang ist insbesondere bei Betriebssystemen einfach, die nicht über einen geeigneten/funktionierenden Speicherschutz verfügen (z.B. Windows 95/98)

So ist es Mitgliedern des Chaos Computer Club in Hamburg im Oktober 2000 gelungen, einen „Test"-Trojaner zu entwickeln, der die Eingaben von der Tastatur abfängt und diese Eingaben weiterschickt. Dieser Angriff wurde zwar nicht auf eine SSL-Verschlüsselung angesetzt, sondern auf HBCI (Home Banking Computer Interface). Bei HBCI handelt es sich um den Standard für Internet-Banking, den der Grossteil der Banken in Deutschland nutzt. Dieses Problem ist den Banken auch bekannt: Bei Nachfragen verweisen sie lediglich auf die „Pflicht" des Kunden, seinen Rechner mit der aktuellsten Anti-Viren- bzw. Anti-Trojaner-Software auszustatten.

Noch ist kein Angriff mittels Trojaner auf SSL-Verbindungen bekannt geworden, durch den einem Nutzer geschadet wurde. Allerdings läst sich das Prinzip leicht auf diese Sicherung übertragen.

8. E-Mail-Abruf und SSL-Verbindungen

Sowohl in Netscape als auch im Internet Explorer sind Mailprogramme (Mail-Clients) – Messenger bzw. Outlook Express – enthalten.

Wenn der Nutzer (in unserem Fall Bob) seine Mails abrufen will, so muss er seine E-Mail-Adresse und sein Passwort angeben. Doch die Übertragung des Passwortes findet im Klartext statt! Dies bedeutet, dass der „Lauscher" in Zukunft ohne Probleme die Mails von Bob lesen kann. Dies kann er dann so geschickt machen, dass Bob nicht einmal bemerkt, dass jemand anderes seine Mails mitliest.

Wie im anfangs beschriebenen Schema dargestellt, können alle Nutzerprogramme auf der SSL-Schicht aufsetzen. So können dies auch die Mail-Clients.

Im Internet-Explorer lässt sich unter Extras/Konten/Eigenschaften/Erweitert die SSL-Verbindung aktivieren. (bzw. Edit/Preferences/Mail-Servers/Eigenschaften/... bei Netscape).

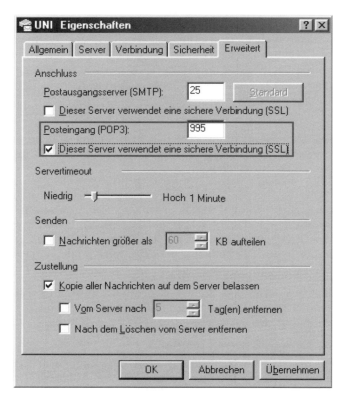

Man beachte den Unterschied dieser Technik zu PGP: Bei PGP ist die Mail den ganzen Weg durchs Netz permanent verschlüsselt. Der Mailabruf per SSL bezieht sich ausschließlich auf das Abrufen von Mail und verhindert, dass das Passwort für das Mail-Account im Klartext übertragen wird. (Dies kann PGP nicht gewährleisten!)

9. Andere Verschlüsselungsmechanismen im Internet

SSL ist als offenes Protokoll von der Fa. Netscape entwickelt worden. Es hat im Netz eine so große Akzeptanz, dass es von Netscape unabhängig angeboten werden soll. Die Internet Engeneering Task Force (IETF/www.ietf.org) entwickelte den Transport Layer Security (TLS). Dieser basiert auf SSL und enthält nur wenige Modifikationen. Netscape hat schon angekündigt, dass seine Produkte TLS unterstützen werden.

Es gibt im Netz noch einige andere Techniken für Verschlüsselung. Einige davon sind folgende:

1. IPSEC (Internet Protocol Security)

Hierbei handelt es sich um eine Technik, die sich in den nächsten Jahren noch mehr etablieren wird. IPSEC ist sehr viel mächtiger und komplexer als SSL.

Hier werden die Pakete auf einer anderen Ebene verschlüsselt, worauf in diesem Artikel aber nicht weiter eingegangen werden soll.

IPSEC unterstützt zwei Verschlüsselungsmodi:

(1) AH (Authentication Header): Dieser Modus sichert nur die Authentizität der ankommenden Pakete.

(2) ESP (Encapsulation Security Payload): Hier werden die Pakete verschlüsselt. Optional kann auch die Authentizität gewährleistet werden.

2. SHTTP (Secure Hypertext Transfer Protocol – nicht verwechseln mit HTTPS vom SSL-Protokoll)

Diese Art von Verschlüsselung ist nur noch in sehr seltenen Fällen anzutreffen. Sie hat sich nicht durchgesetzt, da sie nur für Webseiten gedacht ist und andere Internet-Programme nicht auf ihr aufsetzen können.

3. Java-Applets

Einige Firmen vertrauen nicht auf SSL oder wollen die Verschlüsselung und die Methoden selbst kontrollieren. Daher schreiben sie sich die Verschlüsselungsroutinen selbst und binden diese mittels Java in ihre Internetseiten ein. Man kann dann noch zusätzlich mit SSL arbeiten und hat damit evtl. eine noch größere Sicherheit.

4. PCT (Private Communications Technology)

Hierbei handelt es sich um das SSL-Remake von Microsoft. PCT ist voll kompatibel zu SSL und (angeblich) leicht verbessert. Es lässt sich aber nur im Internet-Explorer finden. Auch hier ändert sich die Adresse von http://.... nach https://....

5. HBCI (Home Banking Computer Interface)

Dieser Mechanismus ist ausschließlich für Banktransaktionen gedacht. Der Bankkunde erhält eine Smart-Card samt Kartenlesegerät und wählt ein Passwort. Im Gegensatz zu früheren Techniken wird hier keine TAN (Transaktionsnummer) mehr verwendet. Wie oben beschrieben ist HBCI vehement durch Trojaner gefährdet.

10. Weitere Gefahren durch falsche Browser-Konfiguration

Abschließend soll nun weniger auf Kryptographie sondern mehr auf Techniken und die damit verbundenen Gefahren eingegangen werden:

Damit eine Firma ihr Angebot mit Hilfe einer Internet-Seite darstellen kann, reicht schon lange kein einfacher Text mehr aus. Um die Aufmerksamkeit potentieller Kunden zu erlangen, müssen sich auf der Firmenseite Symbole bewegen, Farben müssen sich ändern und das Design soll sich von dem anderer Seiten abheben.

Um dieses Ziel zu erreichen, ist es notwendig, sich die neuesten und modernsten Darstellungstechniken zunutze zu machen. Eine kurze Übersicht der am meisten verbreiteten Techniken sind:

Java ist eine von der Fa. Sun Microsystems entwickelte Programmiersprache. Sie ist durch das Internet weltweit bekannt. Der große Vorteil von Java ist die Tatsache, dass Programme plattformübergreifend ausgeführt werden können.

Somit es ist egal, ob der Rechner Windows, Linux oder MacOS als Betriebssystem hat. Alle diese Betriebssysteme haben eine Java Virtual Machine, die es erlaubt, den Code, der in einer Internet-Seite integriert ist, zu interpretieren. Diese Interpretation läuft in einer „Sandbox", einem Sandkasten ab. Das bedeutet, dass das ausgeführte Programm keinen Zugriff auf lokale Ressourcen wie Dateien oder Programme hat.

JavaScript (bzw. die Microsoft Version **Jscript**) ist auch eine Interpretersprache, hat allerdings mit dem ähnlich klingenden Java nichts zu tun. Eine wichtige Rolle spielt JavaScript bei der Generierung von dynamischen Seiten wie z.B. bei Suchmaschinen.

Cookies sind kleine Dateien, die ein Server bei Erlaubnis in einem Verzeichnis des Clients (d.h. des Browsers) ablegt. Cookies bergen keine wirklich schlimme Gefahr. Über längere Zeit entsteht über den User aber ein Profil: Wenn viele Seiten mit Thema „Auto" angesurft werden, dann existieren auch viele Cookies bezüglich Autos. Diese Cookies kann dann auch jeder andere Server lesen. Wenn dann ein Werbebanner auf der Seite erscheinen soll, kann der Server dynamisch entscheiden, mit was für einer Thematik die Werbung zu tun haben soll. Diese Entscheidung trifft er eben mit den Cookies (und deren Anzahl), die er in dem Verzeichnis findet und wählt dann z.B. eine ADAC-Werbung.

Wenn man nicht möchte, dass so ein Profil entsteht, sollte man einfach alle paar Wochen das Verzeichnis mit den Cookies löschen.

Visual Basic Script (VSB). Von Microsoft entwickelt und als Konkurrenz zu Javascript gedacht. Dennoch ist JavaScipt weiter verbreitet. Der E-Mail-Wurm ILOVEYOU wurde in VSB geschrieben.

ActiveX. Diese Technologie existiert nur im Internet-Explorer und ist auch gleichzeitig die gefährlichste. Im Gegensatz zu Java läuft ActiveX nicht in einer Sandbox, sondern kann direkt auf beliebige Ressourcen des Rechners zugreifen und daher auch beliebigen Schaden anrichten.

ActiveX-Controls sind dafür gedacht, verschiedene Multimedia Komponenten abzuspielen. Es handelt sich dabei um Programme, die ähnlich wie Java auf dem Rechner des Internetnutzers gestartet werden.

Beim Herunterladen (das Control ist also noch nicht vorhanden) wird nun zwischen zwei Fällen unterschieden: Es handelt sich um ein

a) signiertes ActiveX-Control: In diesem Fall wird das Control heruntergeladen, installiert und die Multimedia-Datei abgespielt.

   Dies bedeutet, dass (wie bei SSL mit Zertifikaten) eine CA für die Sicherheit dieses Controls garantiert. Dann wird es nach Bestätigung heruntergeladen. Es gibt allerdings auch Beispiele, wo sich trotz Signatur herausgestellt hat, dass die Controls fehlerhaft waren und Schaden verursacht haben;

b) unsignierte ActiveX-Controls: Niemand garantiert dafür, dass das Control keinen Schaden anrichtet. Der Nutzer wird gefragt, ob es dennoch installiert werden soll.

Im Prinzip sind diese Techniken nicht schädlich. Allerdings tauchen immer wieder Sicherheitslücken auf, die bei der Implementierung der einzelnen Technik übersehen wurden.

Diese beeinträchtigen teilweise die Funktionstüchtigkeit im täglichen Gebrauch (z.B. stürzt der Browser beim Aufruf bestimmter Seiten immer wieder ab). Eine Reihe dieser Fehler gefährden die Sicherheit des Rechners, auf dem der Browser läuft. Über speziell präparierte Web-Seiten lassen sich dann Dateien auf der Festplatte lesen oder gar manipulieren oder Viren einschleusen.

Erweiterte Browser-Funktionen wie JavaScript, Java und ActiveX erfordern es, dass fremder Code auf dem Rechner der Besucher ausgeführt wird. Zwar gibt es diverse Sicherheitsmechanismen, die verhindern sollen, dass solcher Code auf dem Rechner Schaden anrichtet. Doch immer wieder werden Sicherheitslücken bekannt, die diese Einschränkungen aushebeln. Viele davon beruhen auf Programmierfehlern und lassen sich durch Installation der aktuellen Browser Versionen beseitigen. Aber manche Risiken sind auch prinzipieller Natur und lassen sich nur durch Deaktivieren der zugehörigen Optionen vermeiden.

Die richtige Browser-Konfiguration für alle Surfer gibt es nicht. Wer seinen Rechner nur zum Spielen benutzt und nebenher ein wenig im Internet surfen will, hat niedrigere Ansprüche an dessen Sicherheit als jemand, der darauf wichtige Firmenunterlagen speichert oder Online-Banking betreibt. Und wenn die persönliche Lieblings-Internetseite nur mit Java funktioniert, muss man eben abwägen, ob man zugunsten der Sicherheit ganz darauf verzichten, oder das damit verbundenen Risiko in Kauf nehmen will.

Die meisten Fehler der beiden beliebtesten Browser hat der Bulgare Georgi Guninski aufgedeckt. (www.guninski.com) Hier kann man auch austesten, ob der eigene Browser solche Attacken zulässt und wie man sie unterbinden kann.

Um wirklich sicherzustellen, dass einem selbst als Nutzer beim Surfen nichts passieren kann, müsste man all die o.g. Techniken (außer Cookies) deaktivieren. Dadurch lassen sich jedoch einige Seiten gar nicht mehr darstellen. Es ist deshalb abzuwägen zwischen der maximalen Sicherheit und der Benutzerfreundlichkeit.

11. Schlusswort

Wenn man sich die Menge der Möglichkeiten von Gefahren detailliert anschaut, könnte einem fast die Lust am Surfen vergehen. Doch durch ein paar Sicherheitsvorkehrungen lassen sich die meisten davon aushebeln. Dabei gilt: Sicherheit vor Bequemlichkeit.

1. Laden Sie sich keine Dateien aus dem Internet, von denen Sie nicht ganz sicher sind, dass sie keine Viren oder Trojaner enthalten. Laden und installieren Sie auf keinen Fall an E-Mails angehängte Dateien unbekannter Herkunft.

2. Weitergabe vertrauenswürdiger Daten stets skeptisch gegenüberstehen. Wenn, dann möglichst nur über verschlüsselte Leitungen, die 128-Bit stark sind und ein signiertes Zertifikat haben.

3. Immer die aktuellste Software gegen Viren und Trojaner installiert haben. Und diese auch in regelmäßigen Abständen ausführen. Es gibt im Netz eine ganze Menge von kostenlosen Scannern, die Schädlinge aufsuchen.
   In diesem Zusammenhang bieten viele Anbieter solcher Viren-/Trojanerscanner den Service der Mail- Benachrichtigung, wenn neue Viren auftauchen.

4. Den Internet-Browser immer auf dem aktuellsten Stand halten, da immer wieder neue Sicherheitslücken entdeckt werden.

12. Interessante Links

Weiteres zu SSL:
http://directory.netscape.com/Computers/Security/Internet/SSL-TLS
http://www.openssl.org

Überblick zu SHTTP:
http://www.homeport.org/~adam/shttp.html

Knacken des HBCI:
http://pamphlet.ffm.ccc.de/b0t0m/ebanking.html
http://w3.zdf.msnbc.de/news/53833.asp

Aktuelle Sicherheitsprobleme in Browsern:
http://www.guninski.com/ (*der* Link zur Browsersicherheit)
http://www.heise.de/newsticker (Computer-News, täglich aktualisiert)

Allgemeine Literatur zu Sicherheit im Internet:
http://www.bsi.de/literat/index.htm
(Bundesamt für Sicherheit in der Informationstechnik)

III. Zertifizierungen

Alexander Plata

1. Allgemeines zu Zertifikaten

Wenn man eine Telefonverbindung zwischen sich und jemand anderen herstellen will, benutzt man einfach das Telefon und wählt die entsprechende Telefonnummer. Diese Verbindung hat mehrere Vorteil: erstens ist sie (zum größten Teil) direkt, zweitens weiß man (meistens) wer am anderen Ende den Hörer abnimmt und drittens, wo sich das andere Ende des Kommunikationsweges, also die Adresse des Gegenüber, befindet. Das sind alles wichtige Kriterien, wen man z.B. etwas kaufen, verkaufen oder anbieten will. Bei der Kommunikation im Internet sind diese Vorteile nicht mehr gegeben. Die Nachrichtenpakete, in die eine E-Mail immer unterteilt wird, werden nicht immer auf dem direkten Weg geschickt, man weiß nicht, wo der andere sich befindet und wer der andere überhaupt ist, denn E-Mail-Adressen kann man sich kostenlos überall beschaffen. Deshalb wird im Bereich der elektronischen Kommunikation die Authentifikation wichtig.[1]

Bei der Authentifikation wird zwischen Teilnehmer- und Datenursprungsauthentifikation unterschieden. Bei der Teilnehmerauthentifikation weist ein an einer Kommunikation beteiligter seine behauptete Identität nach, wohingegen bei der Datenursprungs-authentifikation der Empfänger von Daten den Datenerzeuger, d.h. den Datenursprung erkennen kann. Zusätzlich kann bei der Datenursprungsauthentifikation auch eine Veränderung (Modifikation) der Daten beim Datentransport festgestellt werden. Soll nur die Veränderung der Daten beim Transport erkannt werden (man sprich von dem Erhalt der Integrität der Daten), so kann man auf bekannte Prüfsummenverfahren zurückgreifen. Eine der Methoden zur Prüfsummenbildung ist die Verwendung von Hashfunktionen[2] zur Erzeugung von Prüfsummen, die an die Nachrichten angefügt werden. Mit der zusätzlichen Signierung dieses Hashwertes durch den Sender wird dann auch eine Datenursprungsauthentifikation erreicht.

Es muss ebenso zwischen symmetrischen und asymmetrischen Verfahren unterschieden werden. Während beim symmetrischen Verfahren *ein* Schlüssel für die Ver- wie auch Entschlüsselung verwendet wird, findet beim asymmetrischen ein *Schlüsselpaar* Anwendung. Dieses Schlüsselpaar besteht aus einem öffentlichen und einem geheimen Schlüssel, die beide entweder der Absender selbst generiert[3] oder aber von einer Certification Authority (CA)[4] erstellt werden. Als Beispiel für ein asymmetrisches Verfahren wird der ElGamal-Unterschriftenalgorithmus vorgestellt.

---

1 Authentifikation: In diesem Zusammenhang mit Identifikation des Gegenübers gleich zu setzen.
2 Hashfunktionen: Mittels eines beiden Teilnehmern einer Kommunikation bekannten Verfahrens wird der Inhalt eines vorliegenden Textes zu einen einzelnen Wert zusammengefasst. Bekannte Verfahren sind MD 5 und SHA.
3 Generiert: Mit Hilfe eines vorgeschriebenen, z.T. genormten Verfahrens erzeugter Wert.
4 Certification Authority: Die Instanz, die Zertifikate erzeugt, verwaltet und ihre Echtheit beglaubigt – eine Art digitaler Notar.

Die Merkmale einer Unterschrift:

1. sie steht in Verbindung mit einem Text (d.h. unter einem Text),
2. sie ist nicht kopierbar (d.h. nicht in Blockschrift oder ähnlich) und
3. sie ist einmalig (d.h. für jeden Mensch einmalig).

Sind alle drei Bedingungen erfüllt, gilt ein Text als unterschrieben.

2. Der ElGamal-Unterschriftenalgorithmus

Als erstes wird kurz die mathematische Vorgehensweise, in der beliebige Texte unterschrieben werden können, beschrieben.

Dazu wird als erstes festgelegt:

Öffentlich: Primzahl p, Erzeugendes α von $\mathbf{Z}_p^{\times}$

Geheim: a ist Element von $\mathbf{Z}_{p-1}$ mit $\beta = \alpha^a \pmod p$

Schlüssel: K = (p, β, α, a)

(1) Absender: Das Unterschreiben von Text x aus $\mathbf{Z}_p$:

wähle ein zufälliges k aus $\mathbf{Z}_{p-1}^{\times}$ und $SIG_K(x, k) = (x, \gamma, \delta)$ mit $\gamma = \alpha^k \bmod p$ und $\delta = (x - a * \gamma)^k \bmod p\text{-}1$

Der Absender übermittelt daraufhin den Text x und die beiden Werte γ und δ.

(2) Empfänger: Die Unterschrift gilt als korrekt, wenn folgendes gilt:

$VERK(x, \gamma, \delta) = true \iff \beta^{\gamma} * \gamma^{\delta} = \alpha^x \pmod p$

Der Empfänger überprüft den übermittelten Text mittels der vorstehenden Formel und den bekannten und den übermittelten Werten.

Das ist die mathematische Vorgehensweise, im Grunde wird ein Text in eine dem ASCII-Format nicht unähnliche Form gebracht, d. h. Buchstaben oder Textteile werden in Zahlen umgewandelt. Mit diesen Zahlenkolonnen kann dann „gearbeitet" werden. Dieses ist nur eine Möglichkeit, einen Text zu authentifizieren. Es gibt noch andere Möglichkeiten, Texte zu „unterschreiben". Hier sollte nur ein Einblick in die Mechanismen einer digitalen Unterschrift oder eines Zertifikates gegeben werden.

3. Hinweise zu Zertifikaten

Es wird nun anhand der AGB des TC TrustCenters auf einige Punkte hingewiesen, deren Einhaltung zwingend notwendig ist oder aber beiden Partnern einer Kommunikation bekannt sein muss, damit die sichere Verbindung richtig genutzt wird. Es wurde das TC TrustCenter ausgewählt, weil es relativ bekannt ist und alle Inhalte und Hilfen auf deutsch sind.

TC TrustCenter ist **keine** gemäß § 4 SigG genehmigte Zertifizierungsstelle.

TC TrustCenter hat bereits einen Antrag auf Genehmigung bei der RegTP gestellt, über den bisher noch nicht entschieden wurde.

a) Je höher die Zertifikatklasse, desto höher die Vertrauenswürdigkeit

Alle von TC TrustCenter angebotenen Zertifikate werden in eine „Level of Trust"-Klasse eingeordnet, welche die grundsätzliche Art der Überprüfung der Inhalte und der Identitätsfeststellung beschreibt. Anhand der Klasse eines vorgelegten Zertifikates kann auf einfache Weise die Vertrauenswürdigkeit der angegebenen Inhalte abgeschätzt werden. Die Sicherheit der Verschlüsselung und damit der Vertraulichkeit ist hiervon nicht betroffen.

b) Keine Prüfung von Kreditwürdigkeit

TC TrustCenter prüft die Korrektheit der in Zertifikaten angegebenen Identität auf die beschriebene Weise. Es werden keinerlei Prüfungen über Liquidität, Kreditwürdigkeit oder dergleichen der angegebenen Identität durchgeführt. Zertifikate schaffen Vertrauen darin, dass der Zertifikatinhaber tatsächlich derjenige ist, der er vorgibt zu sein. Sie geben keinerlei Hinweise auf die Vertrauenswürdigkeit des Zertifikatinhabers selbst.

c) Die Entscheidung über die Angemessenheit für eine Anwendung liegt beim Teilnehmer

TC TrustCenter bietet Zertifikate verschiedener Klassen an, die den Grad an Vertrauenswürdigkeit in die Zertifikate beschreiben. Jeder Teilnehmer des Zertifizierungsservice muss selbst individuell entscheiden und verantworten, ob eine bestimmte Zertifikatklasse den Anforderungen seiner speziellen Anwendung genügt.

d) Informationspflicht des Teilnehmers

Es wird ausdrücklich in den AGB des TC darauf hingewiesen, dass es unerlässlich ist, sich vor der Antragstellung oder Teilnahme am Zertifizierungsservice Grundkenntnisse über Public Key Verfahren anzueignen. Informationen und Hilfestellung zu Fragen zu Digitalen Signaturen, Zertifikaten und dem Zertifizierungsservice werden von TC TrustCenter auf der Web Site bereitgestellt.

e) Sorgfalts- und Mitwirkungspflicht des Zertifikatinhabers

Der Zertifikatinhaber muß zur Sicherheit der Verfahren beitragen. Dazu muß er die Sorgfalts- und Mitwirkungspflichten in den AGB des TrustCenters beachten, d.h. z.B. niemandem Zugang zu dem Zertifikat verschaffen, indem man die persönlichen Zertifikate ungeschützt aufbewahrt.

f) Anpassung an Marktbedürfnisse

Aufgrund der sich stetig ändernden Marktanforderungen ist es unerlässlich, dass die Dienste der Zertifizierungsstelle den konkreten Bedürfnissen der Kunden angepasst werden. Dieses Dokument, die AGB und die Zertifizierungsrichtlinien werden dementsprechend regelmäßig überarbeitet. Dabei kann es in Detailfragen zu kurzzeitigen Differenzen zwischen den verschiedenen Dokumenten kommen.

4. Verschiedene Szenarien

Anhand verschiedener Szenarien soll auf die Alltagstauglichkeit und Sinn und Zweck der Nutzung von zertifizierten Nachrichten hingewiesen werden. Es soll einem Nutzer Hinweise geben, welches Zertifikat für ihn in einer ähnlichen Situation nützlich und auch angemessen ist. Die Angemessenheit ist so zu verstehen, das der Anwender abwägen muss, welchen Nutzen er für sich erwartet und welchen Preis er dafür zu zahlen bereit ist.

a) Szenario 1 – Katalogbestellung über das Internet

... Unsere neuesten Produkte sind alle in dem Frühjahrskatalog zu sehen.

Zu bestellen mit zertifizierter Email-Adresse unter XYZ@abc.de

Ein Unternehmer bietet seine verschiedenen Produkte in einem Hochglanzkatalog, der über das Internet bestellt werden kann, an. Er will vermeiden, dass die Kataloge an Personen geschickt werden, die sich nicht dafür interessieren. Denn in den letzten Jahren ist es mehrfach vorgekommen, dass die Kataloge zurückkamen oder er Meldung erhielt, dass manche Post-Adressen nicht existieren. Der Unternehmer fordert daraufhin die Interessenten auf, ihm nur eine zertifizierte E-Mail mit der Kataloganforderung zu schicken, denn alle anderen Arten der Bestellung werden nicht mehr angenommen. Er stellt damit sicher, dass beim Absender eine E-Mail-Adresse existiert und dieser auch der Besitzer des öffentlichen Schlüssels dazu ist. So werden die Kosten für zuviel bzw. unnötig versandte Kataloge reduziert, denn viele, die sich z.B. einen Spaß damit erlauben wollen, machen sich nicht die Mühe und fordern bei einem CA eine zertifizierte E-Mail-Adresse an.

Anforderungen an das Produkt	Mögliche Auswahl und Kosten

– Eine Email-Adresse ist vorhanden
– Der Besitzer ist auch Adressinhaber
	Zertifikat Class 1
	Ca. 20,– DM beim TC TrustCenter
	    US $ 9,95 bei VeriSign
	    £ 7,50 bei der British Telecom (BT)

b) Szenario 2 – Eine Einkaufsgenossenschaft soll gebildet werden

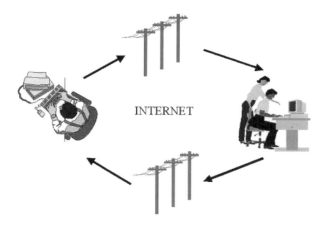

INTERNET

Es soll eine Einkaufsgenossenschaft gebildet werden, um z.B. Computereinzelteile in größeren Mengen und zu geringen Kosten einzukaufen. Einem Unternehmer fällt auf, dass er, um gewisse Mengenboni nutzen zu können, eine bedeutend höhere Einkaufsmenge als bisher braucht. Er entschließt sich deshalb, eine Interessentenanfrage auf seiner Unternehmenshomepage anzubieten. Er will als Sammeleinkäufer auftreten und somit die Kosten pro Teil erheblich senken. Allerdings will er auch nicht auf einem Berg von Einzelteilen für Computer sitzen bleiben, deshalb reicht es nicht, ihm eine einfach zertifizierte E-Mail zu schicken. Der Empfänger fordert mehr Sicherheit, dazu zählt, dass die E-Mail-Adresse einer interessierten Person existiert und die persönlichen Angaben (wie z.B. Name, Adresse Geburtsdatum usw.) der Person stimmen. So muss der Absender oder eine Absendergruppe (wenn z.B. mehr als eine Person für den Einkauf zuständig ist) der CA diese Angaben zur Verfügung stellen und auch von ihr überprüfen lassen.

Anforderungen an das Produkt	Mögliche Auswahl und Kosten
– Class 3: überprüft wird, daß die E-Mailadresse dieser Person zuzuordnen ist und die persönlichen Angaben (Name, Adresse, Geburtsdatum usw.) der Person stimmen. (Jeweils durch den Personalausweis bei einer Poststelle oder einem IdentPoint von TrustCenter)	Für Einzelpersonen und Personengruppen bis 50 Personen je ca. 120,– DM, darüber hinaus kostet ein Zertifikat bis 100 Personen ca. 96,– DM pro Person beim TrustCenter. Vergleichbare Zertifikate gibt es für Deutsche Unternehmer noch nicht bei VeriSign oder der BT.
– Class 4: wie Class 3, jedoch bei einer Meldebehörde mit Überprüfung der Daten anhand des Melderegisters (momentan nur für Personen, die in Hamburg wohnen)	

Wie werden die Daten überprüft?

– mittels des Post Ident Verfahrens (der einfache Weg):

Die Identitätsfeststellung über das Post Ident Verfahren ist für die meisten Benutzer sicherlich der einfachste Weg, da sie bei jeder Filiale der Deutschen Post vorgenommen werden kann und somit selten ein weiter Weg nötig ist. In der Regel treffen ein bis zwei Werktage nach der Antragstellung über das Online-Formular die für die Identitätsfeststellung notwendigen Unterlagen beim Antragsteller ein. Dazu gehören neben dem Anschreiben detaillierte Erläuterungen zum weiteren Ablauf, ein Informationsblatt betreffend der Sorgfalts- und Mitwirkungspflichten des Zertifikatinhabers, eine Antragsbestätigung, ein Coupon für das Post Ident Verfahren sowie je ein blauer und weißer Umschlag. Auf der Antragsbestätigung ist die per E-Mail erhaltene Kontrollnummer zu notieren sowie zu unterschreiben. Die unterschriebene Bestätigung wird zusammen mit einer vom Antragsteller anzufertigenden Personalausweiskopie (beide Seiten) in den blauen Umschlag gesteckt, und dieser daraufhin verschlossen. Sodann begibt sich der Antragsteller mit den beiden Umschlägen und dem Coupon zur nächstgelegenen Postfiliale und händigt sie dem Postbeamten aus, der daraufhin die Identitätsfeststellung vornimmt und alle erforderlichen Unterlagen (inklusive des blauen Umschlags) im weißen Freiumschlag an TC TrustCenter weiterleitet. Nach Eintreffen der Unterlagen bei TC TrustCenter werden diese geprüft und bei erfolgreicher Überprüfung das Zertifikat erzeugt (üblicherweise innerhalb eines Werktages). Der Antragsteller wird per E-Mail von der Ausstellung des Zertifikats benachrichtigt und erhält darin Informationen zu dessen Installation und Benutzung.

– mittels der TrustCenter Ident Points (der schnelle Weg):

Die Identitätsfeststellung bei TC TrustCenter Ident Points ist unkomplizierter und schneller als das Post Ident Verfahren, allerdings gibt es erheblich mehr Postfilialen als TC IdentPoints.

Während beim Post Ident Verfahren die Unterlagen per Post zunächst an den Antragsteller und nach der Identitätsfeststellung im Postamt an TC TrustCenter zurückgesendet werden müssen, erfolgt die Identitätsfeststellung im TC TrustCenter Ident Point online, so dass das Zertifikat im Regelfall noch am selben Tag ausgestellt und dem Antragsteller zugesandt wird. Sobald der Antragsteller per E-Mail die Kontrollnummer erhalten hat, kann er sich, ausgerüstet mit dieser Kontrollnummer sowie der Antragsnummer und seinem Personalausweis, zum von ihm gewählten TC TrustCenter Ident Point begeben und die Identitätsfeststellung dort vornehmen lassen.

Im TC TrustCenter Ident Point muss der Antragsteller E-Mail-Kontrollnummer und Antragsnummer nennen. Nach Eingabe der Personalausweisdaten werden diese an TC TrustCenter gesendet, dort abgeglichen und das Zertifikat ausgestellt. Der Antragsteller muss eine Antragsbestätigung unterschreiben und eine Kopie seines Ausweises anfertigen lassen, die vom Ident Point an TC TrustCenter zur Überprüfung weitergeleitet werden. Sollte sich es herausstellen, dass Unstimmigkeiten im Zertifikatantrag vorhanden sind, behält sich TC TrustCenter vor, dass Zertifikat zu sperren. Im Falle der Sperrung des Zertifikats wird der Inhaber hiervon in Kenntnis gesetzt und erhält die Möglichkeit, einen neuen Antrag zu stellen und die fehlerhaften Angaben zu korrigieren.

c) Szenario 3 – Der Administrator und der Server

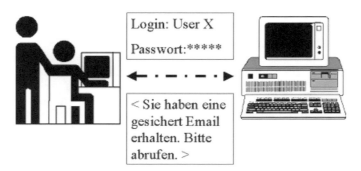

Login: User X
Passwort:*****

< Sie haben eine gesichert Email erhalten. Bitte abrufen. >

aa) Sicherheit im Unternehmen

Ein Unternehmer muss ebenfalls auf die Sicherheit in einem Unternehmen achten, vor allem, wenn es Verbindungen über das Internet nach „draußen" hat. Für ein Unternehmen sind mehrere Mitarbeiter im Außendienst tätig, die z.B. Bestellungen der Kunden aufnehmen und an den Vertrieb weiterleiten, die Verbindungen mit dem Unternehmen halten müssen, um Adressen von Neukunden zu erhalten u.ä. Es muss deshalb sichergestellt werden, dass beide Partner einer Kommunikation eindeutig identifiziert werden können. Um die sichere Übertragung vom/zum Netzwerk eines Unternehmens bzw. deren Netzwerkservern zu gewährleisten, wird ein Serverzertifikat benötigt. Mittels eines solchen Zertifikates kann ein Netzwerkadministrator ebenfalls eine Übertragung von persönlichen Daten und eine E-Mail-Kommunikation im gesamten geschäftlichen Bereich sicher gestalten.

bb) Wie bekommt man ein Serverzertifikat?

Es ist etwas umständlicher als bei den bisherigen Zertifikaten, aber dafür auch sicherer. Der Unternehmen muss mittels eines Handelsregisterauszuges für Personengesellschaften (bisher sind diese Zertifikate noch nicht für Kapitalgesellschaften erhältlich) oder z.B. einem Gewerbeschein die Existenz des Unternehmens nachweisen. Danach muss noch die zeichnungsberechtigte Person die Inhalte, wie z.B. den E-Mail-Name, Abkürzungen oder (textuelle) Logos, bestimmen. Dann tritt der CA in Aktion und überprüft z.B. Domain- und Organisationsname auf bereits schon vorhandene Namen und schickt alle Angaben schriftlich als Bestätigung an das Unternehmen zurück zur letztmaligen Prüfung durch das Unternehmen auf eventuelle Fehler.

cc) Zusätzliche Sicherheit

Durch die Zuweisung eines Zertifikates zu einer natürlichen Person kann eine noch größere Sicherheit erreicht werden.
1. Diese achtet dann besonders auf deren Benutzung bzw. Gebrauch.
2. Deren Identifikation wird durch Personalausweis festgestellt.

Anforderungen an das Produkt	Mögliche Auswahl und Kosten
Überprüft wird, dass die E-Mailadresse dieser Unternehmung zuzuordnen ist und die persönlichen Angaben (Name, Adresse usw.) stimmen. (Durch einen Handelsregisterauszug oder einen Gewerbeschein)	– TrustCenter Class 2 für den 1. Server 500,– DM und für jeden weiteren Server 250,– DM – VeriSign Secure Web Server für den 1. Server US $ 349,– und für jeden weiteren US $ 249,– – BT Class 3 Secure Server für den 1. Server £ 304,32 und für jeden weiteren £ 233,82

d) Szenario 4 – Der Programmierer

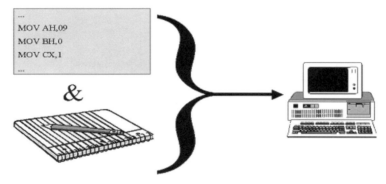

Wie kann ein Programmierer sein Produkt schützen?

Es gibt ein spezielle Zertifikat für Programmierer bzw. Unternehmen, um ihre Softwareprodukte zu schützen. Mit diesem Zertifikat signiert die Unternehmung unternehmenseigene Software, wie z.B. Java-Applets, ausführbaren Windows-Code (also die EXE-Files) und Windows-Cabinetdateien (also CAB-Files). Sie ist somit bei der Übertragung von einem Unternehmsteil zu einem anderen vor Manipulationen und Übertragungsfehlern sicher. Der Anwender muss sich nur für eine der beiden Signier-Softwareprodukte, die schon Standard sind, entscheiden, also entweder für den Microsoft Authenticode oder das Netscape Signtool.

Anforderungen an das Produkt	Mögliche Auswahl und Kosten
– Class 3: persönliche Identifizierung (siehe oben) – Class 2 Überprüfung anhand von Dokumenten (siehe oben)	– TC CodeSigning Class 3 oder Class 2 für 3 Jahre 800,– € – Software Publisher Digital ID bei VeriSign für US $ 400 pro Jahr

5. Der Weg zum Zertifikat

a) Auswahl der Zertifikatsklasse

Als erstes muss der Benutzer eine der verfügbaren Zertifikatsklassen auswählen, abhängig von der benötigten Sicherheit.

b) Auswahl des Zertifikats

Je nach der zu verwendenden Software, werden unterschiedliche Zertifikate angeboten, z.B. ein Zertifikat ohne zusätzliche Software, wie das Standardzertifikat für den Microsoft Internet Explorer© ab Version 3.X oder mit PGP-Software zum Verschlüsseln von E-Mails mit den Standardemailprogrammen, wie Eudora, Outlook u.ä.

c) Identitätsfeststellung/Überprüfung der Angaben

Jedes Zertifikat erfordert als Mindestvoraussetzung die Überprüfung der E-Mail-Adresse, alle zusätzlichen Angaben werden z.B. mittels des Post Ident Verfahrens oder in einem IdentPoint® des TC TrustCenters überprüft.

d) Zusendung des Zertifikats

Je nach der angeforderten Sicherheit erfolgt die Übermittlung des Zertifikats per E-Mail oder direkt nach Hause auf dem Postweg

e) Installation in die bestehende Struktur

Die Installation eines Zertifikates erfolgt durch wenige Mausklicke, meist unterstützt durch Angaben der CA. Als erstes muss das Zertifikat des CA installiert werden und dann kann das persönliche Zertifikat in die bestehende E-Mail Struktur bzw. das LAN/WAN integriert werden.

f) Nutzung des Produkts

Nach dieser Prozedur kann man die Vorzüge des gekauften Produktes nutzen. In den meisten E-Mail Programmen werden zertifizierte Mails gesondert dargestellt, für nähere Angaben bitte in der Hilfedatei des E-Mail-Programms nachschlagen. Es wird meist ein kleines Schloss an das Symbol angehängt.

6. Eine Übersicht – Produkte, Anbieter und Preise

Trust Center

Name	Perso-nen kreis	Geprüft wird	Besonderheiten	Sicher-heit	Rechtliche Gültigkeit	Preis
Class 0	G	Nichts	nur für Testzwecke	keine	keine	–
Class 1	P	E-Mailadresse existiert und Besitzer des öffentlichen Schlüssels hat Zugriff darauf	für Client-Authentisierung (gegenüber einem Web Server) oder persönliche E-Mail	gering	keine	20,– DM
Class 2	G/O	1. angegebene Unternehmen existiert (Handelsregister-auszug oder ähnliches) 2. zeichnungsberechtigte Personen bestimmen Inhalt des Zertifikats 3. Zertifikatsdaten (z.B. Serverzertifikaten: Domain<->Organisation) von TC überprüft	– beinhaltet Class 1 Zertifikat – durch schriftliche Unterlagen und Unterschriften werden die Inhalte bestätigt – für gesicherte Übertragungen vom/zum Web Server gedacht; zur sicheren Übertragung von persönlichen Daten; sowie sichere E-Mail-kommunikation im geschäftlichen Bereich	hoch	mittel (ähnlich Fax)	500,– DM für den ersten, 250,– DM für jeden weiteren Server im ersten Jahr; 250,– DM pro Server/ ab 2. Server
Class 3	P/G	für Privatpersonen: E-Mailadresse durch Personalausweis/ Reisepass Identifizierung der Angaben der Person mit Ausweis; für Geschäftsleute: wie Class 2, zusätzlich die Identität der natürlichen und verantwortlichen Personen	– für Electronic Commerce gedacht, z.B. Internet Banking oder Online Shopping – spezielle Zertifikate für Softwareentwickler Einzelpersonen und Firmen (MS Authenticode, Netscape Object Signing) – zu jedem gibt es eine verantwortliche Person, die anhand ihres Ausweises identifiziert worden ist	hoch	hoch (wie Brief)	siehe oben 96,– DM bis 120,– DM für Private
Class 4	P	wie bei Class 3, allerdings findet die Identifizierung bei einer Meldebehörde statt, und damit Prüfung der Daten anhand des Melderegisters	höchster Grad an Vertraulichkeit für Privatpersonen	hoch	hoch (wie beglaubigte Kopie eines Ausweises)	? steht noch nicht fest

Legende: G – Kaufleute
O – Organisationen
P – Privatpersonen

Nichtdeutsche Anbieter

VeriSign	BT
Class 1 wie TC US$9,95	Class 1 wie TC £7,50
Secure Web Server wie Class 2 TC US$249 bis US$349	Class 3 Secure Server wie Class 3 TC £233,82 bis £304,32
Software Publisher wie Class 3 TC US$400	

Die Anbieter

TrustCenter unter www.trustcenter.de
VeriSign unter www.verisign.com
BT unter www.trustwise.com
T-TeleSec unter www.telekom.de/t-telesec

Die Übersicht über die Produkte und Preise ist nicht vollständig und bezieht sich auf 2001.

7. Ein (Hardware-)Ausblick

Es gibt auch eine Alternative zu den bisher vorgestellten Software-Lösungen. Die Deutsche Telekom AG bietet auch Hardwarelösungen zum Thema Authentifizierung und Verschlüsselung an. Es folgen ein paar ausgewählte Produkte der T-TeleSec, einer Abteilung der Deutschen Telekom AG.

Das Produkt LineCrypt A, dient zum Ver- und Entschlüsseln einer analogen Leitung, wobei es egal ist, ob es sich um einen sicheren Heimarbeitsplatz, vertrauliches Telefonieren oder um verschlüsselte Telefaxnachrichten handelt. Beide Teilnehmer einer Kommunikation müssen über dieses Produkt verfügen, damit die Leistungen genutzt werden können. LineCrypt A dient zum Ver- und Entschlüsseln von Sprache, Fax und Daten, weiterhin besteht die Möglichkeit der Bildung von geschlossenen Benutzergruppen anhand von Chipkarten. Es muss nur ein analoger Telefonanschluss vorhanden sein oder aber bei einem ISDN-Anschluss muss die Hörerschnur eingeschliffen werden. Die Authentifizierung erfolgt asymmetrisch mittels eines 512 Bit-RSA-Schlüsselpaars X.509.V3-Zertifikates. Die Verschlüsselung erfolgt symmetrisch mittels des 128 Bit IDEA Verfahrens. Der Preis beträgt brutto 2.912,23 DM (oder 1489,– Euro). Im Lieferumfang enthalten sind:

1. Schlüsselgenerierung im TrustCenter (RSA) der T-TeleSec, die den Anforderungen des Signaturgesetzes entspricht
2. Sichere Schlüsselspeicherung (RSA) auf Chipkarte mit TCOS1.2[5] Betriebssystem
3. Tools für lokales Management (Diskette für Win 95/98/NT beim Gerät)
4. Installations-/Bedienungsanleitung

Geeignet ist diese Lösung sogar für das HomeOffice.

---

5 TCOS: TeleSec Chipcard Operating System. Betriebssystem für prozessorgesteuerte Chipkarten (Smart Cards).

Das Produkt LineCrypt L (LAN), dient der Verschlüsselung der Daten über Internet/ Intranet (IP). Es erfolgt die einfache Konfiguration durch Einschleifen in die Kommunikationsleitung; das Gerät sichert so z.B. Virtuelle Privat Networks ab. Es erfolgt die Verschlüsselung von IP-Paketen, der Möglichkeiten der Bildung von geschlossenen Benutzergruppen anhand von Chipkarten. Die Anschlussgeschwindigkeit beträgt 10Mbit pro Sekunde unter Nutzung des IPSec-Protokolls. Die Sitzungsschlüssel (IDEA) werden in der Chipkarte generiert. Als Systemvoraussetzung wird ein Ethernet-Anschluss verlangt. Die Authentifizierung erfolgt asymmetrisch (RSA) mittels eines 1024 Bit X509.V3-Zertifikates und die Verschlüsselung erfolgt symmetrisch mit IDEA (128 Bit). Die sichere Schlüsselspeicherung (RSA) erfolgt auf Chipkarte mit TCOS2.0 Betriebssystem. Der Preis beträgt brutto 5.218,16 DM (oder 2.668,– Euro). Im Lieferumfang enthalten sind:

1. TCOS2.0 Netkey-Chipkarte (Beistellung Telekom)
2. LAN-Anschlussleitung mit RJ-45-Kabel
3. 1 Netzkabel
4. Installations-/Bedienungsanleitung
5. Alle benötigte Zulassungen
6. Schlüsselgenerierung im TrustCenter (RSA) der T-TeleSec, die den Anforderungen des Signaturgesetzes entspricht

Das Produkt LineCrypt S2M dient der Onlineverschlüsselung von 30 Kanälen, um Sprach-, Fax- und Datenverarbeitungsdaten zu sichern. Die Konfiguration erfolgt einfach durch Einschleifen in die Kommunikationsleitung. Es ver- und entschlüsselt Bilder, Sprache, Fax und Daten. Es besteht die Möglichkeit der Bildung von geschlossenen Benutzergruppen anhand von Chipkarten. Die Verschlüsselung aller unterschiedlichen Schlüssel erfolgt unabhängig. Als Voraussetzung muss ein S2M-Anschluss vorhanden sein. Die Authentifizierung erfolgt asymmetrisch (RSA, 1024 Bit) mittels eine X.509.V3-Zertifikates und die Verschlüsselung symmetrisch (IDEA, 128 Bit). Der Preis beträgt brutto 18.990,– DM (oder 9.709,44 Euro). Im Lieferumfang sind enthalten:

1. Schlüsselgenerierung im TrustCenter (RSA) der T-TeleSec, die den Anforderungen des Signaturgesetzes entspricht
2. Sichere Schlüsselspeicherung (RSA) auf Chipkarte mit TCOS2.0 Betriebssystem
3. 8 TCOS2.0 Netkey-Chipkarten (Beistellung Telekom, eingebaut im Gerät)
4. Alle benötigen Zulassungen
5. Verbindungskabel zum S0-Bus
6. Installations-/Bedienungsanleitung

Alle Informationen sind auch im Internet unter www.telekom.de/t-telesec nachzulesen oder unter 0800 TeleSec (8 35 37 32) Gebührenfrei zu bekommen. Die postalische Anschrift ist folgende: Deutsche Telekom, T-TeleSec, Untere Industriestur. 20, 57250 Netphen oder per E-Mail: T-TeleSec@telekom.de

IV. Einführung in PGP

Christoph Creuzig

1. Was macht PGP?

Der primäre Einsatzzweck von PGP ist die Verschlüsselung von E-Mails. Darüber hinaus bietet es auch Möglichkeiten zur digitalen Unterschrift. In neueren Programmversionen ist eine komfortable Möglichkeit integriert, seine Festplatte und den Datenverkehr über das Internet zu verschlüsseln – worauf wir in diesem Rahmen allerdings nicht weiter eingehen werden.

2. Wozu Verschlüsselung?

Nachrichten zu verschlüsseln, macht zwangsläufig zusätzlichen Aufwand. Daher ist die Frage berechtigt, welchen Nutzen Verschlüsselung bietet.

In vielen Situationen stellt sich die Frage erst gar nicht – beispielsweise sollte es selbstverständlich sein, dass eine Anwältin E-Mails verschlüsselt, die sie einem Klienten sendet. Es ist zwar für Otto Normalanwender nicht gerade einfach, fremde E-Mails abzufangen, aber so eine E-Mail durchläuft eine ganze Reihe von Computern, bis sie den Adressaten erreicht, und jeder, der auf einem dieser Rechner (legal oder illegal) Administratoren-Rechte hat, kann die E-Mail lesen und auch verändern.

E-Mail hat im Wesentlichen den Status einer Postkarte.

Wenn Verschlüsselung zum Einsatz kommen soll, stellt sich natürlich die Frage, welche Art der Verschlüsselung, also welches Programm, zum Einsatz kommen soll. Hier spielen mindestens die folgenden Faktoren eine Rolle:

1. Der Empfänger muss dazu in der Lage sein, die Nachricht zu entschlüsseln. Also sollte ein verbreitetes Programm zum Einsatz kommen.
2. Die Verschlüsselung sollte so wenig zusätzliche Arbeit wie möglich verursachen. Im Idealfall sollte es ausreichen, im Adressbuch des Mailprogramms ein Kästchen anzuklicken, dass alle E-Mails an diesen Empfänger verschlüsselt werden sollen.

Symmetrisch? Asymmetrisch?

Ganz kurz gesagt, gibt es zwei grundsätzliche Arten von Verschlüsselung:

1. Bei symmetrischer Verschlüsselung müssen Absender und Empfängerin vor dem ersten Austausch einer Nachricht einen gemeinsamen „geheimen Schlüssel" ausmachen, den sie für die weitere Kommunikation verwenden. Das sieht dann beispielsweise so aus, dass beide in ihrem Mailprogramm in ein Feld z.B. den Wert 0x6f553 da2bc7688047e5342d68880ac21 eingeben müssen. Kürzer sollte das Ganze nicht sein, um vor Angriffen mit geballter Rechenkraft sicher zu sein. Außerdem muss dieser „Schlüssel" auf jeden Fall geheim bleiben – sonst kann ein Angreifer abgefangene Nachrichten einfach mit demselben Programm lesen. Das ist unkomfortabel und führt dazu, dass ein Mensch, der mit vielen verschiedenen Personen kommuniziert, eine fast unüberschaubare Anzahl von Schlüsseln geheim halten muss.

2. Bei asymmetrischer Verschlüsselung hingegen veröffentlicht jeder einen „öffentlicher Schlüssel" genannten Code, den andere Menschen verwenden können, um Nachrichten an diese Person zu verschlüsseln. Dieser Code ist nicht geheim und kann einfach als Datei verschickt werden. Es gibt regelrechte elektronische „Telefonbücher" mit diesen Schlüsseln. Die interessante (und kontra-intuitive) Eigenart der asymmetrischen Verschlüsselung ist, dass niemand außer dem Empfänger, nicht einmal der Absender, eine mit diesem Code verschlüsselte Nachricht lesen kann – der Empfänger hat hierfür einen „privaten Schlüssel", der quasi das Gegenstück zum publizierten öffentlichen Schlüssel darstellt.

Die Vorteile sind offensichtlich: Jede Teilnehmerin muss nur noch genau einen Schlüssel geheim halten, nämlich den privaten Schlüssel zum eigenen öffentlichen Schlüssel. Sie kann Personen sicher verschlüsselte Nachrichten senden, die sie nie zuvor getroffen hat, indem sie den öffentlichen Schlüssel aus einem öffentlich zugänglichen Verzeichnis entnimmt und verwendet. Dafür braucht sie nicht einmal selbst einen privaten Schlüssel zu haben.

Um die Unterschiede noch etwas deutlicher zu machen, bietet sich der folgende Vergleich an: Symmetrische Verschlüsselung (auch als „konventionelle" oder „secret-key"-Verschlüsselung bekannt) arbeitet wie ein Safe: Der Absender legt die geheime Nachricht in den Safe und verschließt ihn, der Empfänger hat einen zweiten Schlüssel und kann den Safe damit wieder öffnen. Bei der asymmetrischen Verschlüsselung (auch als „public-key"-Verschlüsselung bekannt) wird der Safe im abgeschlossenen Zustand verbreitet, hat aber einen Einwurfschlitz, wie ein Briefkasten. Der Absender braucht daher keinen Schlüssel oder Ähnliches, sondern kann die Nachrichten einfach „einwerfen".

3. Und was sind „elektronische Unterschriften"?

Eine Unterschrift zeigt verbindlich an, von wem ein Schriftstück stammt oder „abgesegnet" wurde. Das ist natürlich auch beim Austausch elektronischer „Dokumente" interessant.

Das Prinzip der Unterschrift lässt sich allerdings nicht ohne Weiteres auf Texte in elektronischer Form übertragen – es ist wohl kaum als „sicher" anzusehen, wenn unter einem Text einfach nur „Gerhard Schröder" steht – den Namen kann schließlich jeder unter einen Text setzen. Auch eine eingescannte Unterschrift hat keine Aussagekraft, da sie sich problemlos unter einen anderen Text kopieren lässt. Wünschenswert wäre in etwa Folgendes:

1. Eine elektronische Unterschrift sollte von dem „unterschriebenen" Text abhängen, so dass jede Änderung des Textes die Unterschrift ungültig macht.
2. Die Unterschrift sollte nur von einer einzigen Person geleistet werden können, aber jeder sollte sie ohne Mithilfe des Unterschreibenden prüfen können – ähnlich wie bei der eben erklärten asymmetrischen Verschlüsselung, nur umgekehrt.
3. Die Unterschrift sollte (in der Form, wie sie im Computer gespeichert wird) nicht allzu groß sein.

Glücklicherweise gibt es Verfahren, die all diese Bedingungen erfüllen.

Technisch gesehen sind elektronische Unterschriften und asymmetrische Verschlüsselung eng verwandt, teilweise werden exakt dieselben mathematischen Verfahren verwendet. Daher ist es nicht besonders überraschend, dass es einige Programme gibt, die beide Funktionalitäten auf einmal anbieten. Das ist auch für den Anwender komfortabel, der beim Empfang einer E-Mail automatisiert angezeigt bekommt, ob die Nachricht eine gültige Unterschrift trug (und von wem) und ob sie verschlüsselt war – ohne dafür mehrere Programme installieren zu müssen und mehrere Listen von Schlüsseln auf der Festplatte liegen zu haben.

Woher weiß ich, wer unterschrieben hat?

Nehmen wir also einmal an, wir haben gerade eine Nachricht empfangen, die eine elektronische Unterschrift trägt. Wir versuchen, diese Unterschrift zu überprüfen, müssen aber feststellen, dass wir den passenden öffentlichen Schlüssel noch nicht haben. Ohne diesen öffentlichen Schlüssel kann eine Unterschrift natürlich nicht geprüft werden – außer der Kenntnis des privaten Schlüssels unterscheidet den Absender schließlich nichts von allen Anderen, soweit es das Programm betrifft. Also holen wir den öffentlichen Schlüssel aus einem Verzeichnis im Internet, überprüfen die Unterschrift und bekommen angezeigt, die Unterschrift sei gültig – nur sei der Schlüssel nicht als „gültig" eingestuft. Was ist denn das nun wieder?

Nun, als Sie Ihren Schlüssel erzeugt haben, mussten Sie Ihren Realnamen und eine E-Mail-Adresse eingeben. Es hindert Sie natürlich nichts und niemand daran, an dieser Stelle meinen Namen und meine Adresse einzutippen. Damit erhalten Sie selbstverständlich immer noch nicht den Schlüssel, den ich verwende, aber der so erzeugte Schlüssel sieht auf den ersten oder zweiten Blick so aus, als sei es meiner. Wenn Sie damit Nachrichten unterschreiben, könnte ein Empfänger auf den Gedanken kommen, ich hätte diese Nachrichten geschickt. Schließlich tragen sie ja meine Unterschrift, richtig?

Da das Programm nicht überprüfen kann, wie der Mensch vor dem Rechner denn nun wirklich heißt, muss ein Mechanismus außerhalb des Programms hinzutreten, um dieses Problem zu lösen. PGP geht hierbei den Weg, dass Menschen, die sich gegenseitig kennen oder sich mit Personalausweis oder Ähnlichem gezeigt haben, wer sie sind, ihre Schlüssel gegenseitig unterschreiben können. Ein Schlüssel, den man direkt vom angeblichen Besitzer bekommen hat, ist wohl als echt anzusehen – warum sollte ich Schlüssel mit meinem Namen drauf verteilen, die gar nicht meine sind? Wenn ich nun einen echten Schlüssel habe und der Person, der dieser Schlüssel gehört, zutraue, Identitäten zu überprüfen und nur echte Schlüssel zu unterschreiben, dann kann ich PGP beibringen, diesen ersten Schlüssel als „vertrauenswürdig" anzusehen, womit dann von diesem Schlüssel unterschriebene Schlüssel auch als „echt" angesehen werden. Eine Unterschrift unter einem Schlüssel sagt also nichts über die Vertrauenswürdigkeit der Person hinter dem Schlüssel aus, sondern nur darüber, ob die im Schlüssel angegebene Person auch tatsächlich selbst behauptet, Schlüsselinhaberin zu sein.

Die genauen Regeln, nach denen PGP entscheidet, welcher Schlüssel als echt angesehen wird, sind noch ein klein wenig komplizierter; beispielsweise kann man PGP beibringen, dass ein Schlüssel, der keine Unterschrift von einem selbst hat, mindestens vier Unterschriften von „einigermaßen vertrauenswürdigen" Schlüsseln bzw. Personen haben muss, um als echt zu gelten. Natürlich können nur „echte" Schlüssel „vertrauenswürdig" sein – denken Sie einmal über die Konsequenzen nach, wenn das nicht der Fall wäre.

Natürlich gibt es auch noch andere Ansätze, um dieses Problem zu lösen. Beispielsweise sieht das deutsche Signaturgesetz eine hierarchische Struktur vor, in der Firmen wie die Telesec, die von der Regulierungsbehörde dazu ermächtigt worden sind, verbindliche Signaturen unter öffentliche Schlüssel setzen, die (primär aus wirtschaftlichen Gründen) nach spätestens einem Jahr ihre Gültigkeit verlieren. PGP lässt sich natürlich auch in so einer hierarchischen Struktur einsetzen, indem beispielsweise ein Anwender die eigene Personalabteilung, die CA („Certification Authority") des DFN (http://www.pca.dfn.de/dfnpca/) oder die des Heise-Verlags (http://www.heise.de/ct/pgpCA/) als „vertrauenswürdig" markiert. Um die Schlüssel dieser Organisationen als „vertrauenswürdig" einstufen zu können, müssen sie zunächst als „echt" gelten, was im Normalfall heißt, dass ein Anwender sie selbst unterschreiben muss.

Natürlich ist hier größte Vorsicht geboten, um keine gefälschten Schlüssel zu signieren. Bei der eigenen Personalabteilung kann man den Schlüssel noch per Diskette abholen, aber bei den beiden anderen genannten Quellen ist das nicht ganz so einfach. PGP bietet auch hier eine Lösung: Jeder Schlüssel trägt einen „Fingerabdruck", der aus dem Schlüssel berechnet wird und sich nicht nachmachen lässt. Diesen Fingerabdruck kann man sich in PGPkeys anzeigen lassen, indem man mit der rechten Maustaste auf einen Schlüssel klickt und „Key Properties" aus dem Kontextmenü aufruft. In dem Fenster, welches daraufhin erscheint, gibt es ein recht großes Feld „Fingerprint". Hier stehen standardmäßig eine Reihe von Worten, die man beispielsweise am Telephon vorlesen kann, um einen Schlüssel zu vergleichen. Wählen Sie hier das Feld „Hexadecimal" aus, erhalten Sie eine wesentlich kürzere Folge von Zahlen und Großbuchstaben. Dieser „hexadezimale Fingerabdruck" des Schlüssels ist im Beispiel der CA des Heise-Verlags in jeder Ausgabe der c't am Ende des Impressums abgedruckt. Stimmt der dort abgedruckte Fingerprint mit dem am eigenen Monitor überein, ist der Schlüssel mit an Sicherheit grenzender Wahrscheinlichkeit echt.

Damit gerade diese CA-Schlüssel nicht im Laufe der Zeit tausende unnütze Unterschriften mit sich herumtragen, bietet PGP die Möglichkeit, eine Unterschrift als „nonexportable" zu markieren. Damit wird die Unterschrift zwar intern verwendet, aber nicht an Dritte weitergegeben. Von dieser Möglichkeit sollten Sie bei solchen „öffentlichen öffentlichen Schlüsseln" Gebrauch machen.

4. Warum also PGP?

PGP bietet die oben genannten Funktionen: Es benutzt bekannte, sichere Verfahren zur Verschlüsselung, gibt dem Anwender den Komfort asymmetrischer Verschlüsselung und einfach zu verwendender elektronischer Unterschriften. PGP ist dazu in der Lage, elektronische Verzeichnisdienste nach den öffentlichen Schlüsseln bislang unbekannter Kommunikationspartner zu fragen. PGP kommt mit einer nahtlosen Einbindung in verbreitete Mailprogramme wie Eudora (Light), Outlook/Exchange, Pegasus Mail, mutt, pine und Gnus. Mit PGP können Sie eine Nachricht an mehrere Empfänger verschlüsseln, so dass jeder dieser Empfänger dazu in der Lage ist, die Nachricht zu lesen – und das bei einem extrem bescheidenen Mehr an Dateigröße.

Ein Feature von PGP ist, dass Nachrichten im „Klartext" unterschrieben werden können, so dass sie auch ohne Verwendung eines speziellen Programms gelesen werden können. Beispielsweise sind die Urteile des Bundesverfassungsgerichts, die unter http://www. bundesverfassungsgericht.de/ zu finden sind, auf diese Weise signiert. Die elektronische Unterschrift steckt in einem HTML-Kommentar, so dass sie vom Web-Browser nicht angezeigt wird.

Schließlich und letztendlich ist PGP nicht nur systemübergreifend verfügbar (Windows, Unix, MacIntosh, ...), es ist auch das mit Abstand verbreitetste Programm seiner Art, also dasjenige Programm, bei dem die Wahrscheinlichkeit am größten ist, dass ein zufällig ausgewählter Empfänger es ohnehin installiert hat.

5. Wo bekomme ich PGP?

Als zentraler Anlaufpunkt im WWW empfiehlt sich http://www.pgpi.net/. Für den kommerziellen oder geschäftsmäßigen Einsatz können Sie eine Version mit entsprechender Lizenz bei http://www.pgp.com/ bekommen. Die genaue Definition von „geschäftsmäßig" im Sinne der PGP-Lizenz bekommen Sie bei der Installation der Freeware-Version angezeigt. Besonders interessant dürfte es sein, dass der Einsatz, die Kommunikation mit den eigenen Kunden zu verschlüsseln, darunter fällt. In diesem Zusammenhang sollten Sie auch den Abschnitt „Die vielen PGP-Versionen" beachten.

6. PGP installieren

Gerade die Windows-Versionen von PGP sind sehr leicht zu installieren: Ein Doppelklick auf das Setup-Programm startet die Installation, die nur wenige Fragen stellt. Nach der Installation kann PGP direkt verwendet werden (siehe auch die nächsten beiden Kapitel). Sollten Sie PGP auf einem anderen System als MS Windows einsetzen wollen, finden Sie genauere Hinweise in dem am Ende dieses Kapitels angegebenen Buch.

Nach der Installation (und dem obligatorischen Windows-Neustart) erscheint in der Task-Leiste ein weiteres Icon in Form eines Vorhängeschlosses. Bei einem Klick auf dieses Icon bekommen Sie ein Menü zu sehen, über das eine Reihe von PGP-Funktionen aufgerufen werden können. Sie sollten als erstes einmal „PGPKeys" aufrufen, um ein eigenes Schlüsselpaar zu erstellen, da viele der sonstigen Funktionen sonst nicht aufgerufen werden können. Hier haben Sie auch die Möglichkeit, Ihren privaten Schlüssel mit einem beliebig langen Passwort zu schützen. Das macht immer Sinn, wenn andere Menschen Zugriff auf Ihren Rechner haben oder haben könnten. Ohne dieses Passwort (das Leerzeichen usw. enthalten darf) kommt niemand an Ihren privaten Schlüssel und damit auch nicht an die mit diesem Schlüssel verschlüsselten Daten – also sollten Sie sich das Ganze gut merken können.

7. PGP und Eudora/Outlook/Outlook Express

Wenn Sie eines (oder mehrere) der Mailprogramme Eudora, Outlook oder Exchange verwenden, wird bei der Installation von PGP gleich ein „Plugin" mit installiert, das dafür sorgt, dass in Ihrem Mailprogramm ein weiterer Menüpunkt und/oder Knöpfe auftauchen, mit denen Sie bei einzelnen Nachrichten oder auch generell Unterschriften und Verschlüsselung aktivieren können. Für Outlook Express gilt dasselbe – außer bei PGP 5.0, hier muss das Plugin separat installiert werden.

Bei allen genannten Programmen ist aber eines zu beachten: Das Mail-Programm muss vor PGP installiert worden sein, denn sonst installiert das PGP-Installationsprogramm das entsprechende Plugin nicht.

8. PGP und andere Mail-Programme

Wenn Sie keines der oben genannten Programme verwenden, bedeutet das nicht, dass Sie umsteigen müssen, um PGP verwenden zu können. Das Menü, das Sie über das PGP-Icon der Task-Leiste erreichen können, enthält unter Anderem die Menüpunkte „Current Window/Decrypt & Verify", mit dem Sie empfangene Nachrichten entschlüsseln und Unterschriften prüfen können. Erhalten Sie eine verschlüsselte Nachricht, können Sie einfach diesen Menüpunkt auswählen und die entschlüsselte Nachricht lesen und beantworten. Werden bei diesem Vorgang mitgeschickte PGP-Schlüssel gefunden, werden diese Schlüssel gleich in der lokalen Datenbank eingetragen, so dass Sie ohne weiteren Aufwand direkt an die Empfänger gerichtete Nachrichten verschlüsseln können.

Außerdem gibt es im selben Menü den Punkt „Current Window/Encrypt & Sign", mit dem Sie eine Nachricht vor dem Versenden unterschreiben und verschlüsseln können. Hierzu schreiben Sie Ihren Text wie gewohnt und wählen dann den entsprechenden Menüpunkt aus. Dann werden Sie aufgefordert, die Empfänger auszuwählen, die die Nachricht entschlüsseln können sollen. Es bietet sich an, hier auch den eigenen Schlüssel mit auszuwählen, damit Sie die lokal gespeicherte Kopie der ausgehenden Nachricht noch lesen können, die Ihr Mailprogramm erzeugt.

9. PGP und elektronische Unterschriften

Für E-Mails erledigen die eben besprochenen Plugins elektronische Unterschriften auf Wunsch automatisch. Elektronische Unterschriften lassen sich aber auch in anderen Fällen sinnvoll einsetzen, beispielsweise beim Verteilen von Software oder zum Unterschreiben von Pressemitteilungen.

PGP bietet grundsätzlich zwei Arten von Unterschriften: Zum Einen gibt es Unterschriften, die in derselben Datei gespeichert werden, wie das zu Unterschreibende; zum Anderen gibt es aber auch Unterschriften, die in separaten Dateien gespeichert werden.

Die Unterschrift zu einem Schriftstück mit in dieselbe Datei zu stecken, hat natürlich den Vorteil, dass nach wie vor nur eine Datei übertragen werden muss. Der Nachteil ist aber, dass beispielsweise ein Word-„Dokument", ein Zip-Archiv oder eine ausführbare Datei durch diesen Vorgang verändert (genauer gesagt, erweitert) wird, so dass die Datei samt Unterschrift nicht mehr von den ursprünglich vorgesehenen Programmen geöffnet werden kann, sondern zunächst mit Hilfe von PGP von der Unterschrift befreit werden muss.

Eine Unterschrift in einer eigenen Datei zu speichern, umgeht diese Probleme, aber es müssen nunmehr zwei Dateien an die Empfänger gesendet werden: Die eigentlichen Nutzdaten und, separat, die Unterschrift. Empfängerinnen mit installiertem PGP können nun die Unterschrift prüfen; alle anderen laden nur die Nutzdaten und verwenden sie, als gäbe es keine elektronische Unterschrift dazu.

Für Daten, die als reiner Text vorliegen (typischerweise Dateien mit Endungen wie .txt, .asc, oder auch .html), bietet PGP eine interessante weitere Möglichkeit, die sich „Klartext-Unterschrift" nennt. Bei dieser Variante wird die Unterschrift in derselben Datei untergebracht wie die eigentlichen Daten, diese werden aber nicht verändert. Wie weiter oben am Beispiel des Bundesverfassungsgerichts schon erwähnt, kann man damit beispielsweise Web-Seiten mit einer elektronischen Unterschrift versehen, ohne die eigentliche Funktionalität im Mindesten zu beeinträchtigen. Bei Bildern oder anderen binären Datenformaten geht das leider nicht so einfach.

Eine solche Klartextunterschrift kann man ganz einfach erzeugen: In einem Fenster, in dem Text bearbeitet wird, markiere man den zu signierenden Text und wähle mit einem Klick auf das PGP-Symbol in der Task-Leiste (ein Schloß) den Menüpunkt „Current Window" und darunter den Unterpunkt „Sign". PGP fragt gegebenenfalls nach dem Paßwort, das den geheimen Schlüssel schützt und umgibt den ausgewählten Text mit einer Startmarkierung und der eigentlichen Unterschrift. Das könnte beispielsweise so aussehen:

```
----BEGIN PGP SIGNED MESSAGE----

Dies ist nur ein kurzer Test

----BEGIN PGP SIGNATURE----
Version: PGP 6.5.1

iQEVAwUBOperUm+JovJ2nzxFAQGpzwgApiJEF17lFP10neQCzMqSWx0vgWSfDYJR
qIy+wZeG9gasTvKcp+XPg9QOAxFujr8sEVlCM2E2EDk0Zntehw5moeYfyCVgZMfp
fhp7dFLJF+cfWiU2GEIASfYsnr/+SQSDdG53odL91mk31m8x8FDAvf/Bbq+qTNkI
tWNJVvH60dKLy2uAPk1NUY2gC1ajSKAE0R/djYGcZ0s/iLKt7Y1mUDRjEKQKa85P
UpzUz2tmxIT5izM1q2zLcRiYXlKieT/tMuzigktYk3C67A9rhv2nWFG+P3myNKnU
sWlEpR+tOoKxTAwVWSyr3hCpJRKZR7npZ4GN8TVDmg1Bou5I+gnk/Q==
=Hfc8
----END PGP SIGNATURE----
```

Ein Empfänger kann diese Unterschrift mit dem Menüpunkt „Current Window/De-crypt&Verify" überprüfen. Bei obigem Beispiel etwa erhalte ich die folgende Ausgabe in einem separaten Fenster:

```
*** PGP Signature Status: good
*** Signer: Christopher Creutzig <christopher@creutzig.de>
*** Signed: 24.02.01 14:38:41
*** Verified: 24.02.01 14:42:31
*** BEGIN PGP VERIFIED MESSAGE ***

Dies ist nur ein kurzer Test

*** END PGP VERIFIED MESSAGE ***
```

Verändere ich den unterschriebenen Text, indem ich am Satzende einen Punkt einfüge, erhalte ich hingegen die folgende Meldung:

```
*** PGP Signature Status: bad
*** Signer: Christopher Creutzig <christopher@creutzig.de>
*** Signed: 24.02.01 14:38:41
*** Verified: 24.02.01 14:44:14
*** BEGIN PGP VERIFIED MESSAGE ***

Dies ist nur ein kurzer Test.

*** END PGP VERIFIED MESSAGE ***
```

Der feine Unterschied liegt in der ersten Zeile.

10. Die vielen PGP-Versionen

Vor Version 5.0 wurde PGP im Wesentlichen nicht-kommerziell entwickelt und vertrieben. Bis auf die MacIntosh-Anwender mussten sich Menschen, die PGP verwenden wollten, mit Kommandozeilen-Befehlen wie „pgp -es brief.txt someone@somewhere. com" herumschlagen oder eines der vielen Zusatzprogramme installieren, die eine mehr oder minder hilfreiche graphische Oberfläche hatten und hinter den Kulissen genau das taten. Natürlich gab es auch zu dieser Zeit Einbindungen in E-Mail-Programme, aber das waren größtenteils die Programme, die Programmierer gerne verwenden und nicht die in der „breiten Masse" vertretenen.

Seit Version 5.0 wird PGP kommerziell weiter entwickelt und vertrieben. Ebenfalls seit dieser Version wird ein neues Datenformat verwendet, so dass die älteren Programme mit den neueren keine Daten austauschen können – mit Ausnahme derjenigen neueren Versionen, die es doch können. Meine Empfehlung: Verwenden Sie Version 6.5.1 oder 6.5.1i, erzeugen Sie einen DSS- und einen RSA-Schlüssel, exportieren Sie beide in allen angebotenen Versionen (insbesondere den DSS-Schlüssel in einer zu 5.0 kompatiblen Version und den RSA-Schlüssel in einer zu 2.6 kompatiblen) und senden Sie jedem Kommunikationspartner, bei dem Sie nicht wissen, welche Version von PGP verwendet wird, einfach alle Versionen. 6.5.1i ist von den mir bislang bekannten Versionen die universalste und hat eine gute Bedienungsoberfläche.

11. Nachteile PGPs

Wie jedes Programm hat auch PGP nicht nur Vorteile. Die wichtigsten Nachteile sollen hier kurz genannt werden:

PGP arbeitet nicht mit Chipkarten für die Speicherung geheimer Schlüssel, erfüllt also nicht die Anforderungen des deutschen Signaturgesetzes. Es kann auch keine Schlüssel und Unterschriften im Format X.509 lesen oder schreiben, das nach Signaturverordnung für Unterschriften nach SigG zu verwenden ist – es kann also keine Daten mit Programmen austauschen, die nach SigG arbeiten.

Seit der Version 5.0 wird PGP unter Lizenzbedingungen verteilt, die im Verhältnis zu den Lizenzen früherer Versionen sehr restriktiv sind, wenn sie auch deutlich anwenderfreundlicher sind als die der meisten Konkurrenzprodukte. Ebenfalls seit dieser Version hat PGP technische Möglichkeiten, die von vielen Anwendern als zumindest „fragwürdig" bezeichnet werden. Als hervorstechendes Merkmal sei hier „ARR" genannt, „additional receipant request": Hiermit ist es möglich, dafür zu sorgen, dass alle Nachrichten an einen bestimmten Empfänger zusätzlich an einen weiteren Empfänger verschlüsselt werden, beispielsweise den Vorgesetzten. Um die Verwendung auch durchzusetzen, gibt es dazu passend ein Programm, das das Versenden oder Empfangen von E-Mails verhindert, wenn diese nicht von bestimmten Schlüsseln entschlüsselt werden können. Bedauerlicherweise sind die Versionen vor PGP 5.0 nur für technisch sehr versierte Anwender zu gebrauchen. Wie allgemein üblich, können verschiedene Versionen von PGP zwar miteinander Daten austauschen, aber nur mit gewissen Einschränkungen.

12. Weitere Informationen

Es sei abschließend auf ein Buch hingewiesen, das sich mit PGP beschäftigt: „PGP – Der Briefumschlag für Ihre elektronische Post", C. Creutzig, A. Buhl, P. Zimmermann, Verlag Art d'Ameublement, ISBN 3-9802182-9-5, 39,80DM. Der Inhalt dieses Buches ist auch unter http://www.foebud.org/pgp/ zu finden.

Unter der URL http://home.nexgo.de/kraven/pgp/pgpindex.html finden Sie eine Kurzanleitung von Kai Raven zu PGP.

Weiterhin sind natürlich http://www.pgpi.org/ und http://www.pgp.com/ zu nennen. Letzteres ist ein Webserver der Firma Network Associates, die inzwischen die Weiterentwicklung PGPs betreiben und die Rechte am Markennamen PGP innehaben. Hier erhalten Sie auch Versionen PGPs für den geschäftsmäßigen Einsatz.

E. Praxisberichte

I. Erfahrungsbericht zur Trusted-Shops-Mitgliedschaft

Barbara Fleig

Bei viva-vinum, dem erfolgreichen Online-Wein-Shop, stand der Service schon immer an erster Stelle. Denn wir glauben, dass wir im Dschungel des Internets nur dann überleben können, wenn unsere Kunden rundum zufrieden mit unseren Leistungen sind. Schließlich sollen sie ja immer wieder bei uns einkaufen und viva-vinum weiter empfehlen. Schon seit 1999 verkaufen wir Weine aus aller Welt und in allen Preislagen via Internet. Wir haben also viel Erfahrung mit dem neuen Medium und davon profitieren wiederum unsere Kunden. So wissen wir auch, dass die Sicherheit beim Einkauf im weltweiten Netz für jeden enorm wichtig ist. Noch immer gibt es große Bedenken bei den Käufern, ob die Ware auch wie bestellt ankommt, ob alles mit der Bezahlung klappt oder ob vielleicht geheime Daten an Dritte weitergegeben werden. Von ärgerlichen Pleiten und Pannen hat jeder schon gehört. Klar, dass vielen dabei der Spaß am Online-Shoppen vergeht. Damit der Einkauf bei viva-vinum also nicht zum Stress sondern zum sinnlichen Erlebnis wird, haben wir uns dafür entschieden, unsere Seriosität mit einem Gütesiegel zu zeigen.

Ob sich unser Umsatz durch das Gütesiegel erhöht hat? Diese Frage ist nicht so leicht zu beantworten. Dass es uns gibt und wie zuverlässig wir arbeiten, spricht sich immer mehr herum und wir gewinnen Monat für Monat neue Kunden – das zeigen die stetig steigenden Umsatzzahlen deutlich. Wie diese Entwicklung ohne das Gütesiegel aussähe, kann ich nicht genau beziffern. Doch, dass sich die Trusted-Shops-Garantie positiv auf unser Image auswirkt, davon bin ich fest überzeugt. Wir gewinnen damit insbesondere das Vertrauen unserer Neukunden, die uns natürlich noch nicht kennen. Anfängliche Ängste werden schnell beruhigt.

Im Rahmen der Mitgliedschaft bei Trusted Shops geben wir auf alle unsere Waren eine Geld-Zurück-Garantie. Doch es freut mich sehr, dass bislang kein einziger unserer Kunden unzufrieden mit der Lieferung war und sein Geld zurückforderte. Vielleicht deshalb, weil wir ganz genau auf seine Wünsche eingehen. So kann er bei viva-vinum sogar Einzelflaschen kaufen und den Wein zuerst einmal in Ruhe zu Hause probieren, bevor er größere Mengen ordert. Wer sich über ein Land und dessen Weine informieren möchte, bekommt viele interessante Infos und Links zu Reiseveranstaltern oder zu passenden Kochrezepten. Wir bieten eben mehr, als nur die reine Einkaufsquelle. Unsere Weine kommen innerhalb von ein bis drei Werktagen an, wir bieten acht sichere Zahlungsarten und liefern sogar in andere Länder. Jeder Kunde wird rundum gut informiert und sorgfältig beraten. Auch über das Kundenfeedback von Trusted Shops bekamen wir noch keine einzige Beschwerde. Unser Schlüssel zum Erfolg ist einfach, dass wir alles tun, um die Zufriedenheit unserer Kunden von Anfang an sicher zu stellen. Glasbruch, Falschlieferung, zu späte Lieferung oder Unzufriedenheit mit den Weinen versuchen wir von vornherein auszuschließen. Und wie unsere Erfahrungen zeigen, gelingt uns das auch.

Trusted Shops ist für uns nicht einfach nur ein Gütesiegel. Jeder muss mit diesem Zeichen auch sofort „Sicherheit" verbinden. Durch die intensive Werbung von Trusted Shops in allen Medien wurden sie schnell bekannt und zum Inbegriff von Sicherheit im Netz. Eine Entwicklung, die nicht zuletzt viva-vinum zugute kommt.

Es ist allgemein bekannt, dass sich die Online-Shops strengen Tests unterziehen und bestimmte Vorgaben erfüllen müssen, wenn sie ein Gütesiegel bekommen möchten. In der Werbung von viva-vinum macht sich das Siegel von Trusted-Shops deshalb ausgezeichnet. Je bekannter ein Gütesiegel, desto besser. Hinzu kommt, dass es derzeit nur etwa 130 Läden im Netz gibt, die das Trusted-Shops-Siegel führen dürfen – und das bei der riesigen Flut von Online-Shops im weltweiten Netz! Diesen Wettbewerbsvorteil werden wir in unserer Werbung immer hervorheben.

Leider gibt es noch eine andere Seite der Medaille für Geschäfte im Internet. Die Anbieter garantieren ihre Seriosität durch ein Gütesiegel. Sie tun alles, um die Sicherheit beim Einkauf zu gewährleisten. Doch wer schützt die Shops vor Betrug durch den Kunden? In diesen Fällen haben wir dem Missbrauch leider nur sehr wenig entgegen zu setzen.

Die Mitgliedschaft bei Trusted-Shops bietet viva-vinum, neben dem Gütesiegel, auch noch weitere Vorteile. Wir arbeiten intensiv mit anderen Mitgliedern zusammen – der Gedanken- und Erfahrungsaustausch hat uns schon viel geholfen. Werbemaßnahmen und PR-Aktionen können zusammengelegt und damit Zeit und Kosten eingespart werden. Außerdem ist es für uns wesentlich sicherer mit Firmen zusammen zu arbeiten, die ebenfalls Trusted-Shops angehören. Denn wir wissen genau, welche Kriterien die Partnerfirma erfüllt, da sie ja ebenfalls genau und nach denselben Punkten geprüft wurde.

Zum Schluss noch ein wichtiger Aspekt, der von vielen leicht vergessen wird: Die rechtliche Beratung durch Trusted-Shops ist einfach großartig. Wir brauchten bislang keinen externen Rechtsberater, da wir regelmäßig über Gesetzesänderungen und Neuerungen der E-Commerce-Richtlinien unterrichtet werden. Bei Trusted-Shops fühlen wir uns, als Online-Wein-Shop gut aufgehoben.

II. Erfahrungen mit dem Trusted-Shops-Gütesiegel: Maximale Sicherheit mit einem ganzheitlichen System

Eckhard Südmersen

Bereits kurz nach dem Start von Trusted Shops im Januar 2000 entschied sich BOL, Bertelsmann Online, für das System der Kölner Gerling-Tochter, das neben der reinen Prüfung des Online-Shops mit der Geld-zurück-Garantie und der Streitschlichtung die entscheidenden Zusatzleistungen im Vergleich zu anderen Qualitätsvermarktern offeriert. Dieses und die von Beginn an europäische Ausrichtung des Unternehmens gaben letztendlich den Ausschlag für das System von Trusted Shops. Mittlerweile führt BOL seit 23.02.2000 das Logo von Trusted Shops auf seiner Website. Ein weiteres schlagkräftiges Argument sind die starken Partner im Hintergrund des Gütesiegel-Anbieters und die wachsende Beteiligung anderer Firmen. Neben der Gerling-Versicherung kooperiert Trusted Shops zum Beispiel mit der TÜV Secure IT, um die Sicherheit des Zahlungsverkehrs und der Internet-Provider zu gewährleisten. Diese Partnerschaften werden kontinuierlich erweitert – jüngstes Beispiel dafür ist die Zusammenarbeit mit der CITIBANK, um auch für die Online-Händler günstige Zahlungsbedingungen bei Kreditkarteneinkäufen anzubieten. Zum jetzigen Zeitpunkt (April 2001) sind bereits über 140 Online-Shops der Initiative beigetreten.

Im Gegensatz zu den zahlenreichen unbekannten Händlern, die sich im World Wide Web tummeln, profitierte BOL von Anfang an von einem bekannten Markennamen, der a priori für Seriosität und Qualität spricht. Demzufolge traf für uns nicht die Argumentation der sogenannten SME's (Small to Medium Enterprises) zu, einem anfangs relativ unbekannten Gütesiegel den Zuschlag zu geben, um dem Verbraucher Vertrauen und Sicherheit zu signalisieren. Statt dessen bedeutet die Kooperation von BOL und Trusted Shops das Zusammenspiel einer bekannten und starken Marke mit einem vielschichtig ausgerichteten System, das dem zweifelsohne vorhandenen Bedürfnis der Verbraucher nach größtmöglicher Sicherheit gerecht wird.

1. Der Wunsch der Verbraucher nach maximaler Sicherheit

Von vornherein ist die E-Commerce-Plattform von BOL so konzipiert worden, dass sie ein Maximum an Sicherheit für die Online-Shopper bietet. Doch selbst wenn rationale Argumente beispielsweise für die Einhaltung der modernsten Sicherheitstechnologien sprechen, bleibt eine allgemeine Skepsis bei der Masse der Online-Shopper virulent – entsprechende Negativmeldungen in den Medien schüren die Ängste der Verbraucher und fallen auf einen fruchtbaren Boden.

BOL empfiehlt allen Kunden explizit, den Kaufvorgang mit Hilfe der SSL-Technologie (Secure Socket Layer) zu vollziehen, die im Moment „State of the Art" im E-Commerce ist und das Bezahlen mit Kreditkarte im großen und ganzen so sicher macht wie im Restaurant oder im Kaufhaus. Für diejenigen, die trotzdem nicht ihre Kreditkarten-Nummer im Netz „preisgeben" möchten, bieten wir zusätzlich an, per Rechnung oder Bankeinzug zu bezahlen. Insbesondere die deutschen Verbraucher verhalten sich im

Vergleich zu ihren europäischen Nachbarn beim Bezahlen mit der Kreditkarte und auch insgesamt beim Bestellen im Internet extrem vorsichtig. Im europäischen Vergleich bestehen hier bemerkenswerte Unterschiede: Während in Deutschland nur ein geringer Prozentsatz bereit ist, die Kreditkartennummer im Netz anzugeben – die Statistiken schwanken zwischen 13 % und einem Drittel der Surfer – benutzen beispielsweise in England mehr als 80 % der Käufer ihre Kreditkarte.[1] Bei einer Befragung von 973 Online-Shoppern und 275 Nicht-Käufern wurde die sichere Übermittlung von Zahlungsdaten als Hauptbedenken genannt: 78,8 % der Online-Käufer bezweifelten dieser Studie zufolge die sichere Übermittlung der Zahlungsdaten; 67,8 % der Shopper und 74,4 % der Nicht-Shopper gaben an, dass die Seriosität der Online-Händler nicht immer sichergestellt sei.[2] Dementsprechend steht bei den präferierten Sicherheitsleistungen die sichere Zahlungsform ganz oben auf der Wunschliste der Verbraucher: Insgesamt 94,2 % bezeichneten die sichere Zahlung als sehr wichtig bzw. wichtig. Nur knapp dahinter rangiert die Geld-zurück-Garantie, wie sie von Trusted Shops angeboten wird: 90,1 % der 1.248 befragten Online-Nutzer sprachen sich für die Notwendigkeit dieser Sicherheitsleistung aus.[3]

Insofern geht die Möglichkeit, bei BOL eine zusätzliche Geld-zurück-Garantie abzuschließen, absolut konform mit den Konsumentenwünschen und hilft auch neue, möglicherweise sehr skeptische Kunden zu gewinnen. Denn immer noch brechen etwa 90 % der Surfer ihre Online-Einkäufe vorzeitig ab, wie jüngst eine Untersuchung der Gesellschaft für Konsumforschung feststellte.[4] Die Zusatzleistungen des Trusted-Shops-Systems helfen also insgesamt, dem Verbraucher die existierenden Ängste zu nehmen und ihn zugleich gegen alle Eventualitäten, die beim Online-Shopping auftreten könnten – wie Nichtlieferung der Ware oder Kreditkartenmissbrauch – abzusichern.

2. Ein konkretes Beispiel für die Mediation von Trusted Shops

Um die von Trusted Shops praktizierte alternative Streitschlichtung zu veranschaulichen, sei an dieser Stelle ein konkreter Fall skizziert: Eine deutsche, in Shanghai lebende Kundin bestellt bei BOL Bücher im Wert von 235,55 DM. Im Anschluss an den Kauf schließt die Kundin die optionale Trusted-Shops-Garantie ab. Neun Tage nach der Bestellung erhält sie allerdings nur eine Teillieferung, nämlich nur eins der georderten Bücher. Da die restliche Warenlieferung nicht in der vereinbarten Zeit eintrifft, meldet sich die Kundin sofort bei Trusted Shops, als sie eine E-Mail mit folgendem Wortlaut erhält: „Ihre Trusted-Shops-Garantie von Gerling sichert Ihnen die Rückerstattung bis maximal 5000.00 DEM pro Monat und Online-Shop". Daraufhin reklamiert die Kundin die Bestellung bei Trusted Shops, zeigt sich allerdings nach wie vor an der Ware interessiert. Das Serviceteam von Trusted Shops kontaktiert anschließend die Kundenberater von BOL. Bei der Überprüfung stellt der Kundenberater fest, dass auch die zweite Teillieferung im Wert von 165,80 DM ordnungsgemäß verschickt wurde. BOL

---

1 Akademie für Technikfolgenabschätzung: Nutzung und Akzeptanz von E-Commerce, Oktober 2000.
2 Deutsche Post/ComCult Research. s. auch CYbiz. Das Fachmagazin für Erfolg mit E-Commerce. Mai 2001, S. 25.
3 Ebd.
4 S. Computerwoche. Young Professional. März 2001. Nr. 2, S. 54.

stellt daraufhin einen Nachforschungsauftrag bei dem zuständigen Beförderungsunternehmen. Dieser ergibt letztendlich nach einigen Tagen, dass die Ware zwar in Shanghai eingetroffen ist, aber von einer Person entgegengenommen wurde, die der Kundin gar nicht bekannt ist. In diesem Fall, der wirklich als Einzelfall zu betrachten ist, kommt es schließlich zu der einvernehmlichen Lösung zwischen allen beteiligten Parteien, dass der Betrag für die verlorengegangene Sendung unverzüglich zurückerstattet wird, und dass BOL aus Kulanzgründen eine Ersatzlieferung verschickt. Diesmal erhält die Kundin ihre Ware komplett.

3. Erfahrungswerte mit dem Trusted-Shops-System

Insgesamt lässt sich die Zusammenarbeit mit Trusted Shops als durchweg positiv und reibungslos charakterisieren. Insbesondere die Kooperation der Schnittstellen wie zum Beispiel der Call Center funktioniert problemlos. Wichtig dabei ist, dass die Tätigkeit im Trusted-Shops-Servicebereich nicht als Konkurrenz aufgefasst wird, sondern als sinnvolle Ergänzung. Durch die von Trusted Shops aufgestellten Spielregeln und die zum Teil automatisierte Handhabung von auftauchenden Problemen gelingt es, auf sehr effiziente Art und Weise eventuelle Konflikte frühzeitig aus dem Weg zu räumen oder im Streitfall tatsächlich zu schlichten. Dieses System der Mediation (Vermittlung) hat sich in vielen Bereichen wie z.B. der Psychologie bereits etabliert und wird heutzutage auch zusehends von Wirtschaftsunternehmen genutzt.

Inwieweit sich die Mitgliedschaft bei Trusted Shops auch im wirtschaftlichen Sinne bezahlt gemacht hat, ist quantitativ nicht eindeutig zu beantworten, da wir generell stark steigende Umsätze verbuchen können. Die Anzahl der über Trusted Shops versicherten Transaktionen zeigt allerdings, dass ein erheblicher Teil der Konsumenten nicht nur Wert auf das existierende Siegel legt, sondern auch nach dem Kauf die Geldzurück-Garantie in Anspruch nimmt.

Als günstiger Nebeneffekt kristallisierte sich heraus, dass gerade im Bereich der Öffentlichkeitsarbeit die Mitgliedschaft bei Trusted Shops eine wichtige Rolle spielte. Natürlich ist der Erhalt des Siegels zu Beginn aktiv kommuniziert worden, aber auch im weiteren Verlauf ist in einer Vielzahl von Veröffentlichungen die Mitgliedschaft bei Trusted Shops positiv erwähnt worden. Insbesondere bei nicht selten vorkommenden Tests des BOL-Shops erwies sich die Erfüllung des umfangreichen Qualitätsanforderungen von Trusted Shops immer wieder als ein Kriterium für eine positive Bewertung.

Zwecks Optimierung der Zusammenarbeit und der Kundenbetreuung stellte uns Trusted Shops die gesamte Korrespondenz mit BOL-Kunden zur Verfügung und ließ uns wertvolle Hinweise zur Verbesserung der Zusammenarbeit zukommen. Durch diese ausführliche Darstellung von Einzelfällen gelang es uns, weitere Anknüpfungspunkte und Analysemöglichkeiten zu erschließen. Allerdings bleibt zu berücksichtigen, dass die Zahl der Problemmeldungen – entsprechend dem gesamten Durchschnitt bei Trusted Shops – bei ungefähr 1 % liegt. Die Mehrheit dieser von den Verbrauchern gemeldeten Probleme ist zudem nicht gerechtfertigt, so dass fast von einer marginalen Größe der Beschwerden gesprochen werden kann.

4. Aussicht auf die weitere Zusammenarbeit

Angesichts der Tatsache, dass BOL bereits in über 96 % des europäischen Internet-Marktes präsent ist, bietet sich die Zusammenarbeit mit einem ebenfalls europäisch ausgerichteten Qualitätssiegel mehr als an. Nicht nur die Umsatzzahlen des E-Commerce werden in die Höhe schnellen, sondern auch die grenzüberschreitenden Transaktion werden kontinuierlich zunehmen. In diesem Zusammenhang erscheint die Etablierung eines einheitlichen (zumindest) europäischen Standards mehr als notwendig.

Auch die Ansätze von Trusted Shops, eine Shop-Community zu etablieren und über Trusted Shops als Plattform wertvolle geschäftliche Kontakte zu anderen Online-Shops zu knüpfen, sind positiv zu bewerten. Das Angebot des E-Commerce-Dienstleisters soll zudem kontinuierlich erweitert werden, unter anderem mit einer Versicherung für die Online-Händler, die gegen Vertragsausfälle sowie Hacker- und Virenangriffe schützt.

Autorenverzeichnis

Christopher Creuzig (GH Paderborn)
Im Samtfelde 19
D-33098 Paderborn

Dr. Jörg Drobeck (IdW)
Tersteegenstraße 14
D-40474 Düsseldorf

Silvia Miebach (viva-vinum.de)
Hofäckerstr. 7
D-65207 Wiesbaden

RA Carsten Föhlisch
(TRUSTED SHOPS GmbH)
Im Media Park 8/KölnTurm
D-50670 Köln

Lutz Grammann
(Datenschutzbeauftragter des
Bistums Osnabrück)
Engelbasteler Damm 72
D-30167 Hannover

Dr. Gerhard Gross (IdW)
Tersteegenstraße 14
D-40474 Düsseldorf

RAin Birgit Höltgen (AgV)
c/o Verbraucher-Zentrale NRW
Mintropstraße 27
D-40215 Düsseldorf

Joachim Kesting (RWTÜV)
c/o RW-TüV Anlagentechnik GmbH
Langemarkstraße 20
D-45141 Essen

Dr. iur. Detlef Kröger
(Wiss. Mitarbeiter, TU Chemnitz)
Katharinenstraße 111
D-49078 Osnabrück

Dipl.-Inf. Christoph Löser
(GH Paderborn)
Bonifatiusweg 11
D-33102 Paderborn

RR Dipl.-Kfm. Dr. iur. Gregor Nöcker
(FA Münster-Außenstadt)
Rheinsbergring 39
D-59387 Ascheberg

Dipl.-Math. Dipl.-Inf. Dipl.-Bw (BA)
Dr. Michael Nöcker
Triaton GmbH
Bückeberger Str. 12
D-59174 Kamen

Dipl.-Inf. Alexander Plata
(GH Paderborn)
Bierpohlweg 101
D-32425 Minden

Eckhard Südmersen
(Geschäftsführer bol.de)
Neumarkter Str. 28
D-81673 München

RAin Helga Zander-Huyat (AgV)
c/o Verbraucher-Zentrale NRW
Mintropstraße 27
D-40215 Düsseldorf

Sachregister

Die Zahlen verweisen auf die Seiten im Inhalt.

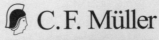